基金来源：河南省高校哲学社会科学智库研究项目
"新中国 70 年河南教育的政策演变及发展走向研究"（2021-ZKYJ-09）。

中国民办教育研究丛书

当代中国民办教育发展研究

Research on the Development of Private Education
in Contemporary China

胡大白　王建庄　著

社会科学文献出版社
SOCIAL SCIENCES ACADEMIC PRESS (CHINA)

教育因需求而存在，因高质量而发展。

"教"和"育"都起源于民间。

教育营造社会氛围，又被社会环境左右。

"教""育"随社会环境消长融合。

非国家全额拨款的教育一直存在，古代如此，近代如此，当代也是如此。

1952年国家全部接办私立学校后，到1982年30年间，厂矿企业和社队办学蓬勃发展，民办教师承担了这一阶段的大任。

"八二宪法"的颁布促进了当代中国民办教育合法化发展。

1982年以来，中国民办教育实现了快速发展，规模前所未有。中国民办教育经历了必要补充阶段、重要组成部分阶段，已经进入成为中国教育改革发展的重要力量阶段。

序　言

2017年，社会科学文献出版社"河南民办教育蓝皮书"选题通过后，我们开始研创"河南民办教育蓝皮书"。在这个过程中，我们一方面广泛调研当代河南乃至全国的民办教育发展情况，另一方面追溯民办教育发展的历史。我们组织编纂出版了《中国当代教育名家》《当代河南教育发展报告》《中国民办教育通史》等著作。《中国当代教育名家》展示了新中国成立以来教育战线上涌现的名师楷模；《当代河南教育发展报告》全面展示了新中国成立70多年来河南各级各类教育的发展变化。如果说这两本书是从侧面反映当代中国教育、当代河南教育的话，那么"河南民办教育蓝皮书"就是聚焦每年河南民办教育。而这些都与千百年来中国教育的发展相联系。《中国民办教育通史》就是一条探究中国民办教育发展的历史长线，一端连接着民办教育的起源，一端联系着今天民办教育的发展。

在研创"河南民办教育蓝皮书"的过程中，纵观中国教育史，在政治清明、社会繁荣的时期，民办教育总是起着必要补充的作用；而在战乱频仍、社会发生颠覆性变化的时期，民办教育总是坚毅前行，自觉打起文化传承的责任。中国教育走到今天，优秀的教育理念得以发扬光大，民办教育起着推动改革发展的作用。

新中国成立后，为满足政治发展和国家教育安全的需要，国家全面接办了私立教育，但是非国家全额拨款支持的教育一直存在，企业办学、行业培训、农村大队办学、生产队办学在不同时期都有发展。

1982年12月4日，第五届全国人民代表大会第五次会议通过的《中华人民共和国宪法》（以下简称"八二宪法"）促进了民办教育发展，使得中国民办教育进入了快速发展阶段。

40多年来，民办教育在发展壮大的同时，不断为经济社会发展做出贡献，延续着千百年来中国民办教育发展的轨迹，在继承扬弃的过程中，肩负着自己开拓发展的使命。

近年来，国家对民办教育的规范力度进一步加大。规范是为了使其更健康地发展，从而不断实现自己的社会价值，明确自身的时代定位，就会走出困惑和迷茫。民办教育要真正成为教育改革发展的重要力量，就要在教育舞台上展示实实在在的功力。基于这个认识，我们对当代中国民办教育的发展阶段进行了初步划分。

关于我国民办教育发展阶段的划分，我们倾向于将民办教育的发展历程划分为三个阶段：一是必要补充阶段，二是重要组成部分阶段，三是成为中国教育改革发展的重要力量阶段。

当代中国民办教育发展的三个阶段的观点形成：以"八二宪法"的颁布为起点，以1999年6月中共中央、国务院颁布《关于深化教育改革全面推进素质教育的决定》为标志，中国民办教育在这18年中肩负着"必要补充"的使命；以2000年黄河科技学院升本为起点，以2017年党的十九大召开和新《中华人民共和国民办教育促进法》的实施为标志，民办教育在这18年中实现了"重要组成部分"的目标。之所以以黄河科技学院升本为起始标志，是因为中国的民办教育从这一刻起真正构建了从学前教育、基础教育到高等教育的完整体系；以2017年党的十九大召开为标志，中国民办教育进入新的发展阶段，成为"中国教育改革发展的重要力量"。

本书能够顺利出版，感谢李连宁、王佐书、李维民、别敦荣、吴华、董圣足、阙明坤等领导和学者的鼓励和支持；感谢《中国民办教育》总编张忠泽先生，他办刊30年，为中国民办教育留下了宝贵资料；感谢全国民办教育研究领域许多专家的鼓励和指点；感谢许多民办学校创办人、参与人的关注和支持；感谢黄河科技学院罗煜副校长、于向东副校长的帮助和支持；感谢河南民办教育研究院研究员贾全明对初稿的修改；感谢河南民办教育研究院研究员樊继轩、王道勋的建设性意见，研究助理董亚琦协助收集与整理资料；感谢中国民办教育博物馆丁富云馆长和周柯老师、黄河科技学院图书馆唐玲馆长全力提供资料。我们的研究还不够深入，期待方家指正。

前　言

　　许多人询问：民办教育怎么了？它的生命还有多久？

　　这样的询问，包含着对民办教育的担忧、焦虑和茫然。不错，随着规范力度的加大，民办教育发展的环境发生了变化，那种年年学校数增加、年年招生数增加、年年在校生数增加的风光局面不再，虽然大家多多少少都有心理准备，但还是激荡出许多不确定的情绪。

　　1982年《中华人民共和国宪法》（以下简称"八二宪法"）的颁布促进了当代中国民办教育发展，经过40多年的发展，民办教育已经历三个发展阶段，完成一轮又一轮螺旋式上升。尤其是进入成为"中国教育改革发展的重要力量"的阶段，这个阶段标志着我国民办教育不再是规模扩张，而是需要开拓进取。

　　2018年8月，国务院办公厅《关于规范校外培训机构发展的意见》颁布实施，该意见实施以来，培训市场喧闹膨胀的势头得到遏制，学前教育普惠力度加大，不得设立义务教育的营利性民办学校的法律规定落地，不少民办教育学校和机构陷入困境甚至关闭。民办教育在强力规范的背景下，发展趋缓，学校和办学机构数量继而缩减，在校生规模持续扩大了40多年之后，拐点出现。

　　实际上自新中国成立到1952年，都将非国家投资举办的教育通称为私立教育。所谓"私立"，是相对于"公立"，亦即历史上的"官办"或当今的"国家办学"而言的。我们认为，不论是古代的"私学""学宫""书院""私塾"、近代的"私立小学""私立中学""私立大学"，还是当代的"民办小学""民办中学""民办大学"，都是不同历史时期政府和社会对非政府全额教育资金办学机构的称呼。之后一个时期，社会出现"社队办学""厂矿办学""民办小学""农业中学"等多种形式，这一时期偶尔也将其称作"民办教育"。1962年5月16日，国务院文教办领导在全国教育工作会议上指出，民办教育包括个人、集体、民办公助三种举办形式。1964 年 10 月举行的河南省教育工作会议指出，民办学校有大队主持生产队联合办学、生产队办学、大队联合办学和私人设馆 4 种办学形式。

1978 年以后非国家投资举办的教育称为"社会力量办学"，1993 年才正式有了"民办教育"这一称谓并相对固定下来。所以，私立教育和民办教育是不同历史时期表述相同概念的同义语。

1993 年，国家教委发布的《民办高等学校设置暂行规定》指出，民办高等学校系指除国家机关和国有企业事业组织以外的各种社会组织以及公民个人，自筹资金，依照本规定设立的实施高等学历教育的教育机构。

1997 年发布的《社会力量办学条例》指出，企业事业组织、社会团体及其他社会组织和公民个人利用非国家财政性教育经费，面向社会举办学校及其他教育机构的活动，适用本条例。

2003 年 9 月 1 日起施行的《中华人民共和国民办教育促进法》规定，民办教育事业属于公益性事业，是社会主义教育事业的组成部分。

2016 年 11 月 7 日，第十二届全国人民代表大会常务委员会第二十四次会议修正后的《中华人民共和国民办教育促进法》依然沿用上述概念，一字未改。虽然解读不完全相同，但有两个基本要件是一致的，即民办教育的法人属性和经费来源是和公办学校有着明显区别的。

综上所述，本书所说的民办教育指的是不完全利用国家财政经费举办教育，按照国家法律、法规、政策进行的培养人才、科学研究、服务社会、传承文化的活动。民办学校是在国家法律、法规、政策许可下，由国家机构以外的组织、团体或者公民个人，全部或部分利用国家财政经费以外的资金创办和运作的学校与教育机构。这里的组织、团体应该包括非公组织的厂矿企业和事业单位，也应该包括村（大队）和社区。

目　录

第一章　"教""育"的消长融合 ·············· 001

　第一节　教育产生于荒野 ·············· 004

　第二节　原始社会时期中国的民间教育 ·············· 005

　第三节　封建时期中国民间教育的历史转型节点 ·············· 007

第二章　近代中国的私立教育 ·············· 012

　第一节　科举衰败，教育转型 ·············· 012

　第二节　私立学校的兴起与发展 ·············· 013

　第三节　教育与救国 ·············· 014

第三章　新中国成立后私立教育的变革和社会力量办学 ·············· 015

　第一节　国家对私立中小学的接办 ·············· 018

　第二节　群众自办小学 ·············· 021

　第三节　农民业余文化教育 ·············· 022

　第四节　"共产主义劳动大学"和"红专大学" ·············· 023

　第五节　半农半读教育和社队办学 ·············· 024

　第六节　特殊时期的教育 ·············· 028

第四章　当代中国民办教育应运而生的时代背景 ·············· 032

　第一节　党和国家鼓励社会力量办学 ·············· 034

　第二节　经济发展状况 ·············· 036

　第三节　教育发展状况 ·············· 041

　第四节　社会力量办学发展状况 ·············· 045

　第五节　民办教育发展状况 ·············· 055

第五章　当代中国民办教育发展的三个阶段…………………………… 056

　　第一节　必要补充阶段 ……………………………………………… 056

　　第二节　重要组成部分阶段 ……………………………………… 112

　　第三节　中国教育改革发展的重要力量阶段 …………………… 168

第六章　民办教育发展的总结与展望………………………………… 220

　　第一节　当代中国民办教育的主要成就 ………………………… 220

　　第二节　民办教育发展的制约因素 ……………………………… 227

　　第三节　未来民办教育的基本走向和发展优势 ………………… 230

　　第四节　发展建议 ………………………………………………… 232

附录　新中国成立以来党和国家在不同时期支持民办教育发展的重要

　　文件………………………………………………………………… 238

第一章　"教""育"的消长融合

人类的教育史，就是"教"和"育"消长融合、螺旋上升的发展史。

"教，上所施，下所效也。从攴，从孝。凡教之属皆从教"[①]；"育，养子使作善也"[②]。意思是："教"，就是上面做示范，下面来模仿；"育"，就是培养后代让他多做好事。"教"和"育"有所不同。

有人之初，对下一代的培养，除生存的投喂之外就是教。教什么？生存的本领。远古时期，先民生存依赖采集、渔猎、种植，教育的形式重心在"教"上，主要是"教民钻木取火""教民渔猎""教民农作"[③]。这是一个相当长的时期。这个时期，先民实现了由采集狩猎生活向农耕生活的转变。在这样的转变过程中，技艺通过"教"得以传授。

这种技艺的言传身教一直沿袭下来。即使在最新的锻造技术出现之后，在乡下，相当一段时期的打铁技术还是由师傅手把手地传教。跟随师傅学打铁，先要学会生炉子、拉风箱。通过高温的火炉将铁块烧红、烧软，师傅用夹子将铁块放置到铁砧上，拿小锤示意，师傅的小锤所到之处，徒弟的大锤就要照着打下去，一般是师傅小锤照着需要捶击的部位打两下，徒弟的大锤砸一下。经过不断地击打，铁块慢慢变形，成为菜刀、铁锨、锄头、扒钉等生活用品和劳动工具的粗坯。再经修饰、打磨、淬火等流程，一件作品就成型了。在师傅的言传身教之下，徒弟渐醒渐悟，通过实际操作，慢慢地掌握技巧，直到自己出师再带徒弟。一代代匠人就是这样习得传承的。除铁匠外，石匠、木匠等百业技能都是这样传习的。应该说，教育最早源于自然本能的、为个人的生存和人类的延续进行的一种无意识的自觉

---

① 许慎：《说文解字》卷三下，中华书局，1963，第69页。
② 许慎：《说文解字》卷一四下，中华书局，1963，第310页。
③ 王炳照、阎国华主编《中国教育思想通史》（第一卷），湖南教育出版社，1994，第1页。

的社会活动。教育伴随人类的出现而出现，伴随人类社会的发展而发展。

教育一开始应该是全民参与的事业，是分散的、初级的、下意识的、以群居的家庭为单位的。父母对儿女的影响，兄姐对弟妹的引领，邻里的参照，同伴的互动，组成了原始的教育形态。

人类的进化分为南方古猿、能人、直立人、智人四个阶段。一般认为南方古猿能够使用天然的工具，但不能制造工具；到了能人阶段，能人中的"能人"已经能够制造简单的工具（石器）；到直立人阶段，人类中的能工巧匠已经可以打制不同用途的石器，部分人类学会了用火，这是人类进化最关键的一个阶段；到了智人阶段，人们不但可以熟练地用火，而且已经学会了人工取火，部分人类已经能够制造精细的石器和骨器。在不同的发展时期，传导教习、言传身教帮助人类一步步提升制造工具、使用工具、改造工具的能力，提升生产效率。

母系社会时期，教育处于原始形态。人类社会逐步形成，文明程度不断提高，教育也随着人类社会的发展而发展。进入父系社会之后，生产工具的革新推动了生产力的发展，教育开始上升到上层建筑层面，教育机构雏形出现，形成了中国教育史上第一次"教"和"育"的融合。

当文字产生、经济发展到一定水平时，教育成为社会组成部分，逐渐演变成了一种"高贵"的、快乐的事业。我国在夏代已有了庠、序、校等教育机构的雏形。到了商代，中国青铜文化发展到鼎盛时期，瞽宗、学、庠等机构已初步具有了学校形态。西周时期出现了相对独立的学校教育机构，逐步形成了以"礼、乐、射、御、书、数"为主体的"六艺"教育体制。这一时期的教育是"礼不下庶人"的"造士"教育，教育开始变得"高贵"起来。"学在官府"的体制引导着教育完成了从原始教育向专门的学校教育的过渡，并且为春秋时代私立教育的兴起和儒家教育思想的创立奠定了基础。到战国时期，孟子站在教育者的高地上发出感叹："得天下英才教而育之，不亦乐乎！"他的快乐与自豪溢于言表。以孟子的"得天下英才教而育之"为标志，中国古代教育第一次进入了以"育"为重心的时期。这个时期是社会大动荡、大分化的时代，这样的社会背景导致了"学在官府"教育体制的瓦解，教育走向民间。孔子开创了具有高等教育雏形的儒家私学，改变了"学在官府"的局面，形成了影响至今的教育思想。这一时期的私学是有影响力的、有历史记录的私学，其工作重心在"育"。

"育"的重心在心智、在品质，在形而上。"育"的目的虽然涉及稼穑狩猎，但重心在"修身齐家治国平天下"。

但是人活着总得吃饭，总得有人种地、有人养牲畜，所以"教"的社会功能依然发挥着强劲作用。"育"在精神层面引领读书人；"教"则要求人脚踏实地，承载着生存的基础。双方融合交织，此消彼长，终于生成了"教育"。

中国教育史上"教"和"育"的第二次融合宣示了这一时期教育的几个特征：第一，教育是社会事业，因社会需求而生，伴随社会发展而成长；第二，教育具有连续性，自身想要获得发展必须不断扩大知识体系、提升知识高度；第三，"教""育"分工明确，"教"是生存必需，"育"是发展必要；第四，民间教育注重"教"，官府教育侧重"育"，当然也有例外；第五，教育使得社会阶层固化。

秦汉时期，贾谊、扬雄等杰出教育家吸收了儒、道等文化的优秀内容，对中国优秀教育思想的发展产生了积极的影响。教育的重心倾斜，"育"成为主流。

隋唐时期的职业教育开始被纳入官学教育体系，而私学家传、佛道人士传艺、经师兼授知识、训练手工匠人的私人艺徒制也是隋唐五代时期职业教育的重要组成部分，这样的教育培养造就了实科职业人才。也是在这个时期，科举制产生，成为国家选官用人的主要渠道。科举制最重要的进步意义在于，通过教育打破固有的社会阶层，一些读书人通过这个渠道进入到庙堂之上。

魏晋时期的"九品中正制"和隋唐以来的科举制除将教育的"选才"功能推向高潮之外，还通过教育强势地实现了阶级分层。

科举制度的腐朽和国运的衰败使得近代的知识分子逐渐觉醒，他们看到西方科学技术的先进之处，提出"经世致用"的教育观和"师夷长技以制夷"的教育主张，呼吁培养经世致用的人才。"教"的时代顽强回归。

毛泽东、周恩来、邓小平等在创办工人夜校和组织留法勤工俭学运动的活动中对教育有了更深刻的理解，通过实践认识到了脑力劳动和体力劳动相结合的重要性，从而初步形成了教育与生产劳动相结合的思想。这一思想促进了新中国成立后一段时间内"教"和"育"的融合。

新中国成立后，教育实现了全方位快速发展。到 20 世纪 60 年代后期，教育的天平再一次向"教"的一端倾斜。20世纪70年代后期，国家将工作的重心转移到经济建设上来，强调"科技是第一生产力"，在高等教育实现扩招的同时，大力发展职业教育。"教"和"育"再一次实现了融合发展。

在"教"和"育"融合发展的过程中，人们总是追求"高大上"的职业，"劳心者治人，劳力者治于人"的观念有着顽强的生命力。高考制度的恢复给广大民众打开了公平接受更高一级教育的大门，但是高考制度也带来了教育的严重"内卷"。虽然党和政府一再强调要实现"德智体美劳"全面发展，但是教育的周期性和强大的惯性导致"内卷"不会立即停止。

我们今天的教育应该实现"教"和"育"的现代融合，做到"教书育人"。这里的"育"应该和以前社会形态中"读书做官""劳心治人"的"育"有本质的不同，应该是培养人全面发展的"育"，这样的"育"才能使人真正快乐。

分析"教""育"的消长融合，不能人为地把"教"和"育"完全割裂开来，"教"和"育"在整个发展过程中，总是教中有育、育中有教、相互伴随、相互扶持、共同发展的。当然，在不同的时期，因为生产力水平的差异，"教"和"育"也各有侧重。

纵观"教""育"的消长融合，螺旋上升，每一次转轨转型都是大势所趋。教育是服务于社会发展的，一定的教育形式必须服务于一定的社会形态。大势的到来、拐点的出现是不以人的意志为转移的。

第一节　教育产生于荒野

人类早年在生产力水平低下、自然环境恶劣的情况下，为保证自身生存和发展，需要在与自然共生的同时与自然抗争。这样的环境使得一代又一代人将自己生活的经验和教训通过表情、身体动作、语言和其他行为传授给后代，这样的传授行为应该是最早的教育形式，其生命力至今仍然强大。

原始社会时期，生产力水平低下，教育的形式是原始的、出于本能的。远古先民由采集活动到渔猎活动，进而到种植活动，都是通过"手手相传""口口相传"的方式实现技术、经验传承的。语言的初步成熟、早期文字的出现使得教育有了载体，从而促进了教育机构的诞生，标志着教育由自发形态上升为自觉活动，同时也标志着人类社会已经由蒙昧状态进入了文明时代。

关于教育的起源，我们认同中国学者杨贤江的观点。他在《新教育大纲》中，用历史唯物主义观点阐述教育起源的理论，正确解释了教育起源问题，他说："自有人生，便有教育。"他认为原始的教育活动起源于社会成员适应群体社会生活和群体生产活动的需要，也起源于人类自身身心发展的需要，教育是在生活实践过程中进行的。

我们认为，教育是人与生俱来的，最早的教育形式应该是生活传承，教育源于本能、源于需要，可以称之为"需要起源"，这样的"教育"通过劳动（生产的、心理的）生活得以实现。

这样的"教育"，既不是"公立"的，又处在原始阶段，还没有形成行业，也不是完全意义上的"民办"教育，应该称为"民间教育"。

第二节 原始社会时期中国的民间教育

一 母系氏族公社时期的教育活动

以西安半坡村为代表的母系氏族公社村落，生产工具和劳动技能都有了很大进步，人们除了依赖渔猎和采集，也开始发展原始农业和畜牧业。

人们逐渐形成的较为稳定的居住习惯，也随之渐渐形成社会性。大房子周围环绕着若干小房子，构成一个亲族单位的居住群。大房子是氏族老人与孩子的集体居所。青壮年经常外出渔猎耕种，老人与孩子常居一所，因而教育儿童的责任更多由老人承担。而外出渔猎耕种的群体中，年长的、有经验的人就会通过生产活动对年轻的、无经验的或者是经验不足的人进行"传帮带"。这样的教育主要体现在"教"，这种"教"主要是经验和技能的传授。这个时期的教育都在民间。

二 父系氏族公社时期的教育活动

父系氏族公社时期属于新石器晚期阶段，生产工具有了进一步发展，石器更加锋利，人们开始使用铜器，进入了铜石并用时代；轮制陶器和冶金技术是工艺发展的突出标志；农业、畜牧业和手工业之间的社会分工进一步精细化；器物和装饰品显著增多，爱美观念大为盛行。人们更加崇拜祖先，并出现了掌握一定文化知识的"巫"。社会生活方面，道德规范、风俗习惯初步形成，语言和思维有明显发展，歌谣、谚语、神话等艺术形式陆续出现。这些都使这个时期的教育活动更加自觉，教育目的更加明确，教育内容和教育形式也更为丰富多样。"育"开始进入"教育"领域。

这一时期，中国教育史上第一次出现"教"和"育"的融合。这种融合是在具备了一定的经济基础和教育基础之后，社会向更高阶段发展的需要，这个时期的教育在民间。

这个时期的教育处于萌芽状态之中，具有以下特点。一是内容贫乏、形式简单，仅限于口口相传，并结合实际动作进行示范和模仿，没有文字和书本。二是主要在劳动实践中进行，教育同生产生活相融合，教育内容主要为生产和生活经验。人们在劳动过程中创造和使用工具，并创造语言、神话、记事方法等。三是教育过程是终身的。四是教育是平等的，教育目的一致，具有全民性而没有阶级性，教育目的是为生产斗争和社会生活服务。集体的社会性的教育活动是为了培养合格的氏族成员，人人都拥有平等受教育的权利。

三 学校教育的萌芽

学校教育是人类社会发展到一定历史阶段的产物。一般来说，学校产生应具备以下条件：生产力有较大发展，使一部分人得以脱离生产劳动专门从事教育和学习活动；脑力劳动和体力劳动有了明显分工，有了专门从事文化活动的知识分子，其中一部分是学校教师；文字的产生使文化知识和学习内容更丰富，学习条件更便利。

一般认为，学校产生于原始社会末期。在部落联盟时期，凡宗教仪式和公众集会，必有音乐。传说五帝时期宗教思想盛行，氏族公社注重祭祀天地鬼神，因而在祭祀中辅以音乐来维系民心。当时的宗教和教育活动并没有严格的界限，所进行的教育是生产过程之外进行的独立性活动，教育和学者都已脱离了生产劳动，已具有古代学校萌芽的条件。①

---

① 孙培青主编《中国教育史》（第三版），华东师范大学出版社，2009，第 9 页。

上古先民的一系列有助于文明开化的社会活动，被看作社会教化的形式，举行这类活动的场所被称为"大学"。教育具有了调整社会意识形态的功能之后，统治阶级就将其作为培养接班人的平台，官办的学校一经出现，就在国家机器、国家意志的强力下成为维护统治阶级利益的工具，教育就逐渐由民间行为转变成官民共同运行的社会事业。

第三节　封建时期中国民间教育的历史转型节点

封建教育的两大组成部分就是官学、私学。官学重在以经学为教学内容，培养官僚后备人才为国家所用，更侧重于"育"；私学不受学术派别、学科、专业等的限制，多侧重于"教"。私学的适应性更强，分布面更广。在社会发生动荡或改朝换代时，官学会因受到较大的冲击而停滞或荒废，而私学虽受影响但可以在此时期担负一定的民族文化传承发展的历史责任。

封建时期中国的民间教育经历了远古至先秦、两汉至两宋、元至明朝等历史转型时期。

一　远古至先秦：传统教育的形成、奠基时期

远古至先秦这一时期教育分为两个阶段：远古至夏商周时期是教育的萌芽阶段，而春秋战国时期则是教育的形成、奠基阶段。

中国古代的教育活动在原始社会已经发端。随着原始农业的产生，教民农作的教育也相应产生。教育在人类的生活和劳动实践过程中进行，并随着劳动生产力的发展而发展。人类依靠集体的力量战胜各种困难，进行采集和狩猎活动，来满足全体社会成员的需要。进行这些活动，就需要对儿童进行指导，以便一代又一代人能够掌握制造和使用工具的方法；而人们在集体生产劳动和社会生活中积累的一些经验，加上语言和思维的发展，为儿童进行看、听、说、练习提供了条件。这种初始的教育活动虽然十分简单，却是一种源自本能的、下意识的自觉活动。

烽烟四起、战乱频仍的战国时期，繁荣了中国传统教育，开创了教育活动的先河。合着政治发展的节拍，这一时期学术上也是学派林立、百家争鸣。这样的社会环境催生了私学，多家学派争相办学，养"士"盛行。儒、墨、道、法等诸子百家站在不同的阶级或阶层的立场上，各抒己见，

相互辩驳、争鸣，又相互吸收、补充，促进了非官方教育的发展，使得这一时期的教育思想呈现前所未有的广度和深度，谱写了中国教育思想史上丰富多彩的厚重篇章。

春秋战国时期是民间办学、私立教育一统天下的时代，私学的繁荣昌盛和发展不仅为中国古代教育奠定了深厚的基础，也为当代中国教育创造蓄积了可资借鉴的重要价值。

春秋战国时期的非官方办学主体，除儒、墨学派之外，还有道家、法家等诸子学派，他们均对中国古代教育理论有重大贡献，尤其是儒家后学总结了这一时代的教育思想和教育经验，其著述《学记》《大学》《中庸》阐述了教育的作用、学制的体系、道德教育体系、教学原则和方法、教师的地位等方面的理论，成为世界上最早的、自成体系的教育著作，奠定了中国古代教育的理论基础。

秦统一六国后，李斯倡行"耕战"，称私学为"贫国弱兵之教"，伴随焚书坑儒的错误举措，严禁私学，竭力倡行"以法为教""以吏为师"，使私学一时陷入灾难境地。秦代推崇法家学说，焚书禁私学，导致社会矛盾迅速激化，王朝覆灭。

二 两汉至两宋：教育的发展、辉煌时期

秦亡汉兴，朝代更迭，教育顽强的生命力适时展现。汉朝伊始，政治尚不成熟，社会尚不稳固，王朝来不及建立正式的学校教育制度。此时期官学未创立，私学蜂起，承担起了教化民众、培养人才、传播文化、发展学术的责任。

重视私学是汉室中兴的一个重要原因。汉初的统治者吸取了秦王朝覆灭的教训，认为单凭法家思想不可能使江山永固、社会长治久安，于是去秦苛政，推行道家的无为而治之政，有效地恢复了经济和民间学术文化。政府解除了对各种学派的钳制，各家学说重新得到了自由发展的机会。

当权者从实践中悟到一个道理，即儒学为治国的精神支柱，但不能作为国家制度；法家之学可作为国家制度，但不能作为治国的精神支柱。汉承秦制，儒表而法里，并倡导教育以此为本，教授生员。正因如此，在汉初官学未立，私人讲学非但不被禁止、干预，朝廷反而对一些著名学者予以礼遇。皇帝不断发布招贤诏书，这实际上是对私学的一种间接鼓励。私

学因此而发展,并承担起为社会和国家培养人才、传播文化、发展学术的责任。私学"唱主角"在汉初是一种独特的现象,也是民办教育史上的光辉篇章。后来虽然官学有所发展,但是私学依然不衰,同官学齐生共长。汉代最著名的私学机构是书馆与经馆。书馆为启蒙教育私学,经馆为一些知名学者主持的更高一级私学,是高级学者聚徒讲学之所,程度相当于官学之大学。

汉武帝即位后采纳董仲舒的建议,罢黜百家,独尊儒术,兴学校,行选士,确立起封建统治阶级的官方意识形态。作为汉代政治的指导思想,儒学教育被提高到"治国之本"的地位。从此以后,儒家经典便开始兴盛,学习儒经成为人们进入仕途的重要途径。由于中央官学只有太学,太学名额有限,选送有一定之规,地方官学未得到普遍发展,无法满足读书人的要求,于是经师宿儒私人讲学之风大为盛行,私学在民间蓬勃发展。

至东汉时期,随着今文经学与古文经学的争鸣和融合,不少大师名儒不愿意卷入统治集团内部的斗争,或政治上不得志,则避世隐居山林,收徒讲学,私学比西汉更加兴盛。

秦汉教育确立了中国封建教育的雏形,特别是汉代教育的宗旨,官学和私学的设置,教育的内容、组织形式和教学方法等各方面均为后世整个封建时代的教育奠定了坚实的基础,在中国教育史中占有关键的地位。[①]

两晋中央和地方官学始终处于时兴时废的状况,但学术及教育发展并未彻底中断,在这个过程中私学发挥了重要作用,在很大程度上弥补了官学的不足。

魏晋南北朝私学的发展呈现生机勃勃的局面。在前后 400 年时间内,无论时局如何变换,战争的硝烟如何弥漫,私学的发展不但没有中断,而且在组织形式、教学内容、教学方式、社会影响等方面都有了很大的进步。魏晋南北朝私学的发展与两汉的不同之处在于,两汉私学受到独尊儒术文教政策的控制,尽管十分发达,但是只起着维护汉代教育体制的作用;而魏晋南北朝的私学却是依据社会发展的需要和学者的学术专长而实现了多元化发展,在客观上对独尊儒术的官学体制起着一种瓦解作用,促使魏晋南北朝教育体制最终突破了独尊儒术的桎梏,实现了教育的进步和创新。

---

① 史仲文、胡晓林主编《中国全史·教育卷:秦汉分卷》,中国书籍出版社,2011,第195页。

十六国时期虽然战乱频仍，王朝更迭频繁，但私学依然保存下来，甚至比先前还发达。这一时期的私学对保存中华传统文化做出了积极贡献。

隋朝初期的教育振兴一时，国子监隶属的"五学"师生逾千，地方教育也有"讲诵之声，道路不绝"的记载。[①] 但是好景不长，隋末，由于政治腐败和战乱频仍，官学不兴，学校废弛，许多儒士转入乡间山林进行私家讲学。私学在隋唐朝代更迭的战乱时期，又一次担当起重任。

隋朝科举制的产生和发展对中国的文化教育产生了深远的影响。科举制度作为一项开展了1300多年的选拔官员的考试制度，对中国的官方教育和私学教育都产生了巨大影响。

隋唐时期，官学强盛至极，科举制也日臻完善，政府在发展官学的同时，也鼓励支持私学的发展。尤其是唐代，政治安定，经济繁荣，为民间私学发展奠定了基础，因此，官学繁荣的同时私学也颇为发达。唐代道教兴盛，每一个道观实际就是一个道教学校；儒家则以家族、门徒的形式举办私学。

唐代私学也很兴盛。创办管理私学的有在职官吏，有无意仕宦的、政治上失意的儒士，也有借此养家糊口的知识分子。他们精于经学，通晓文史，在地方上被奉为名师大儒，自行在民间聚徒讲学。唐代对私学的政策客观上也鼓励了私学的发展，使之成为一种重要的教育形式。尤其是中唐以后，由于官学衰微，私学在数量和质量上都有压倒官学之势。[②]

唐末至五代期间，战乱频繁，官学衰败，许多读书人避居山林，遂模仿佛教禅林讲经制度创立精舍、书院，书院制度开始萌芽。书院是藏书、教学与研究三结合的高等教育机构，对中国封建社会教育与文化的发展产生了重要的影响。书院分官、私两类。

宋辽夏金时期的私立教育是在直接继承隋唐文化教育遗产，并广泛取鉴历朝文化教育的优劣得失的基础上逐步定形的。这一时期，书院制度正式形成。书院作为教育教学新的组织形式，得到社会普遍认同和空前发展，是中国民间教育发展到一定时期的高级形式，为中国民办教育的发展耸立了一道丰碑。

---

① 樊继轩：《中国民办教育通史（古代卷）》，社会科学文献出版社，2019，第6页。
② 史仲文、胡晓林主编《中国全史·教育卷：隋唐五代分卷》，中国书籍出版社，2011，第395页。

三 元至明朝：私学继续发展，教育形式多样

元代的私学十分兴盛，它继承了宋辽夏金的私学传统而又有新的发展，元代的私学一般有家长督课、学生自学、私塾授课、名师传授等多种形式，教学内容则侧重于儒家经典，又以朱熹等人注疏的"四书五经"为基本教材。

元朝统治者对私学采取鼓励、支持的态度，在兴办地方官学的同时，规定"或自愿招师，或自受家学于父兄者，亦从其便"。元朝通过私学这种教育形式，培养出大批有用的人才。

明朝十分重视发展教育。明初除了在中央设立国子监，在各府、州、县也普设学校，以兴教化。同时，明太祖借鉴元代推行教化的方法，广设社学，力图将皇权触角延伸至社会的最底层，以实现对全国的有效管理。

由于明朝政治、经济、文化、制度的发展，私学发展出许多具体形式，如小学、家塾、私塾、蒙馆、义学、社学、书院等。这些由私人举办的蒙学阶段的私塾学校，是广大儿童接受启蒙教育的主要形式。

第二章　近代中国的私立教育

中国近代教育的历史是新教育代替旧教育的历史，这一时期的中国教育实现了由传统教育向现代教育的转型。

第一节　科举衰败，教育转型

到了清朝，科举制度已露衰败景象。考试内容越发僵化，强调形式而轻视实践，读书人读书主要是为了应对科举考试，脱离实际，思想逐渐被迂腐的八股文所束缚。官学名存实亡，书院积弊丛生，私塾步履维艰。鸦片战争后，教会书院开始在中国萌发。随着日益频繁的中外交往活动和洋务运动，西方近代教育思想和教育模式开始逐步传入我国。

传统教育趋向衰微。19世纪末至20世纪初"西学东渐"，"重建教育"成为中国教育的重大课题。随着科举制度的废除，学校教育也经历了由私塾到学堂到近代学校再到近代私立大学的重构和转型。随着西方教育科学的传入与引进，中国教育的面貌发生了一系列变化。辛亥革命和五四运动后，平民教育、乡村教育实践和中国共产党的新民主主义教育成为推动近代私立教育发展的主体。

清代的蒙学和社学都属于官学的学前教育，其共同特点是以进入官学为最高培养目标，区别则在于蒙学以识字为起点，主要对儿童进行识字教育、知识教育和思想品德教育，其是完全的民间教育；社学则以读书为起点，是半官方教育，民办官管。蒙学和社学的教师都是平民，官学教师则享受国家待遇，有成效者可晋升为国家官员。

第二节　私立学校的兴起与发展

民国初年，《专门学校令》、《大学令》以及《私立大学规程》均明确规定，私人有权开办私立高等教育机构——专门学校或大学。《实业学校令》和《实业学校规程》规定实业学校以"教授农、工、商业必需之知识技能"为目的。1917 年后的军阀混战使政府无暇顾及官办教育，私立大学迅速发展。1926 年《私立学校校董会设立规程》颁布；1929 年《私立学校规程》公布；1933 年《修正私立学校规程》公布。在此基础上，民国政府对私立学校开展了新一轮整顿和管理，清末出现的教会大学、私立大学在民国时期得以继续发展，初等教育中的私塾教育与学校教育并存。随着教育体系的逐渐完善，私塾日趋没落，学校日益昌盛。至 20 世纪 30 年代，私塾教育濒临绝迹，国民学校教育取而代之，并出现了一批新型的私立学校。

20 世纪上半叶，中国社会政治、经济、文化等方面的转型也为私立大学带来了前所未有的发展机遇。同时，私立大学的存在与发展也动摇了中国高度政治化的社会传统，壮大了市民社会的力量，在一定程度上推进了近代中国的社会转型。在清末私立高等学校中，有国人 1905 年创办的复旦公学、1906 年创办的中国公学、1908 年创办的广州光华医学堂，有外国人 1907 年成立的德文医学堂、1909 年创立的焦作路矿学堂等。

民国时期的私立大学是近代中国高等教育的重要组成部分。近代私立大学在其产生、发展过程中积累了丰富的办学经验，在学校管理、经费筹集、课程、教材教法、师资等方面形成了自己的办学特色，涌现了一批为国内外所称道的出类拔萃的大学和杰出教育家。在近代中国，私立大学提供了更多的高等教育、发展了特色学科、深化了中外教育交流、张扬了高等教育个性、开创了高等教育风气之先、促进了公立高等教育的完善；与此同时，其在改造政教合一的社会传统上也发挥了不可或缺的作用，并在一定程度上壮大了近代中国新生的市民社会的力量。[①]

---

① 宋秋蓉：《近代中国私立大学的地位与作用》，《江苏高教》2003 年第 2 期。

第三节 教育与救国

从抗日战争结束到新中国成立，我国新增私立高校 37 所，此外，由外国教会创办的东吴大学、岭南大学、圣约翰大学、沪江大学、金陵大学、华西协合大学等也有所发展。中国当代的知名高校如复旦大学、南开大学、厦门大学、同济大学等均源于近代的私立大学。

从辛亥革命到新文化运动，将教育与救国联系在一起是这一时期教育的一个显著特点。而将教育与社会生活紧密联系起来，主张"教育即生活，学校即社会""教育即生长"的实用主义教育思潮、平民教育思潮、工学和工读主义思潮、科学教育思潮和职业教育思潮，则是新文化运动时期教育的特点。

科举制的废除直接导致了传统教育制度的解体。整个乡村在文化层次上陷入了社会嬗变的深渊中。新文化运动之后，广大知识分子试图通过教育来化解乡村文化危机，并身体力行。以陶行知、晏阳初、梁漱溟、黄炎培等为代表的爱国教育者，从城市奔向农村，怀着振兴农村、改造社会的良好愿望，尝试走一条不同的农村改革道路，以解决不断扩大和增多的农村问题，乡村建设运动和乡村教育理论就应运而生。①

对教育的期冀不必过高，不必过于复杂，只四个字：教书育人。这里的"书"是广义的，泛指人类现有的一切技能、知识、思想和想象；这里的"育"是在传统"教"的基础上不断发展升华而来的对经济社会发展需要的优秀人才的教育，是脱离了"读书做官""劳心治人"狭义的"育"的更高层次、更高境界的培育。

---

① 成必成：《民国"乡村教育运动"及其对农村教育改革的启示》，《教学与管理》2014 年第 6 期。

第三章　新中国成立后私立教育的变革和社会力量办学

新中国成立后，教育在更高层次上回归了本源，人民的、大众的教育成为国家和社会举办教育的主流。由厂矿、企业、行业和大队、小队联合举办的学校大量存在。这样的教育不完全是"公办教育"，而是"社会力量办学"。

新中国成立前夕，国家已经有了教育的基本管理原则。1949年9月29日，中国人民政治协商会议第一届全体会议通过了《中国人民政治协商会议共同纲领》（以下简称《共同纲领》），《共同纲领》在第五章"文化教育政策"第四十一条中开宗明义地提出，中华人民共和国的文化教育为新民主主义的，即民族的、科学的、大众的文化教育。人民政府的文化教育工作，应以提高人民文化水平，培养国家建设人才，肃清封建的、买办的、法西斯主义的思想，发展为人民服务的思想为主要任务。《共同纲领》第五章第四十六条提出了教育的改革方向，中华人民共和国的教育方法为理论与实际一致。人民政府应有计划有步骤地改革旧的教育制度、教育内容和教学法。可见，新中国的教育改革是"有计划有步骤"的，是渐进式的。

1949年12月23~31日，中华人民共和国中央人民政府教育部在北京召开了第一次全国教育工作会议。会议确定了当时中国的教育工作方针：根据《中国人民政治协商会议共同纲领》的规定，以老解放区的教育经验为基础，借助苏联教育的先进经验，建设新民主主义教育；教育必须为国家建设服务，学校必须为工农开门；发展教育要普及与提高相结合，即在提高的指导下普及，在普及的基础上提高，在相当长时期内应以普及为主。教育应着重为工农服务，培养工农知识分子干部。大量举办业余补习教育，开展全国规模的识字运动。在普及的基础上，逐步提高科学技术和政治教育水平；对原有老解放区的教育，首先是中学、小学教育，以巩固与提高为主，条件许可时，可以适当发展。巩固与提高的关键是解决师资和教材问题。改进师范教育，加强教师轮训和在职学习，培养称职的教师。中等学校着重向中等技术学校发展，培养大批中级建设干部。对新解放区的教育，坚持团结、教育、改造知识分子的政策，谨慎地推行"维持原校，逐步改善"的方针。学校此时的主要工作是在师生中有效地进行政治思想教育，使他们逐步建立革命的人生观。妥善安置失业知识分子和失学青年。对于私立学校，一般采取保护维持、加强领导、逐步改造的方针。逐步改革旧的教育制度、教育内容和教学方法。对旧学制的全面改革，要在各级教育经过不断改革取得较为成熟的经验后，逐步进行。学校的管理，必须贯彻与实行民主集中制。应设法改善教育工作者的物质和政治待遇。教育工作者要发扬艰苦奋斗的作风，完成光荣的教育历史使命。

国家没有马上接办改造私立学校，而是区别不同情况，采取不同处理方法。一是成绩优良的学校要奖励补助，经费困难而成绩不错的学校也要补助；二是单纯以营利为目的的学校，要进行整顿改造，使之健康发展；三是对办学成绩极差的学校予以取缔或接管。总的方针是保护维持私立学校。

1950年1月6日，教育部《关于第一次全国教育工作会议的报告》又明确了该精神。会议报告认为，目前私立学校及学生占很大比例，我们除对个别的反动特务学校应加以取缔外，一般的学校应采取保护维持、加强领导、逐步改进的方针，对积极改进或有成绩的学校，政府应予以奖励。

1950年6月6日，在中国共产党七届三中全会上，毛泽东指出，"要有步骤地谨慎地进行旧有学校教育事业和旧有社会文化事业的改造工作，争取一切爱国的知识分子为人民服务。在这个问题上，拖延时间不愿改革的思想是不对的，过于性急、企图用粗暴方法进行改革的思想也是不对的"[①]。对旧有学校教育事业和旧有社会文化事业"有步骤地谨慎地"进行改造，说明当时中央并没有盲目地取缔或是终止私立教育，但"改造"是必需的。旧有学校和教育事业虽然要改造，但不能保守僵化，也不能急躁冒进。

新中国成立之初，私立高等学校的毕业生和公立大学毕业生都由国家

---

① 夏杏珍：《建国初期对知识分子思想改造的历史必然性》，中共中央党史和文献研究院网，https://www.dswxyjy.org.cn/n1/2016/0929/c219022-28749950.html。

包分配。1950 年暑期，全国公立、私立大学共有毕业生 17539 人，全部被分配给东北、华东、中南、西南、西北和华北 6 个大行政区。分配时根据毕业生学习的科系与学业成绩，做合理的搭配，即尽量专业对口、用其所学。同时规定，一般应要求学生服从分配，但表示愿意自谋职业者，可听由其自便。

私营工商业及文教事业如需要高校毕业生，而自己无法找到时，得向地方政府申请，地方政府应适当地照顾他们的需要。

对于私立学校的教职工，政府也一视同仁。1950 年 7 月 5 日，政务院文化教育委员会第三次全体委员会议通过了《政务院关于救济失业教师与处理学生失学问题的指示》，要求各地人民政府除尽可能维持公私学校外，应本公私兼顾原则，积极维持各地城市中现有的私立学校，并领导其进行必要的和可能的改革。减低学费，多收学生，师生互助，多想办法，自力更生，克服困难。私立学校中，办理成绩较好，经多方设法仍无法维持者，政府应予以适当的经费补助。少数办理太差而确实无法维持和改造者，可劝导其和其他学校合并。其学生及教职员，均应予以适当的安置。

在召开了第一次全国教育工作会议和第一次全国高等教育会议之后，国家对教育事业的顶层设计已经有了初步的轮廓，对私立教育也有了基本管理原则。在此基础上，1950 年 7 月 28 日，政务院批准公布了《私立高等学校管理暂行办法》（以下简称《暂行办法》），这是新中国成立后第一部关于私立学校的管理办法，在基本原则、办学准则、困难补助、办学权限、申请立案、校长任免、审核备案、校产使用、禁止事宜、停办变更等方面进行了明确规定。制定本办法的目的是加强领导并积极扶持与改造私立学校，以适应国家建设需要。这里的关键词是"加强领导""积极扶持与改造"，目的是使其适应"国家建设需要"。没有说要"取缔"或"接管""接办"私立学校。但在第十二条中提出，私立高等学校办理不善或违背法令时，大行政区教育部得报请中央教育部批准令其改组校董会，更换校长，改组或停办学校。也就是说，即使私立高校有违法令或办学不善，要改组或停办，也得报请教育部批准，先"改组校董会"，不行的话，再"更换校长"，再不行，才改组或停办学校。由此看来，《暂行办法》侧重积极扶持私立高等学校。

此外，《暂行办法》规定，要遵照《高等学校暂行规程》和《专科学校暂行规程》办学；行政权、财政权及财产所有权均应由中国人掌握；必须重新立案登记；校（院）长、副校（院）长由董事会任免，其他主要人员由校（院）长任免，但必须经大行政区教育部核准并报中央教育部备案。包括教学、行政及经费情况，亦应审核备案；不得以宗教课目为必修课或强迫学生参加宗教仪式与活动；校产产权应全部移交学校且不得移作学校经费以外之用。《暂行办法》实际上已经初步确立了国家对私立教育管理的基本原则。

应该说，直到这个时候，国家对私立学校，还是与公立学校一视同仁的。从当时的形势来看，对私立学校的改造是必然的，接办也在预料之中，但国家一直强调公私兼顾，一视同仁，其主要原因在于当时新中国的教育底子还很薄弱，接管私立学校的条件还不成熟。实际上，这也显示了新中国的包容与接纳。

第一节　国家对私立中小学的接办

新中国成立之初，中央政府对私立教育主要采取保护维持、逐步改造的方针。1951年3月19~31日，第一次全国中等教育会议在北京召开，会议提出，必须贯彻公私兼顾的原则，对私立中学应该积极扶持，加强领导，有重点地补助和改进各种私立职业教育。之后，国家对于私立教育（主要是对中国人自己办的私立学校）的态度，从先前的"保护维持"经"公私兼顾"转向"鼓励私人办学"。1951年5月18日，政务院第八十五次政务会议指出，开始实行教育事业中的公私兼顾政策：对私立学校一般采取积极维持、加强领导、逐步改造的方针，使之逐渐适应国家建设的需要，并实行在城市奖励私人兴学，在农村鼓励群众办学的政策。教育部在1951年全国教育工作的方针和任务中提出，对私立中学要积极领导，加以改革，奖励私人办学，同时给予必要的帮助，解决其困难。这里的"积极""奖励""帮助"都是很关键的。因而大批私立学校维持下来，群众办学的积极性大大提高。据统计，当时东北地区共有农民兴办的村学2858所，学生205696名。全国私立高等学校有70余所，私立中等学校1500多所，私立小学为数更多，其中不少办得较好的学校，得到了政府的扶助，并有了新的发展。①

值得注意的是，在这个时间节点，民办教育有了新的表现形式。国家在城市奖励私人兴学，在农村鼓励群众办学，一种既不是政府办学，又不同于以往私立学校的非完全公立学校出现了。

随着国家治理体系的完善，新的生活秩序也在建立，无论是国家、集体还是个人，都面临着发展问题，主要是经济的发展问题，所以，技术教育、职业教育也就日益重要。由于公立的中等专业教育一时不能满足需求，民间的培训机构即应运而生。

关于私立技术补习学校问题，教育部的态度也比较明确，认为各大城市有不少私立的技术补习学校，北京一地即有 100 多所，学生 1 万多人，一般是 3 个月一期。而北京的财经学校和工业技术学校，每年只有几十人或百十人毕业。所以私立技术补习学校对解决普通技术人员短缺问题是一个很重要、很有效的办法。它是短期训练班的一种形式。北京有些业务部门已委托私立技术补习学校代为培养干部。这种委托办法很好，希望加以研究并注意在各地推行。同时，这些学校还存在很大缺点，需要教育部门和业务部门加强领导和帮助。

1952 年 3 月 31 日，《政务院关于整顿和发展中等技术教育的指示》也明确指出，各地现有的各类私立中等技术学校和私立技术补习学校，对培养技术人才能起到一定的作用，各级人民政府及所属各有关业务部门应鼓励此类学校的设置，并加强领导，使其有效地为国家建设服务。其办理有成绩而经费确实困难者，应予以适当的补助。

到 1952 年中，政府对私立中等技术学校的发展有了新的设计，但鼓励支持的基本原则没有变。1952 年 7 月 12 日教育部发布的《中等技术学校暂行实施办法》规定：私立中等技术学校经学校董事会的同意和条件具备的，原则由省（区、市）人民政府审核，经大行政区人民政府（或军政委员会）批准，得改为公立的学校。同时进一步明确，私立中等技术学校之办理有成绩而经费确有困难者，各级人民政府及其所属业务部门应予以适当的补助。此项补助费应按财政制度一并编入预算内。这些措施对于民办中等学校来讲，都是有利于发展的好消息。

---

① 何东昌编《中华人民共和国重要教育文献（1949~1999）》，海南（长沙）出版社，1998。

1952 年 9 月，教育部发布了《关于接办私立中、小学的指示》，决定自 1952 年下半年至 1954 年，将全国私立中、小学全部由政府接办，改为公立。这是一项具有历史意义的巨大工程，反映了中央政府对新中国基础教育的整体设计和决心。

1952 年 10 月 17 日，中共中央批准了教育部《关于接办私立中小学问题的报告》。

1952 年 11 月 15 日，教育部发布关于接办私立中、小学的计划，安排了接办的具体步骤：1952 年下半年各地区大力进行关于私立中、小学校的调查研究工作，拟定接办的计划，分别着手接办私立中等学校的 30% 左右（其中华北、东北两地区应将私立中学全部接办完毕）、接办私立小学的 20% 左右。其中首先应将接受外国津贴的私立中、小学全部接办完毕；1953 年内，全部完成私立中等学校的接办工作，并继续接办私立小学的 40% 左右；1954 年内，全部完成私立小学的接办工作。为胜利地完成接办工作，中央要求必须做好各项准备工作，预防接办中可能发生的偏向。

截至 1952 年底，全国共有私立中等学校 1412 所，教职员工 3.4 万余人，学生 53.3 万余人；私立小学 8925 所，教职员工 5.5 万余人，学生 160 余万人。其中，接受外国津贴的教会办的学校，除 1951 年已经处理者外，尚有中等学校 246 所，教职员工 3700 余人，学生 7.1 万余人；小学 68 所，教职员工 3600 余人，学生 10.3 万余人。在这个基础上，教育部算了一笔账。

接办私立中、小学的经费，据初步计算，全部接办全国私立中、小学共需经费 7074.9 亿元。自 1952 年起，逐年所需经费：1952 年共需接办经费 928.58 亿元（已列入 1952 年教育支出预算内）；1953 年共需接办经费 4881.69 亿元；1954 年共需接办经费 1264.63 亿元。[①]

实际上，尽管中央政府、中南军政委员会明确指示河南在 1952 年底私立中学、私立小学全部接办完毕，河南也确实迅速落实，总体上实现了全部接管，但私立学校的产生和发展有着一定的历史原因和社会需求，所以短时间内难以彻底接办，即使在新中国成立之初的大背景下，仍存在私立学校。河南省人民政府教育厅资料显示，到 1954 年，河南全省高中和高校已经没有私立学校，中等师范学校本来就没有；但在初中和初小阶段还有私立学校，而

---

① 何东昌编《中华人民共和国重要教育文献（1949~1999）》，海南（长沙）出版社，1998。

且当年还在招生，在校生总数还在增加。数据显示，1954 年初全省私立初中有 463 名学生，当年没有毕业生，招生人数为 720 人，年末达到 1183 人；年初全省有私立初小学生 800 人，当年毕业 83 人，招生 200 人，年末达到 917人。从地域看，这些私立学校都在城市，没有一处在城镇和乡村。[①]

第二节　群众自办小学

私立学校由"完全自办"到"全部接办"，国家的教育体系呈现公办性质。但是受国家财力、精力所限，公办教育难以满足各级各类学校办学规模扩大的需求和迅速提升新中国国民教育水平的刚性需求。解决这个问题最快捷的办法就是挖掘民间潜力兴办教育。

实际上，早在 1951 年 8 月 10 日，周恩来同志在政务院第九十七次政务会议讨论《关于改革学制的决定》时就明确表示"民办小学，要加以提倡"。这是国家领导人第一次提出"民办小学"的概念。

1952 年 10 月 17 日，中共中央明确提出了"关于群众自办小学问题"，以中央文件的形式明确了"民办小学"的提法并表示，群众要有正当的、可靠的筹款办法，能维持一定的年限（至少 3 年），然后经过乡（村）人民代表会议的通过，县人民代表大会或县政府的批准，即可允许民办；穷村、小村以公办为原则，争取富村、大村小学民办，或设民办的班次。

1952 年 11 月 15 日，教育部发布《关于整顿和发展民办小学的指示》，指出新中国成立以后，不分新区、老区，各地的公立小学都有了很大的发展；但限于地方的财政力量，还不能普遍满足群众的需要，尤其是完成了土地改革的地区，广大劳动群众由于生活的改善和政治觉悟的提高，迫切要求在文化上翻身，迫切要求送子女入学，因而有很多群众自愿出钱出力兴办小学。根据这种情况，教育部在第一次全国初等教育及师范教育会议上曾明确指出，发展小学教育应采取政府统筹与发动群众办学相结合的方针。

从周恩来提出"民办小学"的概念到中央明确要发展民办小学 1 年多的时间民办小学就蓬勃发展起来。民间办学的积极性、农民在文化上翻身的迫切性可见一斑。

---

① 资料来源：根据河南省档案馆资料（J0109）整理所得。

到 1960 年，全国民办小学在校生达到 2343 万人。

在此期间，民办初中发展的步子也很大。据河南省政府有关部门发布的招生计划，1959 年全省民办和其他部门办初中计划招生数为 137570 人，与公立初中计划招生数的 15 万人大体相当，民办初中差不多占据了初中教育阶段的"半壁江山"，之后迅速"退潮"。根据 1963 学年至 1964 学年初的统计，1963 年河南省民办初中在校生仅为 4811 人，加上机关厂矿办初中在校生 8364 人，总数仅为 13175 人，仅占当年全省初中在校生总数 207042 人的 6.36%，与 1958 年的占比（25.40%）相比，下滑幅度巨大。[①]

第三节　农民业余文化教育

"扫除文盲"和开展农民业余文化教育主要靠政府教育经费以外的经费解决，主要参与人是不吃"商品粮"的农村"知识分子"。

"民办小学"的蓬勃发展在一定程度上缓解了农民子女接受小学教育的困境，但是翻身的农民怎样提高文化水平？新中国成立之初，全国文盲、半文盲人数占到总人口的 80% 以上。从 1950 年开始，经过持续、大规模的扫盲工作，文盲、半文盲人数占比到 1969 年降至 38.10%，到 1990 年降至 15.88%。从 1954 年到 1965 年，全国扫除文盲 9571.3 万人。2010 年第六次全国人口普查数据显示，中国 15 岁以上的文盲人口已从 2000 年的 8507 万人减少到 5419 万人，成人文盲率从 8.72% 下降到 4.88%。

在全国大规模扫除文盲的同时，国家致力于农民文化知识的巩固和业余生活的丰富。1955 年 6 月 2 日，国务院发布《关于加强农民业余文化教育的指示》，要求农民业余文化教育必须坚持"以民教民"的原则。

农民业余文化教育的经费，除少数专职人员的开支、业余教师训练费、主要乡干部离职学习的办公杂支以及一定的奖励费外，都应当由群众自筹。

这一文件明确了农民业余文化教育的方向和目标要与国家发展的大势相适应；要与农村的生产组织相结合；适应农业生产需要，不违农时；政治挂帅，不能单纯进行文化教育；以民教民，国家基本不会派出公办教师；经费自筹；加强领导。

---

① 资料来源：根据河南省档案馆资料（J0109）整理所得。

第四节 "共产主义劳动大学"和"红专大学"

1958 年 6 月，在江西省省长邵式平等人的积极提议下，中共江西省委根据"半工半读"的教育思想，做出了创办"共产主义劳动大学"（以下简称"共大"）的决定。"共大"办学密切结合江西省实际，实行分级办学，即省办总校，以办大专、本科为主；省属和专属分校办中专，个别专业办大专；县属分校办初级技校，个别专业办中专。形成了全省高、中、初多层次的农业教育网。这样的办学模式和管理体制虽然超越了当时经济社会发展的实际，但也有一定的发展合理性。在江西省的带动下，全国很快形成了举办"红专学校"的高潮。

从 1958 年创办到 1980 年改制，江西省"共大"历时 22 年，辉煌时曾创下开办 108 所分校的纪录，为国家培养了 22 万余名相当于初技毕业至大专毕业的建设人才。

新中国成立后，人民生活渐趋稳定，战争离国人远去，国家积极探索教育的发展，人们对于教育的追求一浪高过一浪，扫盲、冬学、速成识字班、速成小学、速成中学涌现，一波波推进，一层层提高。人民对高等教育的神往被激活，办大学的热情被点燃，公社办的、大队办的"红专大学"一时如雨后春笋般遍地生长。河南遂平县有 10 个基层社。截至 1958 年 8 月底，10 个基层社办的综合学院、半工半读的"红专大学"、业余农业大学和各种专业学校已达 570 多所，基本上满足社员的上学需求。其中卫星公社的大学有 10 个系，共有学员 529 人，这 10 个系分别是：政治系，主要学习党的政策和基本知识；工业系，学习炼钢铁、机械和电气，学生主要集中在工业区（炼钢铁的土高炉所在地）和拖拉机站；农业系，学习农业基本知识，学习高产作物种植；财会系，学习财务管理；文艺系，学习歌曲、戏剧、音乐，自编自演，在学习之余，要上田头演出；卫生系，学习卫生保健、防疫以及接生知识；科学技术研究系，学习气象、土壤、作物栽培、病害虫防治、品种杂交；林业系，学习苗圃管理、果木杂交；文化系，所有人员是文化系的学员，按照各自的文化程度分为高小、初中班，专门为"红专大学"的学员补习文化课；政法系，学习党的方针政策和政法文件，培养生产队公安干部。

1959 年 4 月，国家开始对各类业余"红专学校"进行整顿巩固。到 1960 年，业余大学的热度下降。1961 年河南信阳地区将 5 所"高等学校"的 29 个班、1002 名学生压减 4 校 23 班、学生 778 人压减学生数占原有学生数的 77.64%，保留 1 校 6 班、学生 224 人。

第五节　半农半读教育和社队办学

1952 年 10 月 17 日，中共中央批准了教育部《关于接办私立中小学问题的报告》，同意自 1952 年至 1953 年全部完成私立中等学校接办工作；至 1954 年全部完成私立小学接办工作。1952 年 10 月 15 日，中南军政委员会教育部发文，指示各省对接办私立学校应注意的事项，要求河南省在 1952 年下半年全部接办私立中学、私立小学。

实际上，在私立学校被全部接办之后，各种非国家教育经费办学形式不断出现，和公办学校一起推进了教育发展。

一　半农半读教育

这里的"民办学校"和 20 世纪 80 年代之后所称的"民办学校"不同。前述"民办学校"指的是不完全利用国家教育经费，由行业或厂矿企业、农村公社或生产大队举办的学校；后述"民办学校"指的是当代意义上由个人或社会力量举办的学校。

过去我们的中等教育主要靠国家投资举办普通中学，不鼓励创建民办的职业学校，这仿佛人身上只有一条腿，要大步前进就有困难。民办职业中学就使我们的中等教育增加了"一条腿"。两条腿走路，才能走得快、走得好。在刚刚完成社会主义改造，国家亟须提振经济发展的背景下，作为一个农业大国，培养新型的适应经济和社会发展的基础农业人才显得尤为重要。

除了鼓励举办民办农业中学，国家还一再推进耕读学校发展。1964 年，全国耕读小学学生已达 1360 多万人。全国学龄儿童的入学率由 1963 年的 59% 提高到 71%，有 570 多个县（市）达到了 80% 以上，其中 170 多个县（市）达到了 90% 以上；农业中学学生已达约 113 万人，与 1963 年相比增加了 3 倍多。各地还试办了近百所半农半读的中等技术学校。即便如此，全国还有超过 40% 的青壮年文盲没有扫除、近 30% 的学龄儿童没有入学、50% 的高小毕业生和 70% 的初中毕业生不能升学。这些人主要分布在农村，要想通过教育提升他们的知识水平和技能，任务还是十分艰巨的。

1965 年 7 月 14 日，中共中央发布《关于半农半读教育工作的指示》，指出农村教育在我国教育事业中所占比重很大，抓好半农半读教育工作，对改变我国教育事业面貌具有决定性的作用。必须在党委的统一领导和部署下，由教育、劳动、工业、农业和其他有关部门，与共青团、群众团体通力合作，积极主动地做好这项工作。在工作中，除了要抓好方针、政策和思想工作，还应该进一步研究并妥善解决半农半读学校的学制、课程、教材和师资等重要的实际问题，使这种学校能逐步发展，逐步形成体系。社、队办学，需要开支公益金和记工分的，原则上应当允许，具体办法各省、自治区、直辖市党委根据实际情况规定。

勤俭办一切事业是我们党和国家的一条长远方针，办教育也要坚持这条方针。耕读小学和农业中学大多是因陋就简、就地取材，由群众和师生自己动手，自制教具、自垒桌凳、自盖教室创办起来的。创办时要这样，学校有了"家底"以后也应当这样。在强调自力更生、勤俭办学的同时，国家可以根据情况给予必要的补助。国家增加的教育经费主要用于发展半工半读、半农半读教育事业。耕读小学和农业中学应以民办为主、以国家补助为辅。

1966 年 2 月 24 日，教育部发布《关于巩固提高耕读小学和农业中学的指示》，指出耕读小学，可以是半日制，也可以是早、午、晚班；可以是学生到学校领课，也可以是教师送学上门；可以是教师巡回教学，也可以办流动学校。一校可以有不同类型的班，一班可以有不同类型的组和人，进行复式教学。农业中学要坚持半农半读，妥善安排生产劳动和学习时间。

对一些特殊地区的民办学校，国家也一直关注。1975 年 4 月 1 日，国务院批转《教育部关于边疆和少数民族地区普及小学五年教育问题的请示报告》，指出要充分发动群众，巩固和发展大好形势，切实解决当前存在的问题，"多快好省"地实现普及小学五年教育。

坚持"两条腿走路"的方针。除了国家办学，必须大力提倡群众集体办学。要克服重公办学校轻民办学校的错误观点，大力扶持民办学校。这些地区要首先体现中发〔1971〕44 号文件规定的"民办公助的学校和民办教师，国家补助应是主要的"。要派一些公办教师到民办学校去工作。民办学校新建校舍或购置帐篷的投资，国家可给予适当补助。公办和民办学校都要认真贯彻执行自力更生、勤俭办学的方针，积极开展勤工俭学，努力做到少花钱、多办事，把工作做好。

二 介于公办和民办之间的社队办学

在这个时间节点，民办教育有了新的表现形式。国家在城市奖励私人兴学，在农村鼓励群众办学，一种既不是政府办学，又不同于以往私立学校的非完全公立学校出现了。

在"红专大学""降温"的同时，民办基础教育得到了迅速发展。1959年公布的河南省普通教育事业第二个五年计划显示，全省民办小学学生1957 年为 24 万人，1958 年为 48 万人，1959 年为 77 万人，1960 年为 110万人，1961 年为 155 万人，1962 年达到 194 万人，1962 年的招生数是 1957年的 808.3%。就后来的发展实际看，这个计划有点保守。对比 1960 年下达的招生计划，经过 3 次调整后，全省小学计划招生数是 200 万人，其中公办小学计划召生数为 80 万人，民办及其他部门办的小学计划招生数为 120 万人。河南省普通教育事业第二个五年计划要求到 1960 年全省民办小学计划招生数达到 110 万人，按小学 6 年计算，每年的招生数应不超过 20 万人，实际上 1960 年的计划招生数就已经超过了全市在校生数，超额 600% 完成了五年计划的要求。[①]

1961 年，我国经济和社会发展受到阻滞，教育事业全面压缩。1960 年全国民办小学在校生 2343 万人，到 1961 年压缩到 1200 万人，减少近 1/2。河南省也不例外，到 1963 年，全省民办小学在校生下降到 116.96 万人，还不到 1960 年的招生数。

民办初中的发展也经历了大跨度的发展和退潮后的稳定。1958 年河南省民办初中在校生达到 12 万人以上，之后经历了"过山车"般的跌落。

与此同时，基础教育普及的工作一直在推进，在全省基础教育普及的过程中，社会力量办学发挥着重要作用。

---

① 根据河南省档案馆资料（J0109）整理所得。

1964 年的河南省教育工作会议，提出了当时条件下民办学校的办学形式：大队主持生产队联合办学、生产队办学、大队联合办学和私人设馆。这些形式，除了"私人设馆"一项外，其他形式都在以后的教育实践中得到了实现。

1966 年 7 月 24 日，河南省公布 1967 年教育事业计划初步意见，明确提出要继续贯彻"两条腿走路"的方针，除国家办学外，积极提倡厂矿、企业、机关团体和集体办学。为了充分调动群众和集体办学的积极性，小学管理应当下放到生产大队或生产队，今后办学的形式大体有四种：国家办、机关厂矿办、集体办、国家和集体合办，并提出了基建投资的基本办法，如城市投资按省计委规定的平方面积和造价考虑；公办半农半读中学，本着"干打垒"的精神，由国家投资，社队提供帮助；公办半农半读小学和社队办农业中学所需要的校舍的建设问题主要由社队解决，有困难的，国家给予适当补助。在这里，连公办的这些学校也需要"社队解决"。应该说，这样的教育可归入"公办民助"一列。

从 1968 年 11 月 15 日开始，《人民日报》以《关于公办小学下放到大队来办的讨论》为题开辟专栏，对相关建议开展大讨论。此后，农村小学办学体制从原来的国家、集体（生产大队）共同办学转变为基本由生产大队办学。

1969 年 5 月 12 日，《人民日报》提出，小学由大队办，中学由社办，或分片设点，或大队联办，有条件的地方也可由大队单办。学校经费实行民办公助。

经过这样一步步地推进，基础教育一步步由城市扩展到乡镇，再覆盖农村。到 20 世纪 70 年代初，基本上形成了公社办高中、大队办初中、生产队办小学的局面。基本上实现了一个公社办一所高中，一个大队办一所初中，几个生产队联办一所小学。因此，小学生能够就近入学，学龄儿童基本上能够入学就读，小学教育基本普及。

这一时期，国家一直关注着民办教师队伍。由于种种原因，这样一个特殊的社会群体中多数人缺乏专业知识和教学能力。很少有人受过教育学、心理学和教材教法方面的培训。事业心强、努力上进的民办教师会在不断学习、不断总结经验的基础上提高，也有极少数人确实不能胜任。但总体上，在这一历史时期内，在中小学教师队伍内，民办教师占有很大比重，他们为当代中国基础教育的普及和发展做出了不可磨灭的贡献。国家也没有忘记民办教师这个群体，早在民办小学兴起后不久，河南省有关部门就注意到了民办教师的生活待遇问题。

第六节　特殊时期的教育

一　由考试到推荐：选拔方式的改变

在中国相当长的历史时期里，教育是与国家的选官制度密切相关的。"修身齐家治国平天下"的理想诉求激励着读书人通过寒窗苦读进入朝廷，"达则兼济天下""学成文武艺，货与帝王家"。颜回陋巷苦读得到孔子称赞："贤哉，回也！一箪食，一瓢饮，在陋巷，人不堪其忧，回也不改其乐。贤哉，回也！"这样的艰苦学习将来是可能有回报的，个人可能展抱负于天下，国家亦可获得治国理政的人才。

世间芸芸众生，怎么发现人才？怎么选拔人才？这是所有当权者都很重视的问题。

夏、商、西周实行"世卿世禄制"，天子或诸侯国君之下的贵族世世代代、父死子继。平民子弟即使再优秀，也只能身处庙堂之外。到春秋战国时，统治阶层改革旧有制度，为了富国强兵，破格任用一些地位低下但才干出众的人。战国时期出现"军功爵制"，又兴起"养士"之风，招揽有才干、善言辞的人，不论其出身，皆可为国君、诸侯服务。国则以"辟田"和军功为选官依据。

秦统一六国，王朝建立前多打仗，所以选拔人才多看战功。"首级"是标准，斩敌一首，官升一级。到了汉代，国家形势稳定后，需要树立表率，人才选拔需要体现皇帝的意志且适应国家统治的需要，因此建立了"察举制"这一自下而上推选人才的制度，也叫"选举"。被举者经考试后，由政府量才录用，这样既能保证选才标准能贯彻实行，有利于选出真正的人才，又能保证竞争的相对公平，使得下层人士有进入国家管理层的可能，人才穿越阶层的流动使得国家治理体系焕发活力，一度出现"政治清明"的局面。可惜这一制度日趋腐朽，再好的制度如果不与时俱进都会僵化老死。当"察举"的关键节点被一些贪官污吏把持后，其味道就发生了改变。"举秀才，不知书。举孝廉，父别居。寒素清白浊如泥，高第良将怯如鸡"，察举制走向了消亡。

历史总是辗转反复。1966 年全国取消了高等学校招生考试制度，继而以"推荐"的形式取代考试。招生制度的变化改变了千百万青年的命运。

二　考试制度恢复

随着考试制度的不断发展和完善，隋唐以后的"科举制度"逐渐成为中国重要的选官制度。一般认为，考试起源于中国。"考"字最早出现在甲骨文中，与"老"同义；《康熙字典》将其解释"老""死""问""稽"等意。而"试"，《康熙字典》解释为"用""尝""探""较""验"等意思。"考""试"二字联用为一词，最早可能出现在董仲舒《春秋繁露·考功名》中，讲的是国家考核官吏的功过与勤绩的制度和方法。从公元前 21 世纪尧用"试"的方法选舜为继承人的传说算起，经过"周天子试之于射宫"，到汉文帝前元二年（公元前 178 年）策试晁错，再到汉武帝于元光元年（公元前 134 年）策试董仲舒，用"考试之法"选拔人才，经过了约 2000 年的探索。隋炀帝大业二年（606 年）初置进士科，策试诸士，科举考试制度正式实施。此后"科举考试"逐渐成为人类历史上影响最大的考试活动。这种考试形成了十分完备的制度，对现代考试的发展产生了重大的影响。在国外，直至 18 世纪后期，英、法、美等国家才开始大规模地进行考试，中国的科举考试曾经是它们学习的榜样，科举考试的许多做法均被它们所采纳。因此，美国教育测验研究专家亚尔保德·兰（Albert R. Lang）在《新法考试》一书中就提出了"远在纪元前 2200 年的时候，中国已有精密的国家考试制度"的观点。所以，说中国是考试的故乡，一点也不夸张。至清光绪年间，科举考试因程式僵化日趋腐朽。1905 年清廷下诏："著即自丙午科为始，所有乡、会试一律停止，各省岁科考试也即停止。"1300 多年的科举考试"寿终正寝"。

1966 年国家取消了高等学校招生考试制度。1977 年 10 月 12 日，国务院正式宣布立即恢复高考。1977 年冬天，570 万名考生走进了高考考场。当年全国大专院校录取新生 27.3 万人。1978 年，610 万人报名高考，录取 40.2 万人。1977 级学生 1978 年春天入学，1978 级学生秋天入学，两次招生仅相隔半年。1977 年冬和 1978 年夏的中国，迎来了世界历史上规模最大的考试，报考总人数达到 1180 万人。①

北京正在酝酿选拔办法。1977 年 8 月 4 日至 8 月 8 日，邓小平在北京主持召开了科学和教育工作座谈会，邀请了 30 多位著名科学家和教育工作者参加。1977 年 8 月 6 日下午，会议讨论的重点转移到高校招生这个热点问题。1977 年 8 月 13 日至 9 月 25 日，教育部再次召开高等学校招生工作会议，一个关乎千百万名青年命运和国运的决策生成了。

1977 年 10 月 12 日，国务院批转教育部《关于 1977 年高等学校招生工作的意见》，要求采取强有力的措施"切实把优秀青年选拔上来。要实行'两条腿走路'的方针，广开才路；要坚持自愿报名，认真进行文化考试，择优录取。快出人才，早出成果，加速完成'建立无产阶级知识分子的队伍'的重大战略任务，为在 20 世纪末把我国建设成为伟大的社会主义现代化强国做出贡献"。

当年的招生对象和报考条件简单明了。凡是工人、农民、上山下乡和回乡知识青年（包括按政策留城而尚未分配工作的）、复员军人、干部和应届高中毕业生，年龄 20 岁左右，不超过 25 周岁，未婚。实践经验比较丰富并钻研有成绩或确有专长的，年龄可放宽到 30 岁，婚否不限（注意招收 1966 年、1967 年两届高中毕业生）。符合下列条件者，均可申请报名：政治历史清楚，拥护中国共产党，热爱社会主义，热爱劳动，遵守革命纪律，决心为革命学习；具有高中毕业或相当于高中毕业的文化水平（在校的高中学生，成绩特别优良，可自己申请，由学校介绍，参加报考）；身体健康。

关于报名和选拔方法，明确规定：自愿报名。各级领导要积极支持和鼓励优秀青年报名。符合招生条件者，均可向自己所在的单位报名，按学校和学科类别填写 2~3 个报考志愿。由公社、厂矿、机关、学校等单位按招生条件进行审核，符合条件者，报县（区）招生委员会批准后，参加统一考试。考试的目的主要是了解考生掌握基础知识的状况和分析问题、解决问题的能力。当年的考试分文、理两类，文科考试科目为政治、语文、数学、史地，理科考试科目为政治、语文、数学、理化。报考外语专业的加试外语。由省、自治区、直辖市拟题，县（区）统一组织考试。

① 根据历年《中国教育年鉴》整理所得。

　　高等学校招生考试制度的恢复标志着运行 10 年的"推荐制"被取代。纵观历史，一般情况下，采用"察举""推荐"的选人用人制度，会抑制民间教育的发展；而一旦恢复考试制度，非国家全额拨款的民办教育就会出现。这是因为，"察举""推荐"的标准虽然明确，但操作时弹性很大，多受主观意向左右，有推荐话语权的人，可能按照自己的认识和喜好去操作；而考试则不然，考题是统一的，按照考试成绩录取录用更为客观。这就给民办教育提供了发展的土壤。所以，1977 年高考制度的恢复实际上已经给当代民办教育铺设了台阶。

第四章　当代中国民办教育应运而生的时代背景

自 1952~1954 年国家将私立学校全部接办之后，理论上中国已经没有了公办教育以外的教育，实际上社会力量办学一直存在，但这样的教育并不完全是当代意义上的民办教育。中共十一届三中全会提出要把党和国家的工作重心转移到经济建设上来，虽然 1977 年冬天已经恢复了高等学校招生考试制度，但是对于民办教育发展的大门还没有打开。直到"八二宪法"颁布实施，当代中国的民办教育才迈开了发展的步伐。民办教育的发展任重道远，困难重重。

1977 年高等学校招生考试制度的恢复开启了当代中国教育的新时期。1978 年 11 月 10 日至 12 月 15 日，中共中央工作会议召开，会议持续了 36 天。此次会议为随即召开的中共十一届三中全会做了充分准备。1978 年 12 月 18~22 日中共十一届三中全会召开，果断地做出把全党的工作重心转移到社会主义现代化建设上来的战略决策。十一届三中全会要求全党、全军和全国各族人民同心同德，进一步发展安定团结的政治局面，并且立即动员起来，鼓足干劲，群策群力，为在 20 世纪内把我国建设成为社会主义的现代化强国而进行新的长征。

实现四个现代化，要求大幅度地提高生产力，也就必然要求多方面地改变同生产力发展不适应的生产关系和上层建筑，改变一切不适应的管理方式、活动方式和思想方式，因而是一场广泛、深刻的革命。①

中国从此进入了改革开放和社会主义现代化建设的历史新时期，中国共产党从此开始了建设中国特色社会主义的新探索。

---

① 《中国共产党第十一届中央委员会第三次全体会议公报》，国务院新闻办公室网，www.scvo.gov.cn/ztk/dtzt/2013/jdzgszqhjsxlfbhzhzt/gjhr/ljszqh/Document/1351862/1351862.htm。

中国特色社会主义道路的探索为民办教育的发展提供了政治基础，经济体制改革为民办教育的恢复提供了必要的经济基础。中共十一届三中全会为民办教育的发展营造了土壤和环境。

1977 年 5 月 24 日，邓小平在论述尊重知识、尊重人才这个问题时提到，我们要实现现代化，关键是科学技术要能上去。发展科学技术，不抓教育不行。靠空讲不能实现现代化，必须有知识，有人才。没有知识，没有人才，怎么上得去？科学技术这么落后怎么行？要承认落后，承认落后就有希望了。现在看来，同发达国家相比，我们的科学技术和教育整整落后了 20 年。科研人员美国有 120 万，苏联 90 万，我们只有 20 多万。日本人从明治维新就开始注意科技，注意教育，花了很大力量。明治维新是新兴资产阶级干的现代化，我们是无产阶级，应该也可能干得比他们好。[1]

为什么函授、夜大学必须纳入教育规划？"必须"是毋庸置疑的、迫切的，反映了国家对"快出人才""多出人才"的期盼。

1980 年，我国 6～18 岁的儿童和青少年共有 32082 万人，这一时期是我国历史上空前的人口高峰期，平均每岁有 2468 万人。也就是说，从 1980 年到 1992 年，平均每年有 2468 万人进入社会。如果高等学校不大幅度增加招生人数，每年仍保持 30 万人左右，则全国只有 1.22% 的青年有机会接受高等教育；如果每年招收 50 万名中专生，接受中等及以上专业教育的人数也只占 3.2%。显然，要实现四个现代化，这个比例太低了。从 1953 年到 1962 年这 10 年中，平均每年出生 1700 万人，他们现在绝大部分已经进入社会。在过去 10 年中，社会每年平均接受 1600 万新的劳动人口，而今后 13 年内，平均每年必须接受 2400 万劳动人口，比过去每年增加 800 万人。这个严峻事实必须引起我们足够的重视，特别是要引起计划和教育部门的充分重视。要从这个严峻事实出发，实事求是地研究如何确定我们的教育计划和教育体制。要确立符合我国国情的教育体系。这就是坚持"两条腿走路"的方针，除发展普通学校以外，还必须大量发展其他各种类型的学校，否则很难根据四个现代化的要求成批成批地培育既有专业知识又有专业能力的知识分子队伍，而没有这样的队伍，要想实现四个现代化是

---

① 邓小平：《讲话：尊重知识，尊重人才》，教育部官网，www.moe.gov.cn/jyb_xwfb/xw_zt/moe_357/s3579/moe_90/tnull_3015.html。

不可能的。

要完成这个任务，实现四个现代化单靠现有的教育资源是远远不够的。国家在借助多方力量发展教育的同时，仍然感觉形势逼人。

第一节　党和国家鼓励社会力量办学

1980年1月16日，邓小平在中共中央召集的干部会议上指出，印度在教育方面花的钱就比我们多。像埃及这样的国家，人口只有4000万，按人口平均计算，他们在教育方面花的钱，也比我们多几倍。"现在我们的干部是不是多，像我们这么大的国家，各行各业，一千八百万干部，就绝对数字来说，并不算多。问题是干部构成不合理，缺乏专业知识、专业能力的干部太多，具有专业知识、专业能力的干部太少。比如现在我们能担任司法工作的干部，包括法官、律师、审判官、检察官、专业警察，起码缺一百万。可以当律师的，当法官的，学过法律、懂得法律，而且执法公正、品德合格的专业干部很少。又如我们的教师，合格的大中小学教师，全国如果增加二百万、三百万，不算多。我们的学生，中小学生多；大学生很少，在校的不过一百万。拿美国来说，在校大学生一千万，它是二亿二千万人口，二十二个人中就有一个。如果我们有二百万到三百万的在校大学生，我们培养的专门人才就会比较多。这就要求增加办学校的人才，增加教师。""总之，目前重要的问题并不是干部太多，而是不对路，懂得各行各业的专业的人太少。办法就是学。一个是办学校、办训练班进行教学，一个是自学。"①

邓小平给的办法有两个，一个是办学校、办训练班进行教学，一个是自学。第一个办法，最重要的，是办学校。办学校，谁办？两条路：国家办、社会力量办。国家的精力、财力、物力已经不能更多地承受办学成本，而经济的发展和形势的变化使得社会力量办学已经有了初步的条件。

1978年7月8日，国务院指出各地方、各部门都要高度重视和大力办好教育事业，教育战线尽快提高各级各类学校的教育质量，发展教育事业，

① 邓小平：《目前的形势和任务》，求是网，www.qstheory.cn/books/2019-07/31/c_1119484755_39.htm。

培养亿万名有社会主义觉悟的掌握现代生产技能的劳动者，培养千千万万各种专门人才和懂得管理现代经济和现代科学技术的专家和干部。要充分发挥现有普通高等学校的潜力，积极创造条件，采取多种办法，扩大招生规模，1985 年在校学生达到 140 万人左右，比 1965 年至少翻一番；1978~1985 年毕业学生 200 万人左右。同时，恢复和新建普通高等学校 350 所，招收和培养了更多的学生。1978~1985 年，培养研究生 8 万人。

我国中等教育发展很快。普通高中的在校学生达到了 1800 万人，比 1965 年增加了 7.6 倍。高中毕业生 1977 年是 600 多万人，1978 年是 700 多万人，1979 年将达到 800 多万人，以后还将达到 1000 万人左右。这些毕业生中，升大学的只能是一小部分人，大多数毕业生要参加工农业生产。为了把这么多的中学生培养成为更好的劳动后备力量，必须适当控制和调整普通高中的发展，大力发展中等专业学校和技工学校。农村要大力发展农业中学，多教授一些农业科学技术知识，直接为社队的需要服务。煤炭、冶金、石油等基地的中学要多教授一些煤炭、冶金、石油等方面的知识。城镇的中学，也要从本地实际出发，因地制宜，有所侧重地分别多教授一些与工业、建筑业、交通、财贸、卫生、服务业、农副业生产等有关的知识和技能。例如农业方面，可以多教授一些蔬菜生产、育种、农作物病虫害防治、农机修理、农村发电、畜牧兽医、肥料和饲料加工、机械化养猪和养鸡等的知识和技能，以便学生将来在市镇或郊区农村从事这方面的工作。这样多种形式办中等教育，更有利于教育同生产劳动相结合，有利于为各行各业培养有社会主义觉悟的、有文化的劳动者。

1980 年 5 月，教育部党组根据党的十一届五中全会"确定适合国民经济发展需要的教育计划和教育体制"的要求，就当前教育工作的基本情况和发展教育事业十年规划的初步设想，向中共中央书记处做了汇报。中共中央书记处于 5 月 8 日和 5 月 22 日两次讨论了教育工作方面的问题，做了很重要的指示。

中共中央书记处指出，力争在 20 世纪 80 年代使我们国家的教育事业有一个大的发展，要超过我们新中国的历史最高水平；希望经过一段时间的努力，大学在校学生达到 300 万人，高中加技术学校的毕业生有 1000 万人；要从中国实际出发，承认不平衡，要不同地区不同要求、不同标准。要抓重点地区、重点学校，发扬优势先搞上去，快出人才，适应四个现代化建设的需要，不要齐头并进。花钱要讲究经济效果，把钱花在收效最快、最大的地方；教育一定要适应经济建设的需要，教育结构必须改革，教育制度要与劳动制度、干部制度相结合；中国大学的理工科比例太大，文、法、商科比例应大大提高；高中毕业生不能升大学的，可以到职业学校、技术学校和专科学校，被培养成为中级专业人员，支援落后地区。农村高中生可以学拖拉机，学植保，学电工，成为农村人才；要充分调动地方、社队集体办学的积极性；人民的事人民办；要多种途径办教育；要发动各行各业、厂矿、企事业单位和社队，兴办半工半读、半农半读学校；要在国家统一领导下，调动各地方、各部门、厂矿企事业单位和社队办学的积极性。

1980 年 12 月 3 日，中共中央、国务院在《关于普及小学教育若干问题的决定》中强调，在我们这样一个人口众多、经济不发达的大国，普及小学教育，不可能完全由国家包下来，必须坚持"两条腿走路"的方针，以国家办学为主体，充分调动社队集体、厂矿企业等各方面办学的积极性。还要鼓励群众自筹经费办学。

第二节　经济发展状况

1981 年 6 月 27 日，中共十一届六中全会一致通过的《关于建国以来党的若干历史问题的决议》指出，新中国成立以来，特别是改革开放以来，国家在工业建设中取得重大成就，逐步建立了独立的比较完整的工业体系和国民经济体系。1980 年同完成经济恢复的 1952 年相比，全国工业固定资产按原价计算，增长 26 倍多，达到 4100 多亿元；棉纱产量增长 3.5 倍，达到 293 万吨；原煤产量增长 8.4 倍，达到 6.2 亿吨；发电量增长 40 倍，达到 3000 多亿度；原油产量达到 1.05 亿多吨；钢产量达到 3700 多万吨；机械工业产值增长 53 倍，达到 1270 多亿元。

农业生产条件发生显著改变，生产水平有了很大提高。全国灌溉面积已由 1952 年的 3 亿亩扩大到 6.7 亿多亩，长江、黄河、淮河、海河、珠江、辽河、松花江等大江河的一般洪水灾害得到初步控制。农用拖拉机、排灌机械和化肥施用量都大大增加，用电量等于新中国成立初全国发电量的 7.5 倍。1980 年同 1952 年相比，全国粮食增长近 1 倍，棉花增长 1 倍多。我们依靠自己的力量基本上保障了人民吃饭穿衣的需要。

城乡商业和对外贸易都有很大增长。1980 年与 1952 年相比，全民所有制商业收购商品总额由 175 亿元增加到 2263 亿元，增长 11.9 倍；社会商品零售总额由 277 亿元增加到 2140 亿元，增长 6.7 倍。国家进出口贸易的总额，1980 年比 1952 年增长 7.7 倍。随着工业、农业和商业的发展，人民生活比新中国成立前有了很大的改善。1980 年，全国城乡人均消费水平，扣除物价因素，比 1952 年提高近 1 倍。

教育、科学、文化、卫生、体育事业有很大发展。1980 年，全国各类全日制学校在校学生 2.04 亿人，比 1952 年增长 2.7 倍。核技术、人造卫星和运载火箭等方面的成就，表现出我国的科学技术水平有很大的提高。文艺方面创作了一大批为人民服务、为社会主义服务的优秀作品。群众性体育事业蓬勃发展，不少运动项目取得出色的成绩。烈性传染病被消灭或基本消灭，城乡人民的健康水平大大提高，平均寿命大大延长。[①]

1977~1982 年，各项经济指标都实现了快速增长，经济的发展对教育发展提出了迫切要求。

1. 国内生产总值持续增长，三次产业的比例发生变化

1982 年国内生产总值比 1952 年增加了 4644.4 亿元，是 1952 年的 7.84 倍。1977~1982 年，平均每年增长 420.48 亿元，增长幅度很大。水涨船高，人均国内生产总值也实现了快速增长。随着经济的转型和发展，三次产业的比例也发生更加科学的变化。1952 年，第一产业占比达 50.96%；到 1977 年，第二产业已经实现了超越；发展最快的是第三产业，1981 年第一次突破了千亿元大关。

2. 国家财政收支情况和职工工资情况

改革开放后财政收支差额较大的情况出现在 1979~1982 年。1979 年财政收支差额（财政收入－财政支出）达到－135.41 亿元，1980 年为－68.90 亿元，1982 年为－17.65 亿元（见表 4-1）。改革开放后虽然国民生产总值和人均国民生产总值都在增长，财政支出规模也在扩大，各项事业都在快速发展，国家已经不断加大对教育的投入，但是仍难以满足教育发展的需求。单一依靠国家财政经费发展教育的局面将被打破。

---

① 《关于建国以来党的若干历史问题的决议》，中国政府网，https://www.gov.cn/test/2008-06/23/contenet_1024934.htm。

表 4-1　财政收支情况和职工工资情况

年份	财政收入（亿元）	财政支出（亿元）	财政收入同比增速（%）	财政支出同比增速（%）	职工人数（人）	年平均工资（元）
1950	62.17	68.06	–	–	–	–
1960	572.29	643.68	17.5	18.5	–	–
1962	313.55	194.88	-11.9	-17.2	–	–
1966	558.71	537.65	18.0	16.9	–	–
1968	361.25	357.84	-13.9	-18.6	–	–
1977	874.46	843.53	12.6	4.6	9112	576.00
1978	1132.26	1122.09	29.5	33.0	–	–
1979	1146.38	1281.79	1.2	14.2	–	–
1980	1159.93	1228.83	1.2	-4.1	10444	668.00
1981	1175.79	1138.41	1.4	-7.4	10940	762.00
1982	1212.33	1229.98	3.1	8.0	11281	772.00

资料来源：根据历年《中华人民共和国统计年鉴》整理所得。

3. 全国居民消费水平及指数呈增长趋势

1982 年，城镇居民消费绝对数达到 536.00 元（见表 4-2），一部分收入高的家庭已经有能力承担相对较高的学费来支持子女的学业，这样的经济基础为发展全额国家财政经费以外的教育提供了可能。

表 4-2　居民消费水平及指数

年份	绝对数（元）			指数（1952 = 100.00）		
	全国居民	农村居民	城镇居民	全国居民	农村居民	城镇居民
1952	80.00	65.00	154.00	100.00	100.00	100.00
1977	171.00	131.00	365.00	171.70	151.10	210.60
1979	208.00	159.00	425.00	191.00	167.80	223.70
1980	238.00	178.00	489.00	208.20	181.90	239.80
1981	264.00	201.00	521.00	235.50	199.80	249.40
1982	288.00	223.00	536.00	240.80	218.00	251.10

资料来源：根据历年《中华人民共和国统计年鉴》整理所得。

4. 全国城乡居民储蓄存款余额与居民家庭人均收支情况

1982 年，全国城乡居民储蓄存款年底余额达到 675.40 亿元，人均储蓄存款余额也由 1952 年的 1.50 元增长到 66.50 元（见表 4-3）。从全国层面分析 1982 年城镇居民家庭收入和消费情况，人均可支配收入减去人均生活消费，还有节余；农村居民家庭也是这样。百姓口袋里有了存款，虽然还不多，但是可以拿出来一些投资教育了。

表 4-3　城乡居民储蓄与人均收支情况

年份	城乡居民储蓄存款年底余额（亿元）	人均储蓄存款余额（元）	城镇居民家庭		农村居民家庭	
			人均可支配收入（元）	人均生活消费（元）	人均纯收入（元）	人均生活消费（元）
1952	8.60	1.50	-	-	-	-
1979	281.00	28.80	405.00	-	160.20	134.50
1980	395.80	40.10	477.60	412.40	191.30	162.20
1981	523.40	52.30	500.40	456.80	223.40	190.80
1982	675.40	66.50	535.30	471.00	270.10	220.20

资料来源：根据历年《中华人民共和国统计年鉴》整理所得。

5. 全国主要工业品产量大幅度增长

1957 年全国化学纤维产量只有 0.02 万吨，1982 年达到 51.70 万吨，增长了 2584 倍；1949 年全国纱产量只有 37.20 万吨，1982 年达到 335.40 万吨，增长了 8.02 倍；1949 年全国布产量只有 18.90 亿米，1982 年达到 153.50 亿米，增长了 7.12 倍；1949 年全国成品糖产量只有 20.00 万吨，1982 年达到 338.00 万吨，增长了 15.90 倍；1978 年全国家用洗衣机只有 0.04 万台，1982 年达到 253.30 万台，增长了 6331.50 倍；1956 年全国家用电冰箱只有 0.03 万台，1982 年达到 9.99 万台，增长了 332 倍；1971 年全国彩色电视机只有 0.02 万台，1982 年达到 28.81 万台，增长了 1439.50 倍；1949 年全国原煤产量只有 0.32 亿吨，1982 年达到 6.66 亿吨，增长了 19.81 倍；1949 年全国原油产量只有 12.00 万吨，1982 年达到 10212.00 万吨，增长了 850.00 倍；1949 年全国发电量只有 43.00 亿千瓦小时，1982 年达到 3277.00 亿千瓦小时，增长了 75.21 倍；1949 年全国生铁产量只有 25.00 万吨，1982 年达到 3551.00 万吨，增长了 141.04 倍；1949 年全国粗钢产量只有 16.00 万吨，1982 年达到 3716.00 万吨，增长了 231.25 倍；1949 年全国成品钢材产量只有 13.00 万吨，1982 年达到 2902.00 万吨，增长了 222.23 倍；1949 年全国水泥产量只有 66.00 吨，

1982 年达到 9520.00 万吨，增长了 143.24 倍；1955 年全国汽车只有 0.01 万辆，1982 年达到 1963.00 万辆，27 年间增长了 196299.00 倍；1967 年全国集成电路只有 2.00 万块，1982 年达到 1352.00 万块，15 年间增长了 675 倍。[①]

各项主要工业品的增速巨大，特别是化学纤维、家用洗衣机、彩色电视机、汽车等与人民生活息息相关的新兴工业品的增幅都超过了 1000 倍，汽车产量甚至在 27 年间增长了将近 20 万倍。

交通运输领域的增长也十分明显。全国公路里程由 1949 年的不到 9 万公里发展到 1982 年超过 90 万公里；国际航线从无到有，1982 年达到 9.99 万公里，比 1979 年增长了 0.95 倍（见表 4-4）。

表 4-4　全国运输线路长度情况

年份	铁路里程（万公里）	公路里程（万公里）	内河航运里程（万公里）	民航航线里程（万公里）	国际航线里程（万公里）
1949	2.18	8.07	7.36	–	–
1950	2.22	9.96	7.36	1.14	–
1979	5.30	87.58	10.78	16.00	5.13
1980	5.29	88.83	10.85	19.53	8.12
1981	5.39	89.75	10.87	21.83	8.28
1982	5.33	90.70	10.86	23.27	9.99

资料来源：根据历年《中华人民共和国统计年鉴》整理所得。

运输里程快速增加，客货运量也不断提升。

全国客货运量如表 4-5 所示。客货运量的增长，促进了人员和货物流通速度的加快以及市场经济的发展。流通领域的兴旺，需要更多专业人才。

表 4-5　全国客货运量

年份	总计（万人次）	铁路（万人次）	公路（万人次）	水运（万人次）	民用航空（万人次）	货运量（万吨）
1949	13695	10297	1809	1562	27	16097
1950	20370	15691	2301	2377	1	21554

---

① 资料来源：根据历年《中华人民共和国统计年鉴》整理所得。

续表

年份	总计 （万人次）	铁路 （万人次）	公路 （万人次）	水运 （万人次）	民用航空 （万人次）	货运量 （万吨）
1979	289665	86389	178618	24360	298	537508
1980	341785	92204	222799	26439	343	546537
1981	384763	95219	261559	27584	401	523764
1982	428964	99922	300610	27987	445	548205

资料来源：根据历年《中华人民共和国统计年鉴》整理所得。

第三节 教育发展状况

一 教育面临的主要问题

1978 年 11 月 6 日，国务院发布的《关于扫除文盲的指示》指出，据一些地区调查，少年青年文盲、半文盲率合计占 30%～40%。有的边远地区、山区和一些少数民族地区，少年青年的文盲率达到 50% 以上，甚至有些农村基层干部、党员、团员、农业技术人员还是文盲。1979 年 8 月 7 日，教育部副部长张承先在全国第五次民族学院院长会议上的讲话指出，我们要提高整个教育质量，要提高整个中华民族的科学文化水平，必须切实抓好小学教育这个基础。现在小学教育不但没有真正普及（从巩固率来看，在许多地方真正达到小学五年教育水平的人仅占小学入学人数的 60%，边远山区、民族地区比例更低），而且教育质量很低。我国是一个一穷二白的人口众多的大国，普及义务教育是有很大困难的，必须调动各方面的积极性来办学。

中等教育与四个现代化的要求严重脱节，职业中学很少，普通中学中又只有普通课，没有技术课，因此中等教育非进行结构改革不可。在适当发展中等技术学校、技工学校的同时，也要大力举办农业中学、职业中学，以适应社会主义现代化建设多方面的需要。要坚持"两条腿走路"的方针，恢复半工半读、半农半读学校。我国是一个农业大国，农村人口很多，农业又是整个国民经济的基础，需要逐步实现农业现代化。从这个特点出发，需要把农村大量中学办成农业中学。

1979 年 10 月 25 日，教育部部长蒋南翔在国务院有关部门讨论 1980 年、1981 年计划会议上指出，我国教育事业欠账很多，主要表现在两个方面。一是普及教育落后。全国约有文盲 14000 万人。普及小学五年教育的状况是"三、六、九"，即形式上有 90% 的人进了小学，实际念完 5 年的不过 60%，真正达到小学毕业程度的只有 30%。二是高等教育落后。我国每 1 万人中只有大学生 9 人，比印度（52 人）、越南（17 人）还少，在世界 137 个国家和地区中，排第 129 位。人均教育经费也大大落后于外国。1918 年，我国教育经费人均 7.3 元，而英国是 366 元；意大利是 350 元、荷兰是 1266 元。① 这些问题未来要逐步解决。

二 教师队伍状况

据 1977 年 12 月 10 日教育部发布的《关于加强中小学在职教师培训工作的意见》披露，1976 年，全国中小学校在校学生已经超过 2 亿人，中小学教师已近 900 万人，但中小学在职教师工作能力、工作水平参差不齐，迫切需要培训。

1978 年 1 月 7 日，《国务院批转〈教育部关于加强中小学教师队伍管理工作的意见〉的通知》指出，近年来，多数地区的教育行政部门不能管理教师，也不能管理师范院校毕业生的分配，出现了一系列问题。

一是教师被随意借用、调出，教师编制被随意占用。湖北省教育局反映，其他部门借调半年以上和调出的教师约占教师总数的 15%，每年约有 2 万名教师不在学校工作。广东省教育局反映，该省各级行政部门占用教育事业编制共 4000 余个。

二是数量本来就很少的师范院校毕业生，不能如数被分配到教育战线。浙江省在 1978 年前几年来高师毕业生只有 20%~30% 被分配到教育战线。河北省 1977 年只有一半左右的高师毕业生被分配到教育战线。

三是自然减员得不到如数补充。广东省近几年来公办教师自然减员 13000 余人，只补充了 3000 人，这使老弱病残教师得不到及时妥善的安排。

上述问题严重影响了师资队伍的建设，严重影响了中小学教育事业发展的规模和速度，也严重影响了教育质量的提高。

---

① 胡大白：《中国民办教育通史（当代卷）》，社会科学文献出版社，2019。

刚刚恢复高考，国家就高度重视师资队伍建设，体现了国家对教育发展的重视和对现有教师队伍的担忧。从要求多种形式举办教师培训的举措来看，社会力量办学的形式是国家接受并且提倡的。全社会关心教育、支持教育，使得有真才实学的教师成为最抢手的人才。

1980年9月29日，教育部指出，目前中、小学和幼教师资队伍的状况远远不能适应教育事业发展的要求，师资数量不足、质量不高。据1979年的统计，全国小学教师具有中等师范或普通高中毕业学历的只占47%；全国初中教师具有高等院校毕业和肄业学历的只占10.6%；全国高中教师具有高等院校毕业学历的只占50.8%。就是具有相当学历的教师，也有相当数量并没有达到应有的水平。整个教师队伍中不合格的占1/3以上，即便是先进地区也存在这种情况。小学毕业后教小学，中等师范学校、中学毕业后教中学的现象相当普遍。"青黄不接"等问题也比20世纪60年代严重。

1980年8月22日，教育部印发《关于进一步加强中小学在职教师培训工作的意见》等三个文件，指出全国现有中小学教师845.7万人。其中，高中教师66.7万人，文化水平达到大学本科毕业程度的有33.8万人，约占高中教师总数的50%；初中教师241.0万人，文化水平达到大专毕业程度的有25.0万人，约占初中教师总数的10%；小学教师538.0万人，文化水平达到高中、中师毕业程度的有253.0万人，约占小学教师总数的47%。全国民办教师453.0万人，约占中小学教师总数的53.6%。[1] 上述情况表明，中小学教师队伍中，新教师多、民办教师多、文化水平未达到国家规定标准的教师多。这种情况严重影响了中小学教育质量的提高。

三　经费和招生情况

1980年4月3日，中共中央、国务院批转教育部党组《关于实行新财政体制后教育经费安排问题的建议》，提出教育经费安排面临几个问题。一是教育经费欠账很多；二是教育事业经费很紧；三是由于教育方面多年来大量欠账，遗留下许多亟待解决的问题。

1981年2月28日，在第五届全国人大常委会第十七次会议上有领导发言，建议提高教育经费在国民经济中的比重，改变我国教育的落后状况。

---

[1] 胡大白：《中国民办教育通史（当代卷）》，社会科学文献出版社，2019。

新中国成立以来，除第一个五年计划外，教育经费在国家财政总支出中占的比重，增长相当缓慢。在某些年份，还有所下降。教育事业基建投资在国家基建投资总额中所占的比重则逐步下降。由于教育经费增长缓慢，而在校学生总数却不断上升，致使每个学生的平均开支不断减少，中小学教育尤其突出。1965年，每个中学生平均开支经费为88.89元，1978年为39.81元，下降55.2%。1965年，每个小学生平均开支经费为19.96元，1978年为16.53元，下降17.2%。现在，中小学教育经费实际大部分是"人头费"，真正用在改善办学条件上的钱是很少的。北京市的一些小学，除了教职工工资外，每个学生平均使用的行政费用只有0.12元左右。不少没有校办工厂及勤工俭学收入的学校，连买粉笔、喝开水都有困难。北京市尚且如此，全国可想而知。至于广大农村，"黑屋子，土台子"，没有校舍、课桌凳的现象，更是极其普遍。

同国际上相比，我国教育经费在国家财政总支出中所占的比重，不仅低于美国、日本、苏联、西德等经济发达国家，而且低于许多不发达国家。据联合国教科文组织统计，在150个国家、地区中，1975年我国每一人口平均教育经费居于第141位。现在整个国民经济正在调整，姚依林副总理在报告中说："能源、电力、交通的建设，科学、教育、卫生、文化事业和服务事业还要尽可能地发展，当然要量力而行，反对一切浪费。"这样安排完全正确。教育在整个国民经济中是薄弱环节，属于短板。教育经费不是减少的问题，而是尽可能地增加的问题。现在，中央财力大大减弱，地方财力大大增加。因此，除了在中央财政中增加教育经费外，在地方财政中增加教育事业的经费也是一件很重要的事情。特别是中、小学教育，更需要地方的大力支持。从报纸上可以看到，过去一些地区和县还不时有挪用、克扣教育经费的现象，这是不对的。搞"四化"，大家都希望多出人才，我认为把经济发展速度降低一点，多拿出一些钱来办教育，这是符合全国人民的根本利益的。①

---

① 胡大白：《中国民办教育通史（当代卷）》，社会科学文献出版社，2019。

第四节　社会力量办学发展状况

1978 年，陕西省出现小学入学率下降势头，教育部认为，小学入学率下降、流动率提升的现象在其他省（区、市）也存在，有的地方比陕西省更严重。这是一个值得重视的问题。1979 年 1 月 10 日，教育部在《关于继续切实抓紧普及农村小学五年教育的通知》中指出，强调提高教育质量，特别是提高农村小学教育的质量，是完全应该的。但不能把普及与提高对立起来，不能抓提高就忽视普及。党中央要求我们极大地提高整个中华民族的科学文化水平，而不是提高一部分、放弃一部分。由于小学五年教育没有真正普及，文盲、半文盲大量存在并不断产生，值得深切关注。我们应该努力做到在普及的基础上提高，在提高的指导下普及。

适当地调整学校布局，使之既有利于普及小学五年教育，又节约人力、物力，这是必要的，但要十分慎重。农村、牧区、山区的自然条件、生产条件和生活条件各不相同，十分复杂。调整学校布局，一定要坚持有利于儿童就近入学的原则，一定要坚持多种形式办学（全日制、半日制、早午晚班等），绝不能因此而造成儿童失学。

到 1985 年应当实现基本普及农村八年教育的任务。这首先要普及小学五年教育。小学五年教育不普及，就更谈不上普及八年教育。因此，在普及小学五年教育差距较大的地区，当前农村教育工作的重点，仍然应当放在普及小学五年教育上，而不能重视中学、轻视小学，更不应该为了"保中学"而"挤小学"。

为解决普通教育承载能力不足的问题，国家采取了许多措施。

一　试办行业学校

1979 年，《煤炭工业部、教育部关于试办煤炭工业中学的通知》指出，经与省（区、市）有关部门和办学单位协商，自 1979 年秋季起，在江苏省徐州矿务局，安徽省淮北矿务局、淮南矿务局、两淮煤炭基地建设会战总指挥部，辽宁省抚顺矿务局、阜新矿务局试办煤炭工业中学，矿区中学改为煤炭工业中学，原有领导体制不变。

二 开办广播电视大学

1978 年 11 月 26 日至 12 月 3 日，教育部、中央广播事业局共同召开了全国广播电视大学工作会议。参加会议的有各省、自治区、直辖市教育局、高教局、广播事业局、电视台的负责人和国务院各部委、全国总工会、共青团中央，以及中国人民解放军的代表共 190 人。会议讨论了广播电视大学筹办工作的指导思想，制定了《中央广播电视大学试行方案》，对开办广播电视大学亟须解决的编制、经费、物质条件等问题做了初步的安排。会议认为，加速培养大量"又红又专"的人才，是一项极为迫切的任务。必须采取多种形式、多种途径发展高等教育事业，以适应社会主义现代化建设的需要。开办广播电视大学是"多快好省"地培养人才、加速提高广大群众科学文化水平的重要途径，是我国高等教育事业发展中的新事物，具有很强大的生命力。

会议确定了中央广播电视大学的性质，即中央广播电视大学是面向全国的以电视和广播为主，并准备增加函授教学手段的高等学校。目前开设理工科通用性大的基础课程和专业基础课程，用电视播出。三年播完规定的课程。学业考核采取学分制。学生学完规定的课程，学满规定的学分，由转播中央广播电视大学课程的省、自治区、直辖市广播电视大学发给毕业证书。自学广播电视大学课程的人，经向所在地区广播电视大学指定的机构申请批准，可到指定的教学班参加考试，成绩合格者，发给单科结业证书或毕业证书。持有毕业证书者，国家承认其学历相当于高等专科学校毕业。举办广播电视大学的目的，在于提高群众的科学文化水平，它不解决学生的工作分配问题。

中央广播电视大学的招生对象包括在职职工、学校教师和人民解放军指战员，以及城乡知识青年。1979 年春季开学，主要招收需要进修提高的在职职工和中学教师。这是因为，随着工业先进技术和设备的引进，在职职工中迫切需要培养技术人才，中学教师的培养提高任务也十分迫切。职工和中学教师比较集中，在经验缺乏、准备时间较紧的情况下，比较容易组织。由于当时我国只有一套电视网，晚间要播送综合节目，广播电视大学第一期教学节目安排在上午播出，听课要占用上班时间，加上辅导和自习，学生需要脱产或半脱产学习，只有选学单科的可以基本上业余学习，招收在职职工和教师，要纳入职工和教师培训计划加以安排。

关于该届招收知识青年的问题，会议认为，对于知识青年学习科学文化，应当关心和重视。可以招收知识青年，也可以组织具有高中毕业程度的知识青年自学。

1979 年 11 月 29 日，国务院批转教育部、中央广播事业局《关于第二次全国广播电视大学工作会议的报告》，指出广播电视大学（以下简称"电大"）开办半年多来的事实证明，它是"多快好省"地培养人才的一种办学形式。各省、自治区、直辖市应加强对广播电视大学的领导，帮助解决工作中的实际问题。中央各有关部门应积极予以支持，抓紧落实应由本部门解决的问题，扶植广播电视大学茁壮成长。

报告指出，1979 年 1 月，各地电大都进行了招生工作，共录取正式生 41.7 万余人，其中全科生 11.5 万余人，单科生 30.2 万余人。学生来源，绝大多数是在职职工和中学教师。此外，还有试读生约 10 万人，再加上各地收听电大课程的大学分校学生，全国收听中央广播电视大学讲授课程的共有 60 多万人。自由收听的人数无法统计。①

7 月，进行了期末考试。采取全国统一命题（考题难度相当于普通大学）、统一考试、统一评分的办法。根据各省、自治区、直辖市统计，成绩良好，平均及格率在 80% 以上，上海、北京、山东等地平均及格率达到 90%。这一成绩是在学生原来水平较低、学习条件较差的情况下取得的，说明使用电视这种现代化手段，在全国范围内进行远距离授课，效果是好的。

与会同志一致认为，半年来，广播电视大学这个新生事物，在中央的关怀和各地党委的领导下，在各级教育部门、广播电视部门和有关部门、基层办学单位的共同努力下，取得的成绩是很大的。它扩大了我国高等教育事业的规模，它能为培养四个现代化需要的各项建设人才做出贡献，它能在提高全民族科学文化水平的历史任务中发挥积极作用。广大群众和基层单位称赞广播电视大学是送上门的大学，是"及时雨"，是"春风送暖""雪里送炭"。广播电视大学确实有着强大的生命力。中央关于举办广播电视大学的决定是十分正确的。

报告认为知识青年（以下简称"知青"）人数很多，是我们国家的强

---

① 胡大白：《中国民办教育通史（当代卷）》，社会科学文献出版社，2019。

大劳动后备力量，继续提高他们的文化科学技术知识，有着重大的意义，广播电视大学应该在这方面发挥作用。如何组织知青学习，大家提出以下办法。

第一，可以从知青中招收正式学员。招多招少、办学经费、劳动指标、毕业分配等问题，由各省、自治区、直辖市自行研究决定。

第二，各厂矿、企业、机关、团体，有条件的可为其职工子女中按政策留城待业的知青提供收听电大课程的场所和电视机。将所需教材纳入计划，予以供应。这些待业的知青，完全属于自由收听性质，学完后不负责分配工作，学习费用完全自负，可中途就业，或报考普通大学。有条件的街道也可以按照这个原则为本地区待业知青提供收听和收看电大课程的场所和电视机。

第三，电视覆盖地区的上山下乡知青和回乡知青所在的公社，集体所有制的知青场（队），安置知青的国营农、林、牧、渔场和企事业单位、机关、团体办的农副业基地等，应积极创造条件，按第二条规定的原则，有计划、有步骤地组织知青学习电大的课程。

上述组织知青自由收听电和收看大课程的办法，各地应先行试点，不宜过早铺开。各地还可以结合本地实际情况，采取各种切实可行的办法，组织知青收听电和收看大教学节目。

三 建立高等教育自学考试制度

1980 年，《国务院批转教育部关于高等教育自学考试试行办法的报告》（以下简称《试行办法》）提出，要建立高等教育自学考试制度，为造就和选拔建设四个现代化的专门人才开辟广阔的道路，它是鼓励广大群众特别是青年为实现社会主义现代化奋发自学的重要措施。

《试行办法》规定，无论在职人员经过业余自学或待业人员自学获得毕业证书者，国家都承认其学历。在职人员由所在工作单位或其上级主管部门本着用其所学、发挥所长的原则，根据工作需要，调整他们的工作；待业人员，由省、自治区、直辖市计划、人事、劳动部门根据需要择优录用，按其所学专业安排适当工作。其工资待遇与普通高等学校毕业生相同；在职人员的工资低于普通高等学校毕业生工资标准的，按普通高等学校毕业生工资标准执行。

四　加强业余教育，逐步建立业余教育体系，解决同等学力同等使用同等待遇问题

1979 年 8 月 7 日，在全国第五次民族学院院长会议上有领导指出，现代化建设要求迅速提高工农在业人员的科学文化水平。群众的学习要求很高，全日制学校远远满足不了群众入学要求。必须大力开展业余教育，要通过夜校、函授、广播、电视等各种形式，建立一个业余教育体系。通过夜校学习出来的学生，经考核合格，应当与全日制学校毕业生同等使用、享受同等待遇。

1980 年，国务院批转《教育部关于大力发展高等学校函授教育和夜大学的意见》的通知，指出为适应我国国民经济发展的需要，教育事业在 20 世纪 80 年代应该有一个大的发展。发展高等教育应贯彻"两条腿走路"的方针，采取多种形式办学。高等学校除办好全日制大学外，还应根据自己学校情况积极举办函授教育和夜大学。这对于扩大高等教育事业的规模，改变我国教育发展与经济发展不相适应的情况，加速培养四个现代化建设需要的各种专门人才，促进干部队伍的结构改革，提高全民族的科学文化水平，都有重要意义。各地区、各部门应当把这方面的工作当作一项重要的事业，切实加强领导，充分发挥高等函授教育和夜大学在发展我国教育事业中的作用。高等函授教育和夜大学实际上在 20 世纪 50 年代初就已经举办起来。虽然在发展中也遇到过这样那样的问题，但到 1966 年前，高等学校函授教育和夜大学教育已发展到一定的规模。据统计，1965 年全国有 123 所高等学校举办了函授教育，83 所高等学校举办了夜大学，二者共占同年高等学校的 47%。在校人数，只就函授生来说，就有将近 19 万人，相当于同年普通高等学校在校学生总数的 28%。据 1963 年部分高等学校的统计，函授教育的专业达到 138 种。1966 年前，全国高等学校的函授毕业生有 8 万人，他们都学完了普通高等学校同类专业教学计划规定的主要课程，并经过了严格的考试，基本上达到了高等学校本科生或专科生毕业的水平。

1980 年全国已有 72 所高等学校举办了函授教育，参加学习的有 24 万人；有 30 所高等学校办了夜大学，学生有 7600 多人。特别值得指出的是，这些高等学校根据四个现代化的需要，已经开始考虑系统地培养专门人才的问题。

五 调动企业办学和集体办学的积极性

1979 年 8 月 7 日，教育部副部长张承先在全国第五次民族学院院长会议上讲话明确提出，教育管理体制也必须进行相应的改革。有以下三个问题要研究：一是关于教育管理体制的下放问题。二是调动企业办学的积极性问题。三是调动集体办学的积极性问题，比如社队办学。民办教师要逐步转为公办教师，有些同志提出还要调动社队办学的积极性，实行民办公助。在管理体制上的许多问题，还需要研究。

1979 年 11 月 6 日，中共中央批转的《中共湖南省桃江县委关于发展农村教育事业的情况报告》指出，四个现代化，关键是科学技术现代化。培养科学技术人才，基础在教育，而小学教育又是这个基础的基础。为了顺利实现四个现代化，希望各级党政领导机关切实把教育事业摆到重要的位置上。要把普及小学教育当成一件大事来抓，一定要切实抓好。要逐步调整各类学校的结构，提高教育质量，使城乡教育事业都有一个新的发展。

六 1949~1982 年我国教育事业发展状况

从新中国成立到 1982 年，我国的教育事业经历了辗转曲折的发展历程。新中国成立之初，全国大学、中学、小学在校生仅有 2554.70 万人（未计入幼儿园在校生数据），占全国总人口的 4.72%；到 1982 年，全国大学、中学、小学在校生达到 18689.70 万人，是 1949 年的 7.32 倍，占全国总人口的 18.39%。其中，高等教育在校生由 1949 年的 11.70 万人发展到 1982 年的 115.40 万人，增加了 8.86 倍。

1. 学校数

新中国成立后党和国家高度重视教育问题，各级各类学校数迅速增加。1950 年，全国只有 1799 所幼儿园，到 1960 年，幼儿园数量大幅度增长到 784905 所，短短 10 年间增加了 783106 所，增速之快，前所未有。其中，增幅最大的是 1958 年，从 1957 年的 16420 所增加到 695297 所，是上年的 42.34 倍，1 年间增加了 678877 所。这得益于国家重视和地方积极落实，实际上 1958 年农村生产大队一级已经办起了幼儿园。1961 年，全国幼儿园数量陡降至 60307 所，1 年间减少了 724598 所，减少的数量是剩余数量的 12.02 倍。1962 年后全国幼儿园继续减少，1963 年减少到 16577 所，基本上回到了 1957 年的水平。之后缓慢回升，到 1972 年增加到 45528 所，1974 年达到 40267 所，1975 年猛增到 171749 所，1976年更是迅猛增加到 442650 所，之后进入平稳发展时期，到 1982 年全国共有幼儿园 122107 所。

1949 年全国有普通小学 346769 所，到 1965 年全国普通小学数量达到 1681939 所，比 1949 年增加了 1335170 所。之后出现下降，1967~1971 年小学数量为 90 万~100 万所，1972 年突破 100 万所，直到 1977 年才回降到 100 万所以下，1982 年全国普通小学数量为 880516 所。

1949 年，全国只有普通初中 2448 所，1958 年普通初中数量达到 24787 所，9 年间增加了 22339 所，平均每年增加 2482 所。1958 年以后，初中数量缓慢减少，到 1973 年减少到 37959 所；1975 年又增至 84385 所；1976 年突破 100000 所，达到 131130 所；1977 年达到 136365 所；之后进入平稳发展时期，1982 年全国普通初中数量为 80775 所。

普通高中也经历了快速发展—迅速回落—平稳发展的过程。1949 年全国仅有普通高中 1597 所，到 1960 年发展到 4090 所。这一段时间普通高中发展速度没有初中、小学、幼儿园快。20 世纪 60 年代中期以后，高中办到了公社一级，学校数迅速增加，1977 年达到历史最高值 64903 所。之后进入平稳发展时期，1982 年全国普通高中数为 20874 所，是 1949 年的 13.07 倍，不到 1977 年的 1/3。

最引人注目的是高等院校，1949 年全国只有 205 所高等院校，1950 年减少到 193 所，之后几年间发展缓慢，1953 年甚至回落到 181 所。爆发式的发展出现在 1960 年，全国高等院校由 1959 年的 841 所骤然增加到 1289 所。1961 年即骤降至 845 所。此后逐年减少，到 1971 年只剩 328 所。1972 年以后又缓慢增加，1982 年达到 715 所。

在幼儿园和"六三三四"学制教育发展的同时，国家在特殊教育和职业教育上也有突破。1953 年特殊教育学校只有 64 所，之后逐年增长，到 1982 年增加到 312 所。中等职业教育学校从 1980 年的 3314 所变动到 1982 年的 3104 所，学校数量有增有减，但波动不大。①

---

① 资料来源：根据历年《中华人民共和国统计年鉴》整理所得。

2. 教职工数

普通高等院校教师队伍中专任教师占教职工总数的比重在 1953 年达到 76.19%，这一时期一线教师比重大，干活的人多；1982 年专任教师仅占教职工总数的 39.32%，专任教师的比重大大降低（见表 4-6）。

表 4-6　全国各级各类学校教职工、专任教师数

单位：万人

年份	普通高等院校		普通中学		职业中学		普通小学		幼儿园	
	教职工	专任教师	教职工	专任教师	教职工	专任教师	教职工	专任教师	教职工	专任教师
1949	4.6	1.6	10.4	6.7	-	-	89.4	83.6	-	-
1950	4.8	1.7	11.3	6.9	-	-	91.5	90.1	0.2	0.2
1953	8.4	6.4	21.5	11.3	-	-	166.5	155.4	2.8	1.6
1979	57.4	23.7	387.2	307.8	-	-	587.5	538.2	53.3	29.5
1980	63.2	24.7	389.7	302.0	4.1	2.3	605.2	549.9	61.0	41.1
1981	66.6	25.0	374.5	284.4	4.6	2.9	616.5	558.0	59.9	40.1
1982	73.0	28.7	358.2	268.1	6.3	4.0	611.3	550.5	63.7	41.5

资料来源：根据历年《中华人民共和国统计年鉴》整理所得。

3. 学生数

1949~1982 年，全国普通高等院校毕业生数随着周期性的招生形成了不规则曲线。1949 年新中国成立时，全国普通高校毕业生为 2.1 万人，相对于当时的 54167.0 万人的人口基数而言，大学生真如凤毛麟角。1950 年高等院校毕业生数降至 1.8 万人；随即出现增长，1953 年增长到 4.8 万人，1959 年达到 7.0 万人；1960 年达到 13.6 万人，比上年增加了将近 1 倍。20 世纪 60 年代初，全国普通高等院校毕业生数一直在增长，直到 1964 年突破 20 万人，达到 20.4 万人。1975 年，全国普通高等院校毕业生数达到 11.9 万人；1977 年增长到 19.4 万人；1978 年有所下降；1979 年只有 8.5 万人；之后缓慢增长，到 1981 年达到 14.0 万人；1982 年出现大幅度增长，达到 45.7 万人，是上年的 3.26 倍。

普通高等院校招生数随着经济社会的发展形成了不规则曲线。1949 年全国高等院校招生 3.1 万人，比同年毕业生多了 1 万人。到 1956 年达到 18.5 万人。1958 年强势增长到 26.5 万人。1960 年全国普通高等院校招生

数达到 32.3 万人。之后迅速下降，1961 年出现断崖式下跌，只招了 16.9 万人，比 1960 年下降了将近一半。1962～1969 年总体呈下降的趋势。到 1970 年，只招了 4.2 万人。1972 年恢复到 13.4 万人，1977 年达到 27.3 万人。1967 年至 1977 年秋，高等院校招生基本采取"推荐上大学"的方法。1977 年冬恢复高等学校招生考试制度，1978 年新生达到 40.2 万人，差不多是 1970 年的 10 倍。1979 年招生 27.5 万人，之后逐年增长，平稳发展，到 1982 年招生 31.5 万人。

在校生数随着招生数和毕业生数的增减而变化。1949 年，全国普通高等院校在校生为 11.7 万人，1982 年是 115.4 万人，增加了 103.7 万人，在总人口中的占比也由 0.02% 提高到了 0.11%。普通中学在校生数由 1949 年的 103.9 万人增长到 1982 年的 4528.5 万人，增加了 4424.6 万人，在总人口中的占比也由 0.19% 提高到了 4.45%。普通小学在校生数由 1949 年的 2439.1 万人增长到 1982 年的 13972.0 万人，增加了 11532.9 万人，在总人口中的占比也由 0.45% 提高到了 13.74%。发展最迅猛的是幼儿教育，1958 年全国托幼事业大发展，幼儿园在校生由 1957 年的 108.8 万人猛增到 2950.1 万人。[①] 这个增长纪录直到今天都未被打破。

4. 教育发展难以满足社会需求

从规模看，全国各级各类教育到 1982 年都实现了跨越式发展（1958 年的幼儿教育是特例），但是从发展角度分析，这样的规模（还有无法量化的质量）仍滞后于发展需求。仅就高中阶段毕业生和高校录取新生情况看，1982 年全国普通高中毕业生数为 301.5 万人，职业中学毕业生数 176.3 万人，合计 477.8 万人，加上社会青年，当年的高校招生生源已突破 700 万人，而高校招生数仅为 220.6 万人，这就意味着有近 500.0 万人失去了继续升学深造的机会。随着九年义务教育的落地，普通高中、普通中专和其他中等教育扩大规模，高等教育的压力越来越大。当然，普通教育的中小学和幼儿园，职业教育的中等、高等层次学校都面临相当大的承载压力。教育的发展已经满足不了经济社会发展的需求，满足不了人民群众接受更高层次教育的需求。

1982 年 12 月 10 日，五届全国人大五次会议通过的《中华人民共和国

---

① 资料来源：根据历年《中华人民共和国统计年鉴》整理所得。

国民经济和社会发展第六个五年计划》（1981~1985年）（以下简称"六五"计划）提出，大力加强各种人才的培养工作。在提高教学质量的基础上，发展高等教育和中等专业教育，并做好在职干部的轮训工作。普通高等学校的招生数由1980年的28.0万人增加到1985年的40.0万人；在校学生数由1980年的114.4万人增加到130.0万人。5年内大学毕业生共150.0万人。参加广播电视大学、函授大学、夜大学等学习的学员，1985年达到150.0万人。1985年计划招收研究生2.0万人，比1980年增长4.5倍，5年内毕业研究生4.5万人。

在"初等教育和中等教育"部分，"六五"计划提出要积极发展幼儿教育，充实加强小学教育，整顿提高初中教育，调整改革高中教育，大力发展职业技术教育，积极扫除文盲，为提高全民族的科学文化水平打好基础。1980~1985年，入园的幼儿数从1151万人增加到1800万人。到1985年，争取全国绝大部分县普及或基本普及小学教育；其他地区也要积极创造条件，使更多的适龄儿童入学。1985年全国小学在校学生数为13000万人。各省、自治区、直辖市要采取有效措施，努力提高广大农村、边远地区和少数民族聚居地区学龄儿童的入学率，特别要提高入学巩固率。1985年以前，国家要求城市普及初中教育。高级中学要积极改革内部结构，在改革中稳步发展，到1985年，普通高中招生数为280万人左右，比1980年减少100.0万人。职业中学和农业中学招生数为140.0万人，比1980年增加116.0万人。1985年与1980年相比，职业中学在校学生数增长5.5倍，农业中学在校学生数增长6.1倍。技工学校要调整专业设置和培训工种，提高培训质量。招生任务不足的技工学校应当承担培训在职工人的任务，有的可以培训待业青年，不包分配。

在"高等和中等专业教育"部分，"六五"计划提出中等专业学校1985年招生50.0万人，在校学生数达到125.0万人，中专毕业生共230.0万人。适当扩大财经、政法、管理、轻工、纺织、建筑等专业的招生人数。

查看1982年各级各类学校招生和在校生的数据可以发现，除了普通高中和小学外，其他各级各类学校离目标要求都还有一定的差距，特别是高等教育和职业教育。

从高等教育情况看，需求远远大于供给。1977年全国共有高等院校404所，招生27.3万人，录取率不到5.0%；1978年学校数和招生数大幅度增加，学校达到 598 所，招生数增加到 40.2 万人，但与 610.0 万的报名人数相比，录取率依然仅有 6.59%。1979 年学校数增加到 633 所，报考 468.0 万人，录取 28 万人，录取率为 5.98%；1980 年学校数增加到 675 所，报考 333 万人，录取 28 万人，录取率升至 8.41%；1981 年学校数增加到 705 所，报考 259 万人，录取 28 万人，录取率上升至 10.81%。① 尽管学校逐年增加，但是面对不断增加的高考大军，公办高等教育资源远远不能满足需求，每年都有多达几百万名考生落榜。

面对这种状况，党和国家极为重视教育发展，教育被提高到了重要的战略地位。

此后，中共中央、国务院多次颁发或批转文件推动教育改革；国家尝试了全日制教育以外的广播电视教育、自学考试制度和函授、刊授、夜大学、走读大学等形式；积极鼓励厂矿企业办学、社队集体办学，真正意义上的民办学前教育也开始出现。但是仍然满足不了经济社会发展对教育的要求，满足不了人民群众快速增长的对教育的需求。中央的重视、国家的推动、人民的渴盼都成了促进当代中国民办教育发展的有利条件。

第五节　民办教育发展状况

要使教育发展的规模与社会需要大体相当，单靠国家举办的公办教育是远远不够的。1982 年 12 月 4 日，"八二宪法"颁布。"八二宪法"在总纲部分明确规定，国家鼓励集体经济组织、国家企业事业组织和其他社会力量依照法律规定举办各种教育事业。

这就以《宪法》的形式明确了民办教育的合法地位，使得中国的教育事业在未来的年代里出现了繁荣发展的局面，也推动了当代民办教育以全新的形态出现，从无到有，快速发展，形成了百舸争流、千帆竞发、万马奔腾的局面。

---

① 王诺斯：《营利性与非营利性民办高校分类管理研究》，大连理工大学博士学位论文，2017。

第五章 当代中国民办教育
发展的三个阶段

第一节 必要补充阶段

以"八二宪法"的颁布为起点,以 1999 年 6 月 13 日中共中央、国务院颁布《关于深化教育改革全面推进素质教育的决定》为标志,当代中国民办教育在这一时期完成了"必要补充"的使命。

1980 年,中共中央、国务院发布《关于普及小学教育若干问题的决定》,提出为了实现普及小学教育的目标,"必须坚持'两条腿走路'的方针,以国家办学为主体,充分调动社会集体、厂矿企业等各方面办学的积极性,还要鼓励群众自筹经费办学"。这为民办教育的发展进行了预热。

1982 年,"八二宪法"的颁布明确了民办教育的合法地位,经过短暂的观望沉寂之后,民办教育迅速发展起来。据统计,仅 1982 年到 1985 年 3 年间民办高等教育机构就发展到 170 余所。

1987 年 7 月,原国家教委发布《关于社会力量办学的若干暂行规定》,明确指出"社会力量办学是我国教育事业的组成部分,是国家办学的补充"。这是国家第一部关于社会力量办学的部门规章,标志着国家已经将民办教育纳入国家"正规"的教育体系。这一文件在肯定社会力量办学积极意义的同时,也要求进一步加强对社会力量办学的领导和管理。各地根据该规定出台了相应的地方规章,对本地区的民办教育学校和机构进行了认真的检查清理,撤销了一批不合格学校(机构)的办学资格,使得民办教育沿着健康的轨道发展。1989 年的统计资料显示,仅京津沪等十几个城市,经教育行政部门批准的各类民办学校已有 2000 多所,在校学生达到 300 多万人。截至 1991 年底,全国民办中小学已有 1199 所,其中中学 544 所、小学 655 所，民办高等教育机构已达 450 所，初步形成了多类型、多层次、多学科的民办教育体系。①

1992 年邓小平发表南方谈话。当年 10 月，中国共产党第十四次全国代表大会提出"要改变国家包办教育的局面，支持和鼓励民间办学"。到 1992 年底，全国民办学校总数已经超过了 2 万所，其中包括民办幼儿园 3800 所，民办中小学 1600 所，民办高校 10 所以及大量的非学历培训机构。有调查显示，1992 年邓小平南方谈话以后，北京市当年就举办民办学校 500 余所，辽宁省当年就筹办民办高校 11 所，全国各地要求设置民办高校 50 所以上。在不到一年的时间，民办幼儿园增加 14.2%，在园幼儿增加 39.27%；民办小学增加 31.9%，在校学生增加 108%；民办中学增加 23.7%，在校生增加 49.33%。将 1993 年的数据和 1992 年的数据进行比较，发现 1993 年民办小学比 1992 年增加 3.66 倍，民办小学在校生比 1992 年增加 10.75%。②

1993 年 2 月，中共中央、国务院颁布《中国教育改革和发展纲要》，提出要"改变政府包揽办学的格局，逐步建立以政府办学为主体、社会各界共同办学的体制"。1993 年，为了积极鼓励、正确引导民办高等学校发展，维护民办高等学校的合法权益，完善对民办高等学校的管理，原国家教委出台了《民办高等学校设置暂行规定》。该规定明确了民办高校的设置标准、审批程序和国家监管职责，大大促进了民办高等教育的快速发展。1994 年 2 月，原国家教委首次受理和审批了民办黄河科技学院、上海杉达学院等 6 所全日制民办高校。到 1996 年底，全国具有颁发学历文凭资格的民办学校 21 所，在校生 1.4 万人；高等教育学历文凭考试试点机构 89 个，在读学生 5.1 万人；其他不具有颁发学历文凭资格的民办高等教育机构 1109 个，在读学生 108 万人。③

1995 年的《中华人民共和国教育法》（以下简称《教育法》）继续鼓励社会力量（包括个人）办学，较为明确地指出了我国民办教育的性质、地位，提出了我国民办教育的总政策和一些基本政策。《教育法》也注意到民办教育机构普遍存在的营利性行为，所以再次强调了民办教育的非营利

---

① 胡卫等：《民办教育的发展与规范》，教育科学出版社，2000，第 9 页。
② 陈桂生：《中国民办教育问题》，教育科学出版社，2001，第 15～16 页。
③ 尹文剑、任一明：《复兴中国民办教育事业——从历史的角度审视建国六十年中国民办教育的发展》，《科教文汇（下旬刊）》2009 年第 15 期。

性原则。1996 年，原国家教委下发《关于加强社会力量办学管理工作的通知》，正式在全国建立了办学许可证制度。这一时期，民办教育突飞猛进，在总体规模上保持了较快增长。截至 1996 年底，全国民办学校总数已达 2.82 万所，在校生超过 229.32 万人。①

1997 年，我国第一部专门规范民办教育发展的行政法规《社会力量办学条例》出台，该条例把民办教育纳入了法制轨道，也为后来《民办教育促进法》的制定打下了坚实基础。

1998 年，教育部制定的《面向 21 世纪教育振兴行动计划》指出，经过 3~5 年发展之后，要形成以政府办学为主体、社会各界共同参与、公办学校和民办学校共同发展的办学体制。

1999 年，《中共中央国务院关于深化教育改革全面推进素质教育的决定》发布，第三次全国教育工作会议召开，提出积极鼓励和支持社会力量办学，形成以政府办学为主体、公办学校和民办学校共同发展的格局等一系列关于发展民办教育的新定位、新主张，促进了民办教育的新一轮发展。

截至 1999 年底，全国各级各类民办学校（教育机构）已达 4.5 万余所，在校生 603.4 万人（含具有颁发学历文凭资格的民办高校在校生和实施高等教育学历文凭考试试点机构在校生）。其中，民办幼儿园 37020 所，占幼儿园总数的 20.4%；在园儿童 222.4 万人，占在园儿童总数的 9.6%。民办小学 3264 所，占小学总数的 0.6%；在校生 97.7 万人，占小学在校生总数的 0.7%。民办普通中学（含初中、高中）2593 所，占普通中学总数的 3.4%；在校生 107.2 万人，占普通中学在校生总数的 1.6%。民办职业中学 950 所，占职业中学总数的 9.9%；在校生 27.3 万人，占职业中学在校生总数的 5.1%。具有颁发学历文凭资格的民办高校 37 所，在校生 46 万人，占在校生总数的 0.6%；非学历文凭民办高等教育机构近 1000 所，在校生 118.4 万人；实施高等教育学历文凭考试试点机构 300 多所，在校生 25.8 万人。②

从 1982 年到 1999 年，当代中国民办教育不断发展，肩负着当代中国教

---

① 董圣足等：《从有益补充到共同发展——民办教育改革发展之路》，华东师范大学出版社，2018，第 30~31 页。

② 资料来源：根据历年《中国教育年鉴》整理所得。

育事业"必要补充"的使命。

一　发展民办教育的政策推进

"八二宪法"促进了当代中国民办教育发展，党和国家因势利导，大力推进教育发展，当代中国民办教育很快便蓬勃发展起来。

（一）国家明确鼓励和支持民办教育发展

宪法是国家的根本大法，它的法律地位在普通法律之上，具有最高的法律地位和最高的法律效力。"八二宪法"鼓励社会力量举办各种教育事业，使得民办教育能够登上当代中国教育大舞台，促进当代中国民办教育快速发展。

1983 年 5 月 6 日，中共中央、国务院《关于加强和改革农村学校教育若干问题的通知》明确提出了"私人办学"的概念，指出办好农村学校教育，要坚持"两条腿走路"的方针。中央和地方要逐年增加教育经费，厂矿、企业单位、农村合作组织都要集资办学，还应鼓励农民在自愿基础上集资办学和私人办学。

1983 年 5 月 9 日，教育部、劳动人事部、财政部、国家计委《关于改革城市中等教育结构、发展职业技术教育的意见》指出，城市中等教育结构改革，主要是改革高中阶段的教育，使之适应社会主义现代化建设多方面的需要，适应经济体制、产业结构、劳动就业等变化的需要。实行普通教育与职业技术教育并举，全日制学校与半工半读学校、业余学校并举，国家办学实施与业务部门、厂矿企事业单位、集体经济单位办学并举的方针。民主党派、群众团体以及个人办学，应给予鼓励。城市高中阶段教育的学制、结构和办学形式都要实行多样化。

1983 年 9 月 21 日，《教育部关于发展农村幼儿教育的几点意见》指出，在我们这样一个人口众多、经济尚不够发达的国家，发展幼儿教育必须坚持"两条腿走路"的方针。农村应以群众集体办园为主，充分调动社（乡）、队（村）的积极性；县镇则应大力提倡机关、厂矿企事业、街道办园，并支持群众个人办园。

1984 年 12 月，《国务院关于筹措农村学校办学经费的通知》中进一步明确要鼓励社会各方面力量自愿投资在农村办学。

1985 年 5 月 27 日,《中共中央关于教育体制改革的决定》指出,要动员和教育全党、全社会和全国人民关心和支持教育体制改革,发展教育事业。鼓励各民主党派、人民团体、社会组织、离休退休干部和知识分子、集体经济单位和个人,遵照党和政府的方针政策,采取多种形式和办法,积极地、自愿地为发展教育贡献力量。

1986 年 4 月 12 日,第六届全国人民代表大会第四次会议通过的《中华人民共和国义务教育法》第九条规定,国家鼓励企业、事业单位和其他社会力量,在当地人民政府统一管理下,按照国家规定的基本要求,举办本法规定的各类学校。

1986 年 6 月 26 日,原国家教委等部门拟订了《关于实施〈义务教育法〉若干问题的意见》。1986 年 9 月 11 日,国务院同意并批转了这个意见。该意见明确指出,鼓励集体经济组织、国家企事业单位和其他社会力量举办学校;对于个人依法举办的学校,目前各地可以进行试办。

"八二宪法"颁布不到半年,中共中央、国务院就于 1983 年 5 月 6 日明确提出了"鼓励私人办学"的意见,但 1986 年 6 月 26 日,原国家教委对于个人依法举办学校的态度仍是可以"进行试办"。由此来看,当时原国家教委对个人办学的态度还比较慎重。

1986 年 10 月 18 日,原国家教委发布的《普通中等专业学校设置暂行办法》在第四章"审批程序"部分,标注"含社会力量办学",这说明国家同意社会力量举办普通中等专业教育。

(二) 明确民办教育是"国家办学的补充"

1987 年 7 月 8 日,原国家教委印发《关于社会力量办学的若干暂行规定》(以下简称《规定》)。这是"八二宪法"颁布之后,在中共中央、国务院的不断推动下,在社会力量办学相关法律尚未形成之前的政府部门法规,在当时具有较强的法律效力。这是国家第一次以法规的形式将社会力量办学纳入国民教育体系。

《规定》界定了社会力量的概念:"本规定所称社会力量,是指具有法人资格的国家企业事业组织、民主党派、人民团体、集体经济组织、社会团体、学术团体,以及经国家批准的私人办学者。"

《规定》明确指出,社会力量办学是我国教育事业的组成部分,是国家办学的补充。各级人民政府及教育行政部门应鼓励和支持社会力量举办各种教育事业，维护学校正当权益，保护办学积极性，在条件允许的情况下，尽力帮助解决办学中存在的困难，对办学成绩卓著者给予表彰和奖励。

《规定》要求社会力量办学须坚持四项基本原则，坚持为社会主义物质文明和精神文明建设服务，遵守政府法令，执行国家有关教育的方针政策，接受地方人民政府及其教育行政部门的领导和管理。社会力量办学应遵循教育规律，量力而行，扬长避短，注重质量，讲求实效。应结合本地区经济建设和社会发展的实际需要，主要开展各种类型的短期职业技术教育，岗位培训，中、小学师资培训，基础教育，社会文化和生活教育，举办自学考试的辅导学校（班）和继续教育的进修班。

可以看出，原国家教委对于社会力量举办的教育形式已经基本放开，但是还有保留。尽管早在1983年4月28日国务院批转教育部、国家计委的《关于加速发展高等教育的报告》中已经提出"还要鼓励民主党派、群众团体和爱国人士举办这类学校"，但依然将民办高等教育限定在学历教育之外。

1987年12月28日，原国家教委、财政部联合发布了《社会力量办学财务管理暂行规定》，就社会力量举办的各级各类学校的财务机构、财务制度、经费来源、经费支出、日常财务管理、停办清财等方面做了具体规定，并再次明确提出"社会力量办学是我国教育事业的组成部分，是国家办学的补充"。

（三）1988~1992年，国家对民办教育的政策支持力度进一步加大

1988年3月25日，第七届全国人民代表大会第一次会议的政府工作报告中提出，要提倡和鼓励社会力量集资办学、捐资办学，以加快我国教育事业的发展。这样的提法，在以前的政府工作报告中是没有的。

1988年10月17日，原国家教委发布《关于社会力量办学几个问题的通知》，就社会力量办学的管理体制、跨省（市）设分校招生、学历文凭等问题进行了政策界定。该通知再一次明确指出，社会力量办学是我国教育事业的组成部分，是国家办学的补充。希望各地进一步重视这项工作，将其纳入工作日程，把鼓励、支持社会力量办学的措施落到实处，同时要充实和加强管理力量，采取行政的、法律的、经济的措施，加强对社会力量

办学的领导和管理，使其健康发展。

1988 年 10 月 24 日，原国家教委发布《社会力量办学教学管理暂行规定》，其主要目的是提高社会力量办学的质量和效益，规范办学行为，从而促进社会力量办学健康发展。

1989 年 2 月 18 日，原国家教委工作会议指出，要通过改革，使教育事业真正成为全民的事业。在以政府办学为主的同时，积极发展社会团体、企业单位和公民个人办学。

1989 年 12 月 23 日，第七届全国人民代表大会常务委员会第十一次会议指出，我国的办学体制应以国家办学为主体，鼓励和支持社会各方面包括公民个人办学。

1992 年是党和国家快速推进民办教育发展的历史纪年。1992 年 1 月 16 日，原国家教委印发的《全国教育事业十年规划和"八五"计划要点》提出了未来一个时期内教育改革的基本思路：深化教育改革，建立有活力的办学体制和管理机制。为满足社会对教育日益增长的需求，要逐步建立以政府办学为主体的社会各界共同办学体制。这种办学体制大体设想为：学前教育以社会各界办学为主；中小学教育以地方政府办学为主；职业技术教育和成人教育，除部分骨干学校由政府办学外，在当地政府统筹、支持下，城市主要由行业、企业、事业单位办学和各方面联合办学，农村由多方集资办学；高等教育以中央和省（自治区、直辖市）两级政府办学为主。

1992 年 5 月 13 日，原国家教委办公厅印发的《关于搞好城市教育综合改革试点工作的意见》指出，我国"在教育管理体制上，还没有普遍建立起包括部门（行业）、企事业单位和广大人民群众在内的社会积极参与同政府统筹协调相配套的办学和管理体制"。在重点抓好的几项工作中，该意见提出基础教育实行政府分级办学为主、企事业单位或其他社会力量办学为辅的办学体制。职业技术教育和成人教育要坚持多渠道、多种形式办学的体制，充分调动企事业单位、行业在经费、专业课和实习指导教师、实习场地、毕业生安排等方面所承担的责任，形成全社会兴办职业技术教育和成人教育的局面。

1992 年 6 月 20 日，"办好教育为人民"研讨会指出，依靠人民办教育，不光是要人民拿一点钱，而且要让人民真正参与办学，逐渐建立起新的制度来。允许不允许农民个人办学校，办小学、初中、职业技术教育；允许不允许在农村有各种形式的学校普及教育，我看应该允许。

1992 年 8 月 11 日，全国成人高等教育工作会议专门将社会力量办学作为一个独立的部分来讲。这实际上是对"八二宪法"提出鼓励社会力量办学以来，10 年间社会力量办学情况的总结。讲话指出，中共十一届三中全会以来，遵照《宪法》的规定，在各级教育行政部门的支持、引导和管理下，民主党派、社会团体、学术团体、群众组织等蕴藏的兴教办学的力量和积极性得到了很大的发挥，社会力量办学事业应改革开放之运而生，方兴未艾。1992 年，全国已有上万所社会力量举办的各级各类学校，每年培训的学员数以百万计，其中经原国家教委审批备案，由社会力量或社会力量与政府部门联办的具有颁发国家承认学历文凭资格的高等学校 50 余所，由省级教育行政部门审批的培训、进修、辅导、助学性质的高等教育机构 500 个以上，这些学校和机构已成为我国高等教育事业的一个组成部分，并涌现一批办学成绩显著、受到社会欢迎的学校和教育机构。

限于财力，国家不可能包办各类教育事业，不可能全部满足各类社会成员多种多样的学习要求，而大量的离退休教师、干部和科技人员又有通过办教育发挥余热、为社会做贡献的潜力和积极性。因此发展社会力量办学，作为国家办学的必要补充，是利国利民的好事，应该实行积极鼓励、大力支持、正确引导、依法管理的方针。社会力量办学要注意扬长避短，服务、服从于经济建设这个中心，办社会之所需，补国家办学之所缺。原国家教委认为，从我国国情出发，从大多数社会力量实际具有的办学条件出发，目前应鼓励社会力量以举办职业技术教育、社会文化生活教育、基础教育、继续教育和助学性的高等教育为主，以面向学校所在地区招生为主，切切实实地为地方的经济社会发展服务。社会力量举办的高等学校也可颁发本校的写实性学业证书，同时由地方政府根据各自的情况制定办法对这类证书的颁发及使用实施管理。

"写实性学业证书"这一设想虽然没有成为现实，但已透露了国家对民办高等教育的一种改革思路。

1992 年 10 月 12 日，中国共产党第十四次全国代表大会指出，要鼓励多渠道、多形式社会集资办学和民间办学，改变国家包办教育的做法。

（四）1993 年国家规范和引导社会各界兴办各级各类教育

1993 年 1 月 11 日，原国家教委 1993 年工作电话会议上提出，要抓紧制定《民办学校条例》。

1993 年 1 月 12 日，国务院批转的原国家教委《关于加快改革和积极发展普通高等教育的意见》指出，改革原有的由国家包办高等教育的单一体制和模式，探索适应社会主义市场经济体制、调动社会办学积极性、多种形式和途径发展高等教育的新路子。经过改革和试验，我国高等学校逐步形成国家投资为主，学生缴费和社会集资为辅；学生缴费和社会集资为主，国家资助为辅；民办自费；企业办学等多种办学的形式。积极鼓励和支持社会力量兴办民办高等学校，尽快制定民办普通高等学校有关条例，加强引导和管理。这就从顶层设计层面为民办高等教育的发展提供了国家支持。

1993 年 2 月 9 日，原国家教委、国务院贫困地区经济开发领导小组、财政部印发的《关于大力改革与发展贫困地区教育，促进经济开发，加快脱贫致富步伐的意见》提出，要坚持自力更生与国家扶持相结合，国家办学与社会力量办学相结合。要进一步落实分级办学、分级管理的办学体制，充分发挥人民群众办学的积极性，广泛发动社会各方面力量支持和参与教育，形成全社会办教育，多种体制、多种形式办教育的局面。

1993 年 2 月 13 日，中共中央、国务院印发的《中国教育改革和发展纲要》（以下简称《纲要》）明确指出，要改革办学体制。改变政府包揽办学的格局，逐步建立以政府办学为主体、社会各界共同办学的体制。在这一阶段，基础教育应以地方政府办学为主；高等教育要逐步形成以中央、省（自治区、直辖市）两级政府办学为主，社会各界参与办学的新格局；职业技术教育和成人教育主要依靠行业、企业、事业单位办学和社会各方面联合办学。国家对社会团体和公民个人依法办学，采取积极鼓励、大力支持、正确引导、依法管理的方针。国家欢迎港、澳、台同胞，海外侨胞和外国友好人士捐资助学，依照我国相关法律和法规进行国际合作办学。举办具有颁发国家承认的学历文凭资格的各类学校，应按国家有关规定办理审批手续。

1993 年 3 月 15 日，第八届全国人民代表大会第一次会议提出，要积极探索建立以政府办学为主体、社会各界共同办学的新体制和多种办学模式。

1993 年 10 月 28 日，第八届全国人民代表大会常务委员会第四次会议上关于教育工作的报告指出，在相当一段时间内，在政府办学为主的前提下，要鼓励和支持社会力量参与办学。对社会力量举办的高等教育，国家主要管好两条：办学方针、政策由国家统一制定，学位、学历由国家教育主管部门统一管理。职业技术教育、成人教育应面向社会、面向市场，主要依靠行业、企业、事业单位办学和社会各方面联合办学，同时积极支持个人办学，政府实行统筹管理，加强领导，并给予必要的支持和扶持。

1993 年 8 月 17 日，原国家教委发布《民办高等学校设置暂行规定》，指出"本规定所称民办高等学校，系指除国家机关和国有企事业组织以外的各种社会组织以及公民个人，自筹资金，依照本规定设立的实施高等学历教育的教育机构"，并对民办高校的设置标准、设置申请、评议审批、管理、变更与调整等做了具体规定。

对于民办高校的师生，《民办高等学校设置暂行规定》明确，民办高等学校及其教师和学生享有与国家举办的高等学校及其教师和学生平等的法律地位。民办高等学校招收接受学历教育的学生，纳入高等教育招生计划。学生毕业后自主择业，国家承认学历。同时明确，民办高等学校不得以营利为办学宗旨。这一规定一直贯彻到 2016 年。

1993 年 11 月 14 日，中国共产党第十四届中央委员会第三次全体会议通过的《中共中央关于建立社会主义市场经济体制若干问题的决定》指出，要改变政府包揽办学的状况，形成政府办学为主与社会各界参与办学相结合的新体制。强化义务教育，大力发展职业教育和成人教育，优化教育结构。义务教育主要由政府投资办学，同时鼓励多渠道、多形式社会集资办学和民间办学；职业教育、成人教育以及各种社会教育要更多地面向市场需求，发挥社会各方面的作用。这一时期，国家鼓励和引导社会各界兴办各级各类教育。基础教育、高等教育、职业教育和成人教育向社会各界敞开了大门。截至 1993 年底，全国由社会力量举办的各级各类学校 4 万余所，其中中小学近 2000 所，学历教育和非学历教育的高等院校近 1000 所，职业技术培训和文化生活教育形式的学校近 3 万所，老年大学达到约 5000 所。社会力量办学开创了前所未有的良好局面。

（五）1994~1999 年，民办教育管理渐趋完善

1994 年 6 月 14 日，第二次全国教育工作会议指出，在教育方面，我国的基本国情是发展中国家办"大教育"，这就要求我们在以政府办学为主体的前提下，积极鼓励社会各界多方筹集资金办学，并进一步指出，由政府包揽办学的格局已经开始被打破，要逐步建立以政府办学为主体、社会各界多方筹集资金办学的体制。基础教育特别是义务教育主要由政府来办，同时鼓励企事业单位和其他社会力量按照国家法律和政策，采取多种形式办学。有条件的地方也可以采取"民办公助""公办民助"等办学形式。职业教育和成人教育应在政府的管理下，主要依靠行业、企事业单位、社会团体举办，或者由社会各方面和公民个人联合举办，政府给予适当资助和扶持。职业学校要走教育和产业相结合的路子，增强学校自身发展的能力。高等教育实行以政府办学为主、社会积极参与、各方面联合办学的体制。某些高等学校可以试行以学生缴费、社会集资为主，以国家补助为辅的办学模式。社会各界办学应以职业学校为主。企业举办的中小学应继续办好。有条件的地方在政府统筹下也可以逐步交给社会来办。

1994 年 7 月 3 日，国务院发布《关于〈中国教育改革和发展纲要〉的实施意见》，提出体制设想：加快办学体制改革，进一步改变政府包揽办学的状况，形成政府办学为主与社会各界参与办学相结合的新体制。

1995 年 1 月 14 日，中国人民政治协商会议第八届全国委员会常务委员会第九次会议指出，在我们这样一个经济不发达的大国办教育，不可能完全由政府包下来，必须依靠全社会共同努力。要坚持多种形式办学，在实行基础教育以地方政府兴办为主的同时，继续提倡和鼓励企事业单位、社会团体以及公民集体或个人举办各类学校。

1995 年 3 月 18 日，第八届全国人民代表大会第三次会议通过了《中华人民共和国教育法》，指出"国家鼓励企业事业组织、社会团体、其他社会组织及公民个人依法举办学校及其他教育机构"。

1996 年 4 月 24 日，原国家教委发布《关于社会力量办学管理经费问题的意见》，指出社会力量办学是我国社会主义教育事业的组成部分，各级教育行政部门应将其纳入本地区教育事业发展规划和本部门管理工作的范围，设置必要的管理机构，配备、充实管理人员，力争通过行政事业费的途径

解决管理经费问题。

1996 年 5 月 15 日，第八届全国人大常委会第十九次会议通过了《中华人民共和国职业教育法》（以下简称《职业教育法》），指出国家鼓励事业组织、社会团体、其他社会组织及公民个人按照国家有关规定举办职业学校、职业培训机构。

1996 年 6 月 19 日，全国职业教育工作会议强调，各种事业组织、社会团体、其他社会组织及公民个人办学，是职业教育的重要组成部分。要按照《职业教育法》和国家有关规定，积极鼓励、大力支持发展民办职业教育。现在民办教育已承担了很大部分的职业教育任务，在有些地区和行业，特别是在各种形式的职业培训方面，民间办学已成为一支不可忽视的力量。各级地方政府要关心和支持民办职业教育，在招生和毕业生就业方面，对民办职业学校与其他学校一视同仁，并在可能的条件下，对民办职业学校在学校用地、基建和经费等方面予以扶持。许多民办职业教育成绩显著，在社会上有很好的影响，要宣传这些先进事迹，鼓励更多的有识之士为职业教育发展做贡献。对民办职业教育也要加强管理和引导，使之正确贯彻国家的教育方针，提高教育质量，重视社会效益。欢迎海外侨胞及其他人士到国内来捐资助学，联合举办职业教育。

1997 年 3 月 1 日，第八届全国人民代表大会第五次会议明确指出要鼓励和引导社会力量办学。

1997 年 10 月 14 日，原国家教委发布《关于实施〈社会力量办学条例〉若干问题的意见》，从该条例的学习和宣传，该条例的适用范围，教育机构的审批备案，教育机构的名称，教育机构的教学和内部管理，教育机构财产、财务管理，对教育机构的保障与扶持，对社会力量办学的统筹规划和监督管理 8 个方面做了具体规定。

（六）不同地区发展民办教育的典型做法

查阅国家相关教育文献，最早依据"八二宪法"的规定，围绕鼓励社会力量举办教育事业进行工作部署的，应当是 1983 年 4 月 28 日国务院批转教育部、原国家计委的《关于加速发展高等教育的报告》。报告提出，要积极提倡大城市、经济发展较快的中等城市和大企业举办高等专科学校和短期职业大学，为本地区、本单位培养人才。办学方式可以单独办，也可以与院校合办。此外，该报告还提出"要鼓励民主党派、群众团体和爱国人士举办这类学校"。这是自 1952 年接办私立学校后，国家第一次在政府文件中提出个人办学的概念。这个提法比较含蓄，不提"私立"，不提"社会力量"，也没有提"民办教育"，而是以"这类学校"替代。

1. 北京市领跑

"八二宪法"的颁布明确了民办教育的合法地位，但并没有立即在社会上引起热烈的反响。1984 年 3 月 10 日，北京市率先打破沉寂，北京市成人教育局、市教育局、市高教局联合发布了《关于鼓励社会力量办学的意见》。该意见肯定了社会力量办学取得的成绩，分析了社会力量办学存在的主要问题，提出了发展意见。这一文件推动民办教育进入实质性发展阶段。

该意见认为，社会力量办学是社会主义教育事业的一个组成部分，是国家、集体和企业事业办学的重要补充。国家鼓励社会力量办学的方针是长期的，要把首都建设成为教育最发达的城市，除积极发展并努力办好国家举办的教育事业外，还应鼓励、支持党派、团体、个人等社会力量多种渠道、多种形式、多种层次、多种规格办教育事业。

该意见要求，各级人民政府和教育行政部门认真贯彻鼓励社会力量办学的方针，动员党派、团体、个人根据各自的条件和特长，举办适应四个现代化建设需要的各种教育事业。社会力量办学的教学工作和管理工作应以举办单位和办学者个人为主，也可聘请其他非在职人员担任教学工作和参与管理工作。兼课教师主要依靠离休、退休人员。在职的干部、大中小学教师和科技人员参加教学与管理，首先须完成本职工作并得到本部门、本单位的同意，各部门、各单位应支持他们兼课，挖掘和发挥他们的"潜力"，为社会多做贡献。办学和教学人员均应享有一定的报酬，以利于调动社会力量办学的积极性。

该意见要求市、区（县）成人教育部门要配合有关部门加强对学校的指导和管理，做好各类学校的综合平衡工作，维护学校正当权益，保护办学的积极性。对办学成绩优良者，予以表扬；对学校管理混乱、教学质量低劣者，应限期整顿或勒令停办；对利用办学牟取暴利，进行封建迷信宣传、违法犯罪活动和有其他不正当行为者，应予取缔，依法惩处。市、区（县）可以在成人教育主管部门的领导下成立社会力量办学的研究会。

关于办学方向和办学范围，该意见指出，社会力量办学必须坚持四项基本原则，为四个现代化建设服务。对学员加强思想政治工作，进行爱国主义、共产主义和道德品质教育。按照四个现代化建设的需要确定教学内容。当前，应大量举办各级各类职业技术教育及文化补习。其课程设置、招生对象要尽可能与在职人员培训、高等教育自学考试、教师进修和社会青年职业培训相配合。学校可以接受机关、团体和企事业的委托，代为培训各类专业技术人才。办学形式要灵活多样，以适应不同对象的不同要求。学校必须保证教学质量，规模不宜过大。变更办学性质、办学规模，调整专业、课程，须报审批部门批准。

关于财务管理，该意见规定，社会力量办学的经费由举办单位和个人自筹，但不得以办学为名强行募捐或进行其他非正当交易。学校可按有关规定向学员收取学杂费，其课时收费标准可略高于国家举办的职工学校。学校要建立健全财务制度，坚持财务民主、经济公开，并接受财政、银行部门的监督。经教育部门同意，社会力量举办的学校可以在银行开立账户。

对于从业人员的待遇和教育教学的物资供应问题，该意见指出，民办学校的工作人员及其设备可向社会保险部门投保，以解决老年、医疗等保险问题，社会力量办学所需的教材、教学设备和取暖用煤等，应与国家、集体和企事业办学一视同仁，有关部门负责供应。待业青年正式参加社会力量办学工作，可按规定计算工龄。学校聘请外国专家讲学、进口教学设备、接受外国人或港澳同胞资助等，均应经外事和有关部门批准。

在推动地方民办教育发展方面，《关于鼓励社会力量办学的意见》也发挥了重要作用，其不仅推动了首都民办教育的发展，也对各省（区、市）民办教育的发展起到了引领作用。

在其他省（区、市）还在犹豫、观望的情况下，该意见无疑给处在萌芽中的民办教育注入了活力。其中的许多规定，为以后全国性民办教育法律法规的出台提供了基本思路。

同一天（1984 年 3 月 10 日），《北京市社会力量办学试行办法》出台。该办法共 18 条，分别从社会力量办学应坚持的方向、社会力量办学的概念、社会力量办学的范围、社会力量办学的性质、社会力量办学必须具备的条件、社会力量办学的批准权限、社会力量办学的管理体制、社会力量办学的校舍校牌、社会力量办学的经费学费、社会力量办学的名称印章、待业青年在社会力量举办的学校工作待遇、社会力量举办机构的广告宣传、对所办学校和办学人员的奖惩等方面做出了具体规定。

20世纪80年代初期，北京市社会力量举办的各级各类学校仅有几十所，由于北京市人民政府对社会力量办学实行了鼓励、支持的政策，学校数和参加学习的人数逐年增加。1990年底，社会力量举办的学校数有551所。其中民办高校有22所（其中全日制民办高校有18所）；继续教育、进修、补习、辅导、培训类型的学校有511所，年培训人数达22.8万人次。

到1994年，社会力量举办的学校数已发展到1700所，比1990年底增加1149所。其中全日制民办高校由1990年底的18所增加到57所，学校根据经济社会发展状况和人们的文化需要，灵活设置专业和培训项目。1990年开设专业130多个，1994年已增至近400个。设置的专业主要有设理、工、农、医、外语、计算机、金融、商贸、法律、旅游、建筑、管理、艺术等；设置上千种文化补习、职业教育、实用技术培训和社会文化生活教育项目，如打字、服装裁剪、烹饪、美容美发、家电维修、种植、养殖、栽培技术和家教、棋牌、气功、健身医疗、胎教、插花艺术、礼仪、公关、音乐、舞蹈、美术、表演、书法、摄影等。社会力量举办的各类学校年培训人数由1990年的22.8万人次增加到50余万人次。针对离退休老年人越来越多的现状，为使他们老有所学、老有所养、老有所乐，北京市还批准成立了19所老年大学，开设了老年人喜欢的书法、绘画、装裱、篆刻、文史、园艺、医疗、健身等课程，学校布局也方便离退休老年人就近入学。

据调查，社会力量举办的学校中，85%的学员为在职从业人员，15%的学员为未被高校录取的应届和往届高中毕业生。通过学习，在职从业人员提高了知识水平和工作能力；即将参加工作的青年学生掌握了一两门专业知识和职业技能，获得了从事职业的本领。据对1990年18所全日制民办高校的调查，高考落榜的学生经过2~4年学习之后，被国有企业聘用的占38%，被集体企业聘用的占32%，被三资企业聘用的占17%，出国留学深造的占7%，独立创业的占3%。

社会力量举办的学校，其聘请的专职、兼职管理人员多数来自高等院校、中小学校、科研单位，离退休的教育工作者、科技人员、管理人员、少部分在职人员、高等院校教师、重点中学教师和科研单位的研究人员，他们都是各级各类学校师资的主要来源。不少学校为储备本校师资力量建立了学校"师资库"。据统计，北京市社会力量办学所聘任的专职、兼职管理人员和教师由 1990 年的 0.2 万人增至 1994 年的近 2 万人。

首都的社会力量办学很快形成了多种形式、多种层次、多种渠道、多种门类及面向多种对象办学的格局，基本满足了社会成员多样化、多层次、多形式的学习要求。同时，北京市社会力量办学还充分发挥首都智力密集、人才济济的优势，为当时的老少边贫地区培养了 110 万名懂科技、会管理的应用型人才，支援了老少边贫地区的经济建设。[①]

2. 温州市的做法

怎么使民办教育在快速发展的同时不偏离方向？民办教育如何进行改革和发展才能与社会主义现代化建设的需要协调一致？温州市民办教育课题研究小组研究人员通过十多年的调查研究和实践探索，逐步认识到发展民办教育是打破单一办学体制，给教育界带来活力的最有效途径。他们认为，长期以来，温州教育存在与经济发展不相适应、劳动者素质低下、学校数量不足、教育设施差、师资力量短缺（民办、代教教师占教师总数的75%）、中等教育结构单一、初等教育得不到普及等问题。而温州市通过尽快实施九年义务教育，大力发展职业教育、成人教育和幼儿教育，缓解了教育的困境。温州市农村商品经济的迅猛发展，农民收入的急剧增加，使得一大批先富起来的农民涌现出来。这些富起来的农民率先开始"自费就读"和捐资办学。政府下定决心借用民间的财力，借鉴自费办集镇、办机场等经验，依靠专业户和有识之士，走多形式、多渠道办学路子，大力发展民办教育，改革和发展温州教育。

一是改革"千校一面、万人一书"的单一模式，实行多种办学的管理体制。一方面要完善基础教育由地方负责，实行"三级办学，两级管理"的体制。只要有利于教育发展和社会发展，就允许各级政府根据分级办学的职责，依照国家的有关方针、政策和本地实际情况实行办学，采取各种措施制定筹措办学资金的政策，提高教师工资福利待遇，举办直接为本地经济建设和各项事业服务的培训机制。另一方面要建立中等职业技术多种办学管理体制。从本地实情出发，对现有的职业中学分门别类，实行教育部门、县级业务部门、企业和区镇办学的多类型管理体制。走乡镇结合、企校结合的发展路子，同本系统、本乡（镇）、本企业人才需求挂钩，实行

---

① 陈继霞：《首都社会办学面面观》，《民办教育天地》1994 年第 6 期。

管理、培养、使用"一条龙"管理体制。

二是改升学教育为素质教育。根据乡镇企业不同工种的不同要求和农业发展对人才档次的不同要求，分别确立培养目标、修业期限、办学形式和教育内容。实行"短平快"实用技术培训与培养中初级人才并举。

三是鼓励社会团体和私人办学，促进教育的发展。温州市1987年的社会生产总值为107亿元，1994年已达到180.8亿元。农村人均纯收入1987年只有626元，到1994年已翻了一番，达到1474元；城镇人均可支配收入1994年达到3870元。经济的发展使民办教育也得到较快的发展。1987年民办普通高中和职高分别为6所和7所，到1994年已发展为18所和26所；1994年民办幼儿园达到2314所。民办教育的办学形式多样而灵活：既有全日制学校，也有夜校；既有长期学习，也有短期培训；既有个别指导，也有班级教学。灵活多样的办学形式不仅反映了社会团体和私人办学的特点，也更符合各级各类教育的不同需要。从办学主体来分，有民主党派办学，工会办学，协会、学会办学，国有企业、私营企业、股份制企业办学和乡村、街道办学等，形成了多门类、多层次、多形式的新的办学模式。

温州市各界兴办的各类民办学校适应了农村生产力发展水平，它对教育改革的主要突破点体现在以下几方面。

一是突破了旧的政府办学的单一模式，起到推动民办教育发展的作用。社会力量办学开创了多种力量办教育的新局面。仅以高中阶段为例，温州全市一年（1994年）就为国家多招高一新生11000余人，为国家节省教育经费约1亿元。所以发展民办教育使温州教育从低谷中走出来，实现了幼儿教育的发展，普及了初等教育，在70%的地区普及中等教育，在城市普及了高中教育，使高中阶段的升学率由原来的25%上升到40%。

二是突破了高度集中的计划教育的单一模式。建立起了具有市场机制的新的教育模式，能够"按需办学"，适应当地人才之需求。单纯的计划教育必然造成人才供需脱节，教育与经济的矛盾越来越尖锐。发展民办教育能够把计划的统一性与市场的灵活性结合起来，能够通过独立的办学实体，自主地根据社会的需要办学，把人才培训市场与人才市场衔接起来，按照社会的需要设置专业，做到"按需办学"。温州市民办教育的办学形式灵活、适应性强，毕业生的求职意向与市场需求对口，双向选择率超过90%，很受社会欢迎。

三是突破了学校教育的单一模式，建立了具有"大教育"特征的新模式。社会力量办教育打破"小教育"的单一升学模式，形成了"大教育"的某些特征，能够做到学历教育和非学历教育并举、青少年教育与成人教育结合、职前与职后结合、面授与函授结合，形成了多渠道、多规格、多层次的办学模式。这种办学模式更能够促进农科教结合、三教统筹，实现内外部的结合，促进高等、中等学校下沉办学，职校、成校、技校、中专四校互联互办。如外贸高校在温州市办函授站，杭州铁路学校和温州市职校联合办铁路班、职业中专班，职校在县镇设立分校等。

四是突破了教育内部的僵化机制，改变了"吃大锅饭"、国家包揽的投资分配制度。在内部改革上，通过建立聘任制，实现社会、学校、企事业单位之间人员大流通，建立起新型的教师队伍机制，在平等、竞争中促进教育质量的提高。同时，发展民办教育对公办教育旧的制度也形成了冲击。公办学校能够借鉴民办学校的管理经验开展自身的改革，如实行公办民管或在高中阶段试行自费生制度，向社会招聘教师等，有助于打破公办学校僵化的管理体制。

温州市政府在审批办学、筹措资金、招生推荐、征地建校、教师流动、办学方向、学校自主等方面都进行了明确的规定，鼓励支持发展民办教育，其效果非常好。例如，针对绝大多数民办学校缺少经费的实际，提出了放开和适度相结合、自主和辅助相结合的集资渠道，即允许向学生家长、社会各界筹资建校，每名学生每年收取培训费1400元，社会力量办的职业学校还根据不同经济实体和质量档次收费。政府对民办学校实行征地、贷款优惠政策，这样容易使民办学校尽快上档次、上规模。例如乐清市育英寄宿学校在1992年开办时，乐清市政府允许其通过自投、自筹、自贷等方式筹措资金，即办学者自投800万元，向每位入学者借款15000元，每名学生每学期收取培训费4000元（包括吃住费用），政府帮助贷款100万元，育英寄宿学校很快集资2000余万元，征地35亩，建成了占地12000平方米，并且有电教设备、计算机、仪器设备、内外体操场等的新型学校。

在加强民办学校师资队伍建设方面，温州市采取学校自聘制，允许从公办学校招聘教师，允许从社会上招聘教师，允许引进外地教师，允许接收大专、中专毕业生，允许自定教师待遇。

在招生制度方面，温州市实行统一部署和学校自主相结合的招生制度。

即在省、市统考的前提下，根据学生志愿由中招办统一划定录取分数线，学校根据分数线自主选择录取一些学生，使生源在数量上、质量上得到保证。

温州市同时建立合理、科学的教育评估制度，坚持正确的办学方向。温州市教委根据现行民办学校的办学水平，先后出台了民办职高、普高和幼儿园办学评估标准，定期进行等级评估，逐步改善办学条件，加强师资队伍建设，健全管理制度，推动温州市民办教育逐步走上规范化和法治化的轨道。

3. 对河南省民办教育的调研与分析

河南省教委经过深入细致的考察、研究、分析，撰写了《河南省社会力量办学问题研究》一文。文章在充分肯定河南省民办教育发展成绩的同时，也尖锐地指出了其发展中出现的问题，并且结合实际提出了可行的对策措施。

改革开放以来，河南省社会力量办学事业取得了显著的成绩。到1994年底，社会力量办学已遍布全省城乡。学校（机构）已达1751所（个）（绝大多数为非学历教育的学校或机构），其中，高等层次占5.6%，中等层次占30%，初等层次占64.4%；在校生达27万余人，其中，高等层次占36.8%（高等学历教育占1%），中等层次占26.6%，初等层次占36.6%；已为当地经济建设和社会发展培养了155万余名"留得住、用得上"的实用人才（其中高等层次占19.3%，中等层次占40.8%，初等层次占39.9%）。① 河南省社会力量办学体现了面向实际，服务社会，多层次、低重心、拾遗补阙办学和与其他教育协调发展的办学指导思想。办学范围已从成人教育向职业技术教育、基础教育和高等教育延伸，同时出现了公办学校向民办转制以及境外机构或个人来河南合作办学的新情况。一个多层次、多学科、多门类、多形式的社会力量办学体系正在逐步形成，并已成为河南教育事业的重要组成部分。

据1994年底统计，河南省社会力量办学自有固定资产已达2.6亿元，土地达3158亩，校舍建筑面积达37万多平方米，教学设备、图书资料价值

---

① 资料来源：根据历年《河南教育年鉴》整理所得。

分别为 5000 多万元、2000 多万元。① 许多学校已从"三无"发展为"三有"，即有校舍、有设备、有师资。另外，社会力量还长期租赁校舍、设备、土地，开辟了一条挖掘社会潜在教育资源为国育才的途径，对完善国家办学体制、改革教育体制和办学模式做出了有益的探索。

在充分肯定社会力量办学成绩的同时，必须清醒地看到其还存在一些较为突出的问题。首要的问题就是对社会力量办学在经济、社会、教育发展中的重要地位和作用认识不足，尤其对社会力量办学推动教育体制改革的积极作用认识不够，传统思想观念的影响仍然存在从而导致社会力量办学起点低、基础薄弱、整体素质较低、资金投入少、发展后劲不足。其次，教育宏观管理滞后制约了社会力量办学的发展。使"鼓励支持，引导管理"既缺乏依据，又不得力，"政出多门、多头领导"现象依然存在。再次，学校办学思想不端正，管理水平低，严重影响了民办教育的健康发展。最后，整体实力弱也是制约社会力量办学发展的客观原因。据 1994 年各地统计，河南省平均每所民办学校仅招生 132 人，结业 121 人，在校生 155 人。学校规模小，难以抵御市场竞争的风浪；平均每所民办学校专职教学、管理人员不足 12 人，自有土地不足 1.3 亩，校舍面积不足 190 平方米，设备、图书价值不足 2 万元，流动资金仅有 1300 元。② 民办学校办学条件差，整体实力弱，远远低于公办学校的平均水平，客观上影响了竞争力。

除了上述问题，还存在有的学校思想政治工作薄弱，甚至没有党、团、工会、学生组织和思想政治工作队伍，学校管理体制不健全，任人唯亲现象较为严重，学校布局、结构仍不够合理，教育质量和办学效益亟待提高等问题。

为促进社会力量办学事业持续、稳定、协调地发展，拟采取以下主要对策措施。一是提高认识，把发展社会力量办学放在重要位置。二是改革和完善管理体制，推进河南省社会力量办学健康发展。三是加强统一领导管理。四是加大改革力度，努力增加投入，力争建设好一批示范性学校，带动全省社会力量办学更好地发展。五是实施开放带动战略，全方位加强

---

① 资料来源：根据历年《河南教育年鉴》和河南省档案馆资料（J0109）整理所得。
② 资料来源：根据历年《河南教育年鉴》和河南省档案馆资料（J0109）整理所得。

对外教育合作与交流。六是努力提高教育质量和效益，实现速度与效益的统一。①

4. 山西省对民办教育进行视导评估

1996年6月，山西省开始对省属大专层次的社会办学单位进行视导评估。评估工作在调查研究、认真学习的基础上，按照5个专项、44个项目、100个分值、4个等级进行。首先对山西自修大学、山西文化艺术专修学院、山西老区医学专修学院进行了试点评估。在总结经验之后，对全省全日制大专班在校生100人以上的民办高校（除晋城市1所外）全部引进了视导评估。通过认真听取学校的自评汇报，查阅有关资料，观看办学设施，深入课堂教学与组织专家听课，召开学生、班主任、科以上办学人员座谈会等方式调查了解各类情况，然后集体讨论评分，对办学单位做出了实际的评价，有19所民办高校被评为B级，有12所民办高校被评为C级。

此次视导评估发现，山西省民办教育主要的成就有：发展快，效益好，办学成绩显著；重视教学管理，教学效果较好；自力更生，艰苦创业，不断改善办学条件；初步建立起以教学为中心的一套管理机构与规章制度。

山西省民办教育存在的主要问题有：学校领导体制不健全，办学人员素质不高；办学条件差，有待进一步改善；财务管理很不规范，账簿混乱。

此次评估建议当地民办教育应公布评估结果，建立评估制度；加强管理，巩固提高管理效果；建立党团组织，开展党团工作；制定发展规划，加强管理工作。②

5. 民办高等教育委员会成立

1995年5月25~27日，中国成人教育协会民办高等教育委员会成立大会在北京召开，出席大会的代表来自全国各地106所民办高校，共计155人，大会总结回顾了十多年来我国民办高等教育发展的成就、经验和问题，通过了委员会章程和筹委会工作报告；选举了委员会委员、常务委员，正、副主任以及秘书长、副秘书长；大会还推举了名誉主任，聘请了顾问。在会上，中华社大、北方联大等一些办得较好、有特色的学校交流了办学经

---

① 李文成、毕明春、张大策：《让社会力量办学走向新的坦途》，《民办教育天地》1995年第3期。

② 郭耀洲：《民办评估之探索》，《民办教育天地》1995年第3期。

验，26 位代表先后发言，对民办高等教育发展中的热点问题进行了热烈讨论。

6. 河南省社会力量办学协会成立

到 1995 年，河南省社会力量举办的各级各类学校已达 1511 所，每年培训的人员达数十万人，在校生已超过 20 万人。其中有经原国家教委审批备案、具有颁发国家承认学历文凭资格的高校 1 所；有省教委审批的培训、进修、辅导助学等性质的高等教学机构、学校 162 所；由地市教育行政部门批准的中等层次学校 420 所，初等层次的学校 928 所；设置中、高等层次专业 700 多个，办学类别已覆盖成人教育、职业教育、基础教育和高等教育，同时出现了公办学校向民办转制、境外机构或个人来河南合作办学的新局面。

为了更好地宣传、贯彻、落实党和国家有关社会力量办学、民间办学、境外机构和个人来河南省合作办学的方针、政策，不断总结办学成绩和经验，加强学校之间的联系与协作，深入研究有关办学理论和办学中遇到的困难及解决办法，保障和维护社会力量办学和民间办学的权益，进一步促进社会力量办学事业的健康发展，经一些社会力量和民间办学工作者充分酝酿和多方协商，并报河南省教委同意，1993 年 12 月 6 日，省民政厅递交了《关于成立河南省社会力量办学协会的申请》。1995 年 11 月，河南省社会力量办学协会成立。

时任协会会长、省教委主任亓国瑞在成立大会上讲话，要求"全体协会会员要认真宣传、贯彻、落实国家有关社会力量办学的方针、政策、规定，深入调查研究。摸索社会力量办学的规律，总结经验，组织开展形式多样的学术活动，充分发挥协会的作用，协助省教委把社会力量办学搞得更好"。[1]

（七）对发展民办教育的思考及方式

1. 对民办教育的思考

改革开放以来，在各级政府的重视、鼓励和支持下，在包括各民主党派在内的社会各界的积极参与下，社会力量办学得以迅速发展。据统计，

----

[1] 毕明春、张大策、刘川：《河南省社会力量办学协会成立》，《民办教育天地》1996 年第 1 期。

截至 1995 年底，全国有民办幼儿园 20780 所，民办中小学 3159 所，民办中等专业学校 672 所，具有颁发学历文凭资格的民办高校 21 所，不具有颁发学历文凭资格的民办高等教育机构 1209 所，其他短期培训和社会文化生活类民办教育机构 35000 所。粗略统计，在各类民办学校学习的学生达 680 万人。

一是确定了发展社会力量办学的大政方针。《教育法》和《中国教育改革和发展纲要》重申了《宪法》第十九条的规定，提出了国家对社会力量办学采取的"十六字方针"，明确了"改革办学体制，改变政府包揽办学的格局，逐步建立以政府办学为主体、社会各界共同办学的体制"的教育体制改革方向和到 2010 年"基本形成公办学校与民办学校共同发展的新格局"的目标。

二是加强了法制建设。原国家教委先后单独或会同有关部委颁布了《关于社会力量办学的若干暂行规定》《民办高等学校设置暂行规定》《中外合作办学暂行规定》《关于加强社会力量办学管理工作的通知》，以及教学、财务、印章、招生广告等方面的管理规定。社会力量办学的地方性立法工作也取得了很大的进展。截至 1996 年初，黑龙江、山西、青岛、广州、成都、福州、徐州、济南等省（区、市）已经颁布了《社会力量办学条例》，北京、四川等省（区、市）颁布了《社会力量办学管理规定》。

三是及时研究、解决了办学中出现的一些问题。

四是从实际出发，实施了扶持社会力量办学的一些具体措施。首先，通过《教育法》《职业教育法》等教育法规和地方性法规规章明确了政府给予社会力量办学适当扶持的政策；其次，在制定民办学校设置标准和审批民办学校时，按照实事求是的原则，既要求民办学校具备必需的办学条件，又充分考虑了社会力量办学的实际情况；再次，为解决不具有颁发学历文凭资格的民办高校学生的学历问题，开展了国家学历文凭考试的试点；最后，一些地方在民办学校用地方面给予优惠，一些地方政府出面把国有单位闲置的场地、校舍出让给民办学校使用。

此外，社会力量办学在发展过程中还存在不少问题，王明达认为，一些地方的教育行政部门对社会力量办学在教育改革和发展中的地位与作用认识不足，重视不够，一些地方管理体制不顺畅，存在多头审批、政出多门、各自为政的问题，管理力量薄弱，管理责任未落实，管理不力甚至只批不管；相对于社会力量办学的快速发展和管理工作的难度及复杂性，立法滞后、无法可依的矛盾仍比较突出；一些民办学校办学指导思想不端正，把办学作为创收、营利的手段。相当一部分学校办学条件不足，教育质量难以保证。这些问题，已经引起中央领导、人大代表、政协委员和社会等的普遍关注，各级教育行政部门必须高度重视，采取措施，抓紧解决。

王明达指出，要提高认识，加强管理，进一步推动社会力量办学健康发展。[①]

2. 社会力量办学方式

中国社会调查事务所从 1997 年 5～12 月采取随机抽样、非随机抽样和专访相结合的方式，以北京、天津、上海、广州、重庆等 11 个城市为网点，面向全国 20 多个省（区、市），发放问卷 10000 份，回收有效问卷 9074 份，通过统计分析获取数据 44000 多个。

调查发现，有 94.14% 的人表示愿意接受社会力量所办学校的教育，只有 4.14% 的人持拒绝态度。这表明，作为学历教育不可或缺的补充形式，社会力量办学在我国拥有广阔的市场需求。

被访者接受社会力量办学教育的目的不尽相同，其中 44.25% 的人为了提高素质，18.05% 的人为了更新知识，11.26% 的人为了寻求职业，9.31% 的人为了获取学历，6.55% 的人出于工作需要，而仅有 4.90% 的人迫于形势。由此看来，过去那种被动寻求社会教育的现象，已经被主动自觉地寻求社会教育所取代。

被调查者对社会力量办学具体方式的喜好也大有区别，改革开放给我国教育事业的发展带来了生机勃勃的景象，特别是民办教育的发展使我国教育体制的改革发生了根本性的变化，国家包揽教育的局面已被打破。在教育形式中，企业和公民之间合作办教育是最有活力的一种形式。据温州市统计，全市 1997 年有民办小学、民办普通初中 40 所，在校生 17720 人；民办普通高中 26 所，在校生 9288 人，占全市高中在校生总数的 18.58%；民办职业学校 42 所，在校生 1.6 万人，占全市职业学校在校生总数的 56.00%；民办幼儿园（班）2345 所，幼儿 15 万余人，占全市在园幼儿总数的 91.00%。82 所民办普通中小学和职业学校中属于合作办学的有 38 所，

① 王明达：《再创社会力量办学的新局面》，《民办教育天地》1996 年第 4 期。

占 46.34%，各种资金投入达 42 亿元左右。

二 发展民办教育的"十六字方针"

"十六字方针"被 1997 年《社会力量办学条例》、1998 年《面向 21 世纪教育振兴行动计划》等重要法律、文件多次引述使用。"十六字方针"被写进了《中国教育改革和发展纲要》和全国教育工作会议文件以及《中华人民共和国民办教育促进法》，成为国家发展民办教育的基本方针。

1993 年 2 月 13 日，中共中央、国务院印发《中国教育改革和发展纲要》，指出国家对社会团体和公民个人依法办学，采取"积极鼓励、大力支持、正确引导、依法管理"的"十六字方针"。"十六字方针"，是指导社会力量办学的总政策，是符合我国国情的，是我国一贯对社会力量办学政策的总结与发展，这个方针能充分调动发挥各级党政机关、民主党派、社会团体、企事业单位以及个人的办学积极性，改变我国过去政府包办教育的一贯做法，逐步建立以政府办学为主、社会各界共同办学的体系，符合我国政治、经济改革的需求，也是我国教育改革的重大措施，它对今后我国教育的发展起着重要的作用，因此，只有全面贯彻"十六字方针"才能为社会力量办学创造一个良好的社会环境与气氛，才能保证社会力量办学健康地发展。

"十六字方针"中的"积极鼓励"需要做好以下几点。

（1）鼓励社会各界（党政机关、民主党派、社会团体、企事业单位以及个人等）积极办学。鼓励海外华侨、港澳台同胞来华投资办学。

（2）鼓励支持离退休干部、教师或科技人员到社会力量举办的学校中发挥作用，做贡献。

（3）鼓励支持大中专毕业生到社会力量举办的学校任教，其待遇原则上应与普通学校相同。

（4）社会力量办学的兴起为知识分子从事第二职业开辟了新的途径，要建立、完善教师兼课制度，允许在职干部、教师与科技人员等在不影响本职工作的前提下，到社会力量举办的学校（班）从事第二职业，为培养人才发挥他们的潜力。

（5）鼓励普通学校在不影响本校教学的情况下对社会力量办学在校舍、试验场所、师资等方面给予大力支持。

（6）鼓励普通学校特别是大中专学校在有余力的情况下，多举办各种类型的培训班，为企事业单位进行岗位培训与继续教育。

（7）鼓励办学质量好、社会效益高的社会力量举办的学校扩大招生人数，为社会培养急需人才。

"十六字方针"中的"大力支持"需要做好以下几点。

（1）对社会力量的办学申请要大力支持、及时审批，简化手续。

（2）对社会力量办学在人、财、物上给予大力支持。

（3）要使社会力量办学者有充分的自主权，调动他们的办学积极性，以利于社会力量办学的发展。

（4）赋予社会力量办学者自行制定发展规模、充实办学条件、完善办学机制、保证教学秩序的权利。

（5）赋予社会力量办学者自行设置学校内部管理机构、任免各级领导、聘用专兼职教职员工的权利。

（6）赋予社会力量举办的学校自行决定专业设置、招生人数、对象以及学制等的权利。

（7）凡经教育行政部门审批备案的社会力量所举办的学校，只要经对方教育行政部门同意，可以到省外招生或办班。

（8）有条件的社会力量举办的学校可以与普通学校一起参加统一招生，招收应届初中、高中毕业生，满足某些应届生学习专业技术的要求。

（9）社会力量办学受到人才需求的制约、市场经济的调节，允许学校与学生之间、学校与教师之间、学生与教师之间双向选择。

（10）允许社会力量办学之间互相竞争，优胜劣汰。实力雄厚、教学质量高的学校可以兼并一些规模小的、效益差的学校。

（11）建立社会力量办学人才交流中心与咨询网络，为受教育培训的学员提供就业服务，促进他们被用人单位录用。

（12）社会力量所举办的学校可以颁发本校写实性的学业证书，证书标明所学专业、课程与成绩等。各级政府可根据各自的情况，制定证书的管理办法，实施管理，允许社会力量办学所发的证书在人才、劳务市场发挥效力。颁发学历证书要按国家有关规定执行。

（13）允许社会力量多渠道筹措资金办学。包括：办学的机关、普通学校、社会团体、企事业单位的投资，社会其他各方面与境外团体、个人的捐资；收取学费；校办企业的收入；建立办学基金以及国家给予的补助等。

（14）社会力量办学的收费标准可根据地区、学校的各种因素由办学单位自定，不搞划一，可以按质论价、优质优价，但要防止滥收费、高收费。

（15）关于收税问题，按照社会力量办学的不同情况，区别对待。一是收费标准放开的，税务部门依法征税，但税率要适度，所提税款应返还主管教育行政部门，用于发展社会力量办学事业；二是收费标准经过教育行政部门批准，收支基本平衡，并建立了严格的财务管理制度的，应免征税收。

"十六字方针"中的"正确引导"需要做好以下几点。

（1）要引导办学者坚持正确的办学方向，贯彻党和国家的教育方针，保证教学质量，培养德、智、体、美、劳全面发展的社会主义建设者。

（2）要使办学者明确以育人为办学宗旨，正确处理教书育人与经济效益之间的关系，不断改善办学条件，保证办学质量。

（3）在办学过程中，要加强对学员的德育教育，教育学生热爱祖国、热爱人民，为社会主义建设而努力学习本领。还要进行社会公德、职业道德的教育，使学生树立正确的人生观。

（4）在办学过程中要注意扬长避短，服务、服从于经济建设中心，办社会之所需，补国家办学之所缺，以面向学校所在地区招生为主，切实为地方经济、社会发展服务。

"十六字方针"中的"依法管理"需要做好以下几点。

依法管理是保证社会力量办学沿着正确的轨道发展，不偏离党和国家制定的有关方针、政策，保证教育质量的重要环节，因此各级有关部门要采取措施加强管理。

（1）建立健全社会力量办学法规，把社会力量办学纳入法治轨道，做到依法办学、依法管理，使社会力量办学者依法治校；使教育行政部门以法律、法规来规范办学单位的行为，防止管理上的随意性。

（2）建立健全管理机构。社会力量办学方兴未艾，历史悠久，但真正获得较大发展还是在近几年，社会力量办学的机构不健全、编制未落实是全国普遍存在的问题，势必影响社会力量办学正常发展，因此做好管理工作，建立与完善社会力量办学教育体系，首先要建立管理机构，增设编制。

（3）理顺管理体制。理顺管理体制也是管理工作中很重要的问题。目前存在政出多门，各设关卡，自行其是的问题，会影响社会力量办学的发展。社会力量办学应归口教育行政部门主管，工商、税务、财政、公安、劳动、职工教育等部门协助做好管理工作。

（4）教育行政部门要将社会力量办学纳入教育事业发展规划，作为一项重要工作来抓，对已批办的各类学校（班）要统一管理，加强指导，维护其正当权利与调动其办学积极性。在表彰、奖励、评估、发放文件、参加会议等方面要将其与普通高校同等对待。对其存在的问题和困难要给予指导与帮助。

（5）认真做好社会力量办学评估工作，进一步了解各种社会力量办学的情况，加强宏观管理与调控。

（6）各级教育行政部门应加强教育管理，主要抓教师资格审定、教学大纲与教学计划的制定、专业与课程设置、教材选用、教学质量检测标准及其评估办法的制定、考试发证等。

（7）简化招生广告的审批手续，凡社会力量办学的广告，由教育行政部门审批即可刊播。在审批办法方面，该校原来由哪一级教育行政部门审批或备案的，就由哪一级审批。各新闻单位要大力支持社会力量举办学校刊播招生广告。各学校（班）的广告内容要实事求是，不能言过其实，更不能招摇撞骗。

（8）各社会力量举办的学校要建立健全各项制度，加强思想政治教育与学风学纪教育，保证教学工作正常进行。

（9）加强社会力量办学的理论研究工作，对社会力量办学进行深入调查了解、研究分析，掌握其规律，指导社会力量办学健康发展。

（10）凡影响社会力量办学健康发展的违章、违法办学等问题，应视其情节，采取经济、行政甚至法律的手段予以及时处理。[1]

---

[1]　林其赏：《十六字方针析》，《民办教育天地》1994 年第 1 期。

三 民办教育从萌芽到发展的历程

进入 20 世纪 90 年代，中国民办教育呈现持续做大的趋势，与此同时，党和政府在鼓励发展的基础上加强了对民办教育规范管理，一些行业领导、地方官员和专家学者也就民办教育的发展情况进行了冷静的分析。

（一）部分地区的民办教育发展状况

1. 北京市民办教育的发展

截至 1993 年，北京市的民办学校已达 1600 所。其中民办高校 54 所，在校总人数达到 63 万人。北京市民办学校累计培训 206 万人次（其中民办高校 106 万人次）。90% 以上的面授民办高校招收应届和往届高中毕业生，实行自费走读不包分配的原则，学生毕（结）业后，大多能找到适合本人从事的职业。

2. 上海市民办教育的发展

1992 年在上海兴办的第一批民办中小学（新世纪中学、新世纪小学、私立明珠高级中学、私立扬波高级中学、扬波外国语小学），不但开创了改革开放后上海私立中小学复苏和发展之先河，而且成为上海首批进行办学体制改革的中小学校，推动了基础教育办学体制改革的进程。据统计，当时 5 所学校共招收了 12 个班 500 多名学生。在社会优质教育资源相对短缺的时代，5 所学校抓住了机遇，凭借民办教育的机制优势，坚持"民校为民"，取得了长足发展。这为上海民办中小学的后期发展带来了积极的联动效应。截至 1999 年 9 月，上海市民办中小学有 113 所，其中 12 年制学校 6 所、高中 42 所、完中 27 所、初中 15 所、9 年制学校 8 所、小学 15 所、公办转制学校有 53 所。① 上海市民办教育的发展呈现主体多元化的特征。1993 年下半年，上海市党派办学 110 所、团体办学 207 所、企事业办学 403 所、教育部门办的学校面向社会招生的 87 所、机关办学 146 所、私人办学 96 所。

3. 山东省民办教育的发展

1985 年，山东省政府颁布《山东省社会力量办学暂行规定》，为民办教

---

① 胡卫主编《特色之路——上海民办中小学发展历程》，上海教育出版社，2017，第 8~9、20 页。

育的诞生和发展创设了政策环境。1992 年山东省首批民办高校建立之后，发展势头很猛，不到 1 年的时间，就已从 13 所发展到 44 所。从办学主体上看，个人办学 18 所，社会团体（包括民主党派、协会、联合会等）办学 15 所，科研单位、学校办学 8 所，企业集团、公司办学 3 所，4 种社会力量办学分别占 40.9%、34.1%、18.2%、6.8%。① 全省各级各类民办学校和独立培训组织有 1754 所（个）。其中，幼儿教育学校有 218 所，占比为 12.4%；普通中小学有 139 所，占比为 7.9%；职业技术教育以及文化生活教育形式的学校有 1347 所，占比为 76.8%；非学历教育的民办高校有 50 所，占比为 2.9%。民办学校在校生已达 27 万人，专兼职教师 1.7 万余人，管理人员 6880 人。1978 年以来，这些民办学校共为社会培养各类人才 173 万人，教育结构和层次也从职业技术教育、成人教育扩展到基础教育和高等教育，办学范围从幼儿教育扩展到老年教育、从非学历教育扩展到学历教育、从职业技术培训扩展到社会文化生活教育。民办教育的兴起，挖掘了社会各方面的办学潜力，扩大了教育的整体规模和人才队伍规模，更重要的是对利与弊并存的公办教育形成了一种冲击。② 到 1994 年，山东省各级各类民办学校已达 1636 所，各类培训中心 237 个，举办各类培训班 2329 个。民办学校在校生已达 28.7 万人。③

4. 山西省民办高等教育的发展

1992 年，经山西省教委批准的高等专科层次学校有 40 所，在校人数达 3 万人；1993 年，经山西省社会力量办学管理办公室审核的各级各类多层次学历教育办学单位共 886 个，其中专科层次 38 个，中专层次 34 个；1995 年《山西省社会力量办学管理条例》颁布后，山西省民办高等教育开始成为山西省高等教育事业发展的组成部分。据统计，1995 年山西省全省社会力量举办的各级各类学校和教育培训机构达 1167 所（个），其中非学历高等教育机构有 97 个④；与此同时，山西省除省会太原市外，忻州市、临汾市、

---

① 蒋文莉：《仍需开垦的沃野——济南市民办高等学校调查》，《民办教育天地》1994 年第 2 期。
② 蒋文莉：《加快民办教育的发展与立法》，《民办教育天地》1994 年第 3 期。
③ 刘凤山：《问题与建议》，《民办教育天地》1995 年第 5 期。
④ 北京学苑文化研究中心等编著《中国社会力量办学大辞典》（下卷），红旗出版社，1997，第 676 页。

运城市等地的社会力量办学也发展迅速，多规格、多层次、多类型的社会力量办学体系初步形成。1999 年山西省民办高校达到 61 所。据《山西民办学校名录》记录，山西省 61 所民办高校中，社会助学的高等学校有 56 所，在校生 14006 人；学历文凭试点院校有 5 所，分别为山西老区医学院、山西商贸专修学院、山西工商专修学院、山西社会经济专修学院、山西兴华学院，在校生共 3715 人。这 61 所民办高校中有 5 所是 1999 年设置的学校，为山西律师专修学院、山西职业经理专修学院、山西建筑工程专修学院、山西远大医学专修学院、阳泉司法专修学院。①

5. 重庆市社会力量举办学校突破 1000 所

1993 年，重庆市社会力量举办学校已发展到 1075 所，在校生 14 万人，已有校舍达 6348 万平方米。

6. 兰州市社会力量举办学校 194 所

截至 1994 年，兰州市社会力量举办的各类学校（中心、部、班）达 194 所，比 1980 年增长 15 倍；培训人数 42000 人次，比 1980 年增长 32 倍。1980~1994 年累计培训各级各类学员 44 万人次，平均年培训 3.1 万人次。全市社会力量办学开设培训专业项目 130 多个，比 1980 年增长 9 倍。社会力量办学已购置各类教学仪器设备 4000 多台（件），固定资产达 200 多万元；租、建教学用房 3 万多平方米，可同时接纳 2 万多名学员培训。专兼职教师近 2000 人，专兼职工作人员 600 余人。其中，中级以上专业技术职称的专兼职教师约占专兼职教师总数的 70%，初步形成了一支实力雄厚的社会办学师资队伍。

7. 温州市民办教育蓬勃发展

温州市教育改革不断深化，社会力量举办的非学历教育学校和学历教育学校蓬勃发展，形成公办与民办双轨并存的发展模式。据 1994 年 9 月统计，全市有民办普通高中 18 所，在校生 4245 人，占全市普通高中在校生总数的 14%。民办职业高中 26 所，在校生 7000 余人，加上社会力量办班，在校生约有 12000 人，占全市职业技术学校学生总数的 60%。民办特殊学校 4 所，在校生 387 人，约占全市特殊教育学生总数的 50%。民办幼儿园有

① 牛三平主编《山西民办高等教育发展报告（1978-2018）：在改革开放中砥砺前行》，山西人民出版社，2018，第 104~106 页。

2314 所，在园幼儿 131900 余人，约占全市入园幼儿总数的 92%；其中，私立幼儿园 885 所，在园幼儿 53578 人。①

8. 大连市民办教育的发展

1993 年底，大连市由社会力量举办的各级各类学校（班）等教学机构共 415 所，比 1992 年增加了 56 所，其中国有企业事业组织、集体经济组织和社会团体举办的有 291 所，公民个人举办的有 124 所，全年累计培训学员达 19.6 万人次，全年结业学员达 11.7 万多人，在籍学员达 7.8 万多人。在社会力量办学中从事管理工作的专兼职工作人员 2194 人，专兼职教师 5088 人，专兼职视导员 72 人。1993 年市直社会力量办学单位，包括各类学校、培训中心等教学机构已达 76 所；全年累计培训学员达 3.8 万多人次，全年结业学员累计达 2.3 万多人，在籍学员达 15 万多人；专兼职管理人员 556 人，专兼职教师 1400 多人。②

9. 齐齐哈尔市民办教育的发展

到 1993 年底，齐齐哈尔市民办学校已发展到 500 所（不含幼儿园），其中，团体办学 228 所、私人办学 272 所；大专院校 19 所、中等学校 64 所、初等文化教育和实用技术教育 417 所。与 1992 年相比，1993 年底齐齐哈尔市新增民办学校 100 所，新增专业 38 个，达到了 158 个。全市已初步形成了多样化、多层次、多规格的办学结构。齐齐哈尔市民办教育，在没有政府投资的情况下，自力更生，艰苦创业，有了较大发展，为齐齐哈尔市的经济建设培养了一大批人才，整个社会都感到了它的存在和影响。③

（二）1994 年民办教育的突破：当代中国民办高等学校诞生

根据原国家教委有关部门统计，1994 年全国共有高中毕业生 2293012 人，部分省（区、市）的高中毕业生数分别为：北京 28012 人、天津 21424 人、河北 101959 人、山西 75693 人、内蒙古 62902 人、辽宁 86990 人、吉林 56388 人、黑龙江 86650 人、上海 35131 人、江苏 140522 人、浙江 73937

---

① 金文斌：《温州民办教育的探索与实践》，《民办教育天地》1994 年第 6 期。
② 于为民：《大连市社会办学扫描》，《民办教育天地》1994 年第 2 期。
③ 杨耀寰：《创设民办教育平等竞争的环境》，《民办教育天地》1994 年第 3 期。

人、安徽 86995 人、福建 60259 人、江西 84494 人、山东 161927 人、河南 154998 人、湖北 105932 人、湖南 132887 人、广东 112056 人、广西 76729 人、海南 16627 人、四川 178035 人、贵州 54467 人、青海 14618 人、宁夏 19308 人、新疆 66638 人。

国家统计局公布，1994 年全国 15～24 岁的青年有 2.4 亿人，其中在校生仅 3800 万人，在其余的 2 亿多名青年中，85% 以上仅有小学或初中文化程度，所以说教育的担子依然沉重。

1994 年，民办教育发展进入了一个关键时期，这一年民办教育的发展呈现两个特点，一是国家在继续鼓励支持发展民办教育的同时，加大了治理整顿的力度；二是正式批准设立国家承认学历的、民办教育性质的黄河科技学院、北京海淀走读大学、四川天一学院、浙江树人大学等第一批普通高等学校，实现了当代中国民办教育发展的第一次实质性跨越。在新中国成立 35 年后，民办高等学历教育正式成为我国教育的必要组成部分。

（三）全国政协和各民主党派积极支持民办教育发展

1994 年 4 月 4 日，全国政协提案委员会召开了为办理民革中央关于民办教育提案的座谈会。与会同志针对各自党派在办学过程中遇到的问题和存在的不合理现象进行发言，提出要发展民办教育、建立新的办学体制，关键在于思想观念的转变，如仍存在中国大学生太多或只有公办大学才能培养出合格的人才的思想，就不可能真正做到鼓励支持民办教育。会议建议针对办学中的行业垄断召开民办教育工作会议；从国家教委到地方教育行政部门都应增加力量建立民办教育管理机构；对贫困地区民办教育应给予政策倾斜。

会议指出，国家教委鼓励到贫困地区去办学，并积极争取国家对贫困地区的教育进行专项补助。增设机构、加强管理要向人事部反映。随着改革的深入，应进一步探索解决行业垄断问题的办法，如教育行政部门有办学垄断现象，国家教委将严肃查处。①

---

① 李寿夏：《全国政协提案委员会召开民办教育提案座谈会》，《民办教育天地》1994 年第 3 期。

1994 年 10 月 28 日，全国民办教育研讨会在北京召开。据该次会议公布的数据，我国民主党派、全国工商联、中华职教社举办各级各类学校1700 余所，在校生 70 余万人，社会效益显著。邕江大学、北京中山学院、北京私立树人学校、四川光亚学校、君谊中学等形成了办学特色。①

四　行业、地方领导和专家学者对民办教育的发声

时任中国教育学会副会长的顾明远在国际研讨会上指出，中国的民办学校获得了长足发展。在满足国家发展需要和社会日益增强的教育需求的推动下，民办学校担负着越来越重要的角色。人们有理由相信，在 21 世纪，民办教育在建构新时代的文化价值理念、培养满足科技发展与经济建设需要的人才、推动各国社会进步和发展、增进人类福祉等方面将会做出更大贡献。

时代给民办教育提供了前所未有的发展机遇。抓住机遇，推动民办教育有更大的发展，不仅符合各个国家、民族在 21 世纪的利益，也符合社会力量办学者以及民办学校的利益，有利于满足广大社会人员日益增长的教育需要。对于中国和世界其他国家来说都是如此。

1999 年 4 月 9 日，时任湖南省省长助理、省教委主任许云昭在湖南省社会力量办学协会成立大会上充分肯定了社会力量办学取得的成绩。他指出，到 1999 年 4 月，全省共有各种不同类型、不同层次的民办学校 2016所，在校学生约 31 万人。

时任齐齐哈尔市副市长的杨耀寰认为，从国内过去的情况看，复旦、同济这样的名牌大学都曾是私立大学。这些学校培养了一大批人才，有些人后来成了国家的栋梁。显然，对民办教育持"补缺"认识论是不公正的。再从国外来看，日本的经济发展得益于私立教育的发展。《日本私立教育考察报告》载，截至 1992 年底，日本 3991 所高等学校中，私立学校达 3377所，占比为 84.6%；私立高等学校的学生数占同类学校学生总数的 73.3%。在高中、初中、小学和幼儿园中，私立学校分别占 24%、5.6%、0.7% 和58.2%，私立学校学生数分别占 29.6%、4.7%、0.8% 和 79.7%。美国的经济发展也得益于私立学校的发展。《美国私立学校概况》介绍，截至 1990

---

① 资料来源：根据《民办教育天地》1995 年合订本有关报道和讲话整理所得。

年，美国共有 3535 所高等学校，其中私立院校 1972 所，占比约为 56%；非学历性职业培训学校 7071 所，其中私立非学历性职业培训学校 6514 所，占比为 92.1%；中小学 110055 所，其中私立中小学 26807 所，占比为 24.4%；中小学生 4622.1 万人，其中私立学校学生 519.5 万人，占比为 11.2%。以上数据足以说明民办教育在经济发达国家教育中占有举足轻重的地位。再从我国这一阶段情况来看，我国人民日益增长的物质文化需要同落后的社会生产力之间的主要矛盾和社会主义初级阶段的特点，都决定了民办教育不可能也不应该是一种临时性、补救性的措施。发展民办教育不但是教育改革的重要内容，而且是事关"多出人才、出好人才"、事关四个现代化建设成败的大事。事实是，民办教育已经发挥了巨大效应，我们应该还民办教育以公正的态度，把民办教育作为办好社会主义大教育的重要组成部分去认识、去对待。

要建立起激励机制，以鼓励、支持、发展民办教育事业。建立表彰制度，对于先进学校和办学有功者，给予定期表彰，以精神鼓励的方式调动学校和社会办学的积极性；建立人才流动补贴制度，鼓励公办学校教师和优秀大学毕业生向民办学校分流，以弥补民办学校教师的不足；建立奖学金制度，努力为民办学校学生提供奖学金及一部分科研经费，以调动学生学习和科研的积极性；建立思想政治工作制度，大力加强教师和学生的思想政治工作，使民办学校师生共享党的雨露阳光；建立民办教育工作会议制度和学术研讨制度，总结经验，活跃学术研究，激励研究人员热情工作、拥抱学术，推动民办教育发展；强化导向机制，大力宣传民办教育的地位、作用、先进典型、先进事迹，形成全社会支持、尊重民办教育的局面，为民办学校的生存、发展和学生价值的实现，创造良好舆论氛围；等等。①

时任湘西州教委副主任刘保国撰文指出，社会力量办学是社会主义教育事业的组成部分，是教育发展新的增长点。到 1999 年，湘西州共创办各种不同类型的学校 111 所，拥有专兼职教师 518 人，在校学生达 6552 人，历年毕业、结业学生达 2583 人，固定资产 1198 万元。实践证明，湘西州社会力量办学蓬勃发展，不仅较好地满足了部分青少年继续求学、奋发成才

---

① 杨耀寰：《创设民办教育平等竞争的环境》，《民办教育天地》1994 年第 3 期。

的愿望，而且在一定程度上减轻了财政办学的压力。同时充分调动了社会各界的有识之士、有志之士甚至有钱之士办学的积极性，很好地利用了退休教师、破产企业和学校闲置的房屋、基地、设备等教育资源，极大地促进了湘西州学校内部管理"三制"（校长负责制、全员聘任制、结构工资制）改革的深化，为改变国家包办教育的做法，为实现"今后 3~5 年基本形成以政府办学为主体、社会各界共同参与、公办学校与民办学校共同发展的办学体制"的目标迈出了可喜的步伐。

要鼓励、引导和扶持民办学校实行多种形式联合办学。一是实行民办学校与企业"互利式"办学。一方面，学校为企业培养人才；另一方面，企业为学校补充教育经费，并提供专业师资和实习场地。二是施行民办学校之间"互补式"办学。鼓励和引导民办学校之间积极开展学术交流、师资共享，甚至采取股份合作、兼并等形式组建教育集团或联合体。三是推行民办学校与公办学校"互助式"办学。采取国有民办、民办公助、合资办学、租赁等多种形式，深化公立学校改革。探索出符合湘西州州情的民办教育发展新机制。

时任临汾地区教委副主任张巨温撰文指出，临汾地区地处山西省的西南部，跨汾河两岸，西连吕梁，东倚太行，面积 20353 平方公里，辖 17 个县（市），人口 378 万。由于山多、石多、沙土多，交通不便，水源奇缺，经济发展缓慢，尚有 10 个县为国家级和省级贫困县。但是，民办教育在各级党委、政府及教育行政部门的支持下，在各社会团体、个人的努力下，发展还是十分迅速的。截至 1998 年底，临汾地区已有各级各类民办学校298 所，在校生 4.9 万人，专兼职教师 2131 人，占地面积 520 万平方米，建筑面积为 95 万平方米，初步形成了一个多层次、多渠道、多形式，以国家办学为主体，公办与民办共同发展的办学格局。这不仅弥补了国家办学财力的不足，而且在一定程度上满足了对各种人才的需求，有力地推动了当地经济的发展，也为上一级学校输送了新的生源。

五 民办教育发展存在的问题及其治理

国家规范与治理民办教育，把握民办教育的社会主义办学方向，使其坚持教育的公益性原则。

（一）民办教育发展存在的问题

"八二宪法"规定"国家鼓励集体经济组织、国家企业事业组织和其他社会力量依照法律规定举办各种教育事业"，这一规定促进了民办教育发展，国家对于民办教育的"鼓励"建立在"国家发展社会主义的教育事业，提高全国人民的科学文化水平"的前提之上，是有规范、有原则的。

民办教育的发展弥补了公办教育的不足，在一定程度上满足了社会发展对教育的需求，但是少数学校在办学过程中的种种问题逐渐暴露：有的学校办学条件差；有的学校未经教育行政部门审批；有的学校没有办学许可证，甚至以办学为名骗取钱财；有的学校未经有关部门审批就乱发招生广告、乱办学；有的学校经审批后擅自篡改招生广告内容；有的学校为了招揽生源在发放证书和就业方面做不负责任的许诺；有的学校在招生时已明确收费标准，待学生交费入学后又巧立名目加收费用；有的学校管理有名无实，对学生学习、生活上的困难长期不予解决；有的学校以办学为名，捞钱为实，教学质量无保证。凡此种种，既败坏了社会力量办学的声誉，又容易激发学生与校方的矛盾。

1985 年 1 月，全国政协教育组与教育部联合进行了社会力量办学情况调查，发现有的民办学校存在两套教学制度（学校教学制度与高等教育自学考试制度）矛盾、办学思想不明确、学校性质混乱等问题，并建议尽快制定办学管理条例，加强对社会力量举办的大专班的管理，明确这种班以"助学"与"短期培训"为主，发给结业证书，不必由国家承认其学历。

1985 年，山西省教育委员会开始加强对民办高等学校的管理，整顿民办高等学校未注册、乱发证的现象，先后停办了一些无条件、无学生、无师资的"三无学校"，审批了一批当时符合条件的学校，使初创的民办高等学校逐步走上正轨。

针对"乱办班、乱收费、乱发证"等问题，山西省教委在清查已办学校的基础上，停办了一些不符合办学规定的学校；1988 年解散了不具备任何办学条件、发布虚假招生简章的非法学校。①

1993 年初，山东省教委孟翔君、蒋文莉列举了一些民办学校在办学中的问题。

一是管理问题。规章制度不健全，学校没有自己的校纪校规，学籍管理不严，财务管理制度较混乱。大多数学校没有自己的教学、实验场所以及后勤保障条件，教学点分散，有的学校 40 多个班分散在 10 个远近不一的学校里，分散在外的班级聘请所驻学校的工作人员担任班主任，代为管理，这样很难保证及时发现并解决学生思想上、学习上、生活中存在的问题，不利于学校对学生进行全面、直接、严格的管理，也不利于学校良好校风的形成；多数学校未建立党团组织，一些要求进步的学生的组织问题得不到解决。

二是经费来源问题。民办高校经费来源渠道单一，尤其是私人办学，收取学费是其主要的甚至唯一的经费来源。学校每年的学费总收入减去教师薪酬、校舍租金、办公费用、工作人员工资等正常的开支外，剩余资金用于改善办学条件已极为有限。以一所千人规模的民办大学年收支情况为例：学费总收入 50 万元，总支出 38.9 万元，占学费总收入的 77.8%，剩余11.1 万元，难以支撑学校的进一步发展。

三是收费问题。各学校收费无统一标准，数额差别很大，如，每年学费低的 900 元，高的 3700 元。

四是规格档次低的问题。不少民办高校只开设了一个专业，有的学校一届全日制的学生不足 10 人。有些学校虽然开设了三四个专业，但是没有稳定的生源，专业变换频繁。另外，一些学校开设的是技艺型、培训性质的专业，学期只有几个月，这类学校应属于中等教育还是高等教育、属培训性质还是全日制教育，都值得商榷。

五是竞争问题。近两年来，民办高校数量大增，各办学单位竞争激烈，但其中存在不公正、不健康的竞争现象。

大连市社会力量办学问题研究课题组认为社会力量办学存在如下问题。

一是办学思想方面的问题。一些办学单位把创收作为办学的手段和唯

---

① 牛三平主编《山西民办高等教育发展报告（1978~2018）：在改革开放中砥砺前行》，山西人民出版社，2018，第 43~44 页。

一目的，单纯地追求经济利益。

二是招生工作方面的问题。一些办学单位不惜花费大量的资金和人力，采取多种方式和手段，通过各种渠道和关系进行招生。有的未经批准擅自刊登、播发、张贴、邮寄招生广告和简章，或者擅自改动审批过的招生广告。还有的招生广告和招生简章中的内容脱离实际，在社会上造成了极坏的影响。

三是教学管理方面的问题。有的办学单位尽管有了规章制度，却无人执行和落实，管理混乱。有的办学单位任意变动教学计划、更换任课教师和上课地点，减少、压缩课程内容，使教学质量难以保证。

四是办学条件方面的问题。有的办学单位的教学场所既不规范又十分简陋，保证不了教学的效果。有的办学单位的实习实验和实际操作环节的专业技术课缺失，使学员动手能力和操作能力难以有较大的提高。

五是办学人员素质方面的问题。办学人员中一些教育的"外行人"在办学中对有关政策不了解，对办学也是一窍不通，对教育教学的基本规律和基本方法知之甚少。有的办学单位的领导班子成员之间出于种种原因不团结，使领导班子无法形成核心，造成工作上的被动。有的办学人员把自己的亲属安排在学校的关键岗位上，甚至成了"夫妻办公室"。财务不公开，管理不民主。此外，大量的离退休人员成为社会办学的主要力量，尽管他们有着比较丰富的教学经验，但是毕竟年龄较大，体力和精力有限，这势必会对社会力量办学的长期稳定发展造成潜在的影响。①

（二）规范民办教育的发展

为了解决民办教育发展过程中出现的问题，1995 年 3 月 18 日，第八届全国人民代表大会第三次会议通过的《中华人民共和国教育法》（以下简称《教育法》）第八条明确规定，教育活动必须符合国家和社会公共利益。

1997 年 7 月 31 日，国务院发布《社会力量办学条例》，该条例第六条规定，社会力量举办教育机构，不得以营利为目的。第七条规定，任何组织或者个人不得以社会力量办学为名向企业事业组织和个人摊派教育费用。

---

① 大连市社会力量办学问题研究课题组：《问题的两面性对策的针对性》，《民办教育天地》1994 年第 5 期。

第九条规定，社会力量举办的教育机构应当遵守法律、法规，坚持社会主义的办学方向，贯彻国家的教育方针，保证教育、教学质量。第三十三条规定，教育行政部门、劳动行政部门和其他有关部门应当加强对社会力量办学工作的监督管理。县级以上地方各级人民政府应当加强对本行政区域内教育机构的办学水平、教育质量的督导评估。

1999年6月13日，中共中央、国务院颁布《关于深化教育改革全面推进素质教育的决定》，对民办教育的管理部门和办学部门都提出了明确要求，要求各级人民政府要加强对民办教育的管理、引导和监督，国家要加快民办教育的立法，促进民办教育的健康发展。各级各类民办学校都要依法办学，不断提高办学水平。

根据《宪法》《教育法》的规定和党中央、国务院确定的方针，国家教育行政部门也及时采取措施。

为了规范社会力量办学行为，1987年7月8日，原国家教委发布了《关于社会力量办学的若干暂行规定》，明确提出社会力量办学必须坚持四项基本原则，坚持为社会主义物质文明和精神文明建设服务，遵守政府法令，执行国家有关教育的方针政策，接受地方人民政府及其教育行政部门的领导和管理。

1988年10月24日，原国家教委发布《社会力量办学教学管理暂行规定》，要求所有社会力量举办的学校均应根据有关规定，按办学规模、层次、教学形式等，设立教务或教学管理机构，建立健全教学管理制度、逐步开展教研活动。责成教育行政部门逐步制定对学校教学工作和教学质量的检查和评估办法。对教学管理工作做得好的学校，应给予表彰和奖励；对于教学管理混乱、教学质量低劣或办学与招生广告不符等造成恶劣影响的学校应酌情予以罚款、整顿直至停办。

为加强社会力量办学管理工作，保证社会力量办学健康稳步地发展，原国家教委于1996年3月发布了《关于加强社会力量办学管理工作的通知》，指出社会力量办学在发展过程中，也存在不少问题。相当一部分学校缺乏必要的办学条件，教育质量难以保证；一些学校办学的指导思想不端正，在招生、收费、颁发证书等方面违反国家规定，造成不良的社会影响；一些学校内部管理混乱，缺乏规章制度，特别是在财务管理方面账目不清，少数学校的举办者转移、挪用甚至侵吞学校财产；一些地方教育行政部门对于社会力量办学管理工作重视不够，管理力量薄弱、管理不力。这些问题影响到社会力量办学的健康发展，已经引起各方面的普遍关注。各级教育行政部门应予以重视，采取措施，抓紧解决。该通知针对当前社会力量办学发展中存在的一些突出问题，提出了切实加强社会力量办学管理工作的意见。一是提高认识，加强领导和管理；二是建立健全社会力量办学的审批制度；三是继续抓紧做好规范学校名称的工作；四是加强对招生广告（简章）的审核和管理；五是加强对学校教育质量的检查和评估；六是加强对学校收费及财产、财务的管理和监督；七是 1996 年开展一次对社会力量办学的全面检查。

为贯彻落实该通知的精神，原国家教委又于 1996 年 5 月召开了社会力量办学管理工作座谈会。会议在充分肯定改革开放 17 年来社会力量办学及其管理工作所取得的成绩的同时，也指出在当前社会力量办学发展过程中还存在不少亟待解决的问题。强调各级教育行政部门要充分认识社会力量办学在整个教育事业改革和发展中的作用，把积极、稳妥地发展社会力量办学作为落实《中国教育改革和发展纲要》精神、深化教育体制改革、实现教育事业"九五"计划和 2010 年发展规划的重要措施列入议事日程，切实加强领导。关于如何加强社会力量办学的管理，会议强调，各级教育行政部门要依据《教育法》《中国教育改革和发展纲要》及其实施意见，在政府领导下理顺社会力量办学管理体制，建立起教育行政部门统筹规划、综合协调、宏观管理，其他有关部门分工负责的管理体制。教育行政部门内部也要建立归口主管和分工负责相结合的管理体制。此外，会议还提出了一些加强社会力量办学管理工作以及保证扶持民办学校发展的具体措施和办法。①

为了解决民办教育发展过程中的问题，各地要及时对社会力量办学进行治理整顿，并且在执行和贯彻有关法律法规和政策的基础上，制定和完善对社会力量办学的条件、方向、指导思想、学校管理、教学质量等方面的评估标准，实施对社会力量办学经常性的有效的检查、评估、督导，特别注重加强对社会力量办学的思想引导、政策引导、经验引导、评估引导。

---

① 《中国教育年鉴》编辑部编《中国教育年鉴 1997》，人民教育出版社，1997，第 235～236 页。

各地在审批办学时注意严格审查办学人员的资格，最大限度地保证资格审查达到规定的要求；有针对性地加强对办学人员的培训，不断提高他们的思想道德水准和业务管理能力。在注重办学人员思想教育的同时，伴之以行政的、经济的、法律的手段，制止乱发招生广告、乱许诺、乱收费、乱发证的现象，敦促其依法治教，指导其加强校内的各项管理，并帮助其解决一些自身不能解决的问题，从而把社会力量办学引导到规范化的健康发展轨道。

1999 年，北京市对社会力量办学的举办者资格、校长资格、办学体制、教学质量、学生管理、招生、广告简章制作、教学点管理、财务管理的情况进行检查和规范，并将其作为年检的主要依据。

1999 年，陕西省印发《关于加强民办高校管理的通知》，就控制学校设置数量、稳定办学规模、进一步规范校名、严格审批程序、加强学校内部管理、组织民办高校评估活动等提出了明确要求。

针对出现的问题，各地及时采取措施进行整改，使得不少民办学校（机构）及时端正了办学方向。

1998 年，河南省确认 348 所学校为不合格学校，其中 225 所学校被取消办学资格，123 所学校停止招生。1999 年，南昌市撤销 13 所民办学校。1999 年，陕西省一次性撤销 43 所社会力量办学单位。1999 年 4 月，山西省教委撤销了 21 所不合格民办高校。其中，因检查不合格而被撤销的学校有 3 所；协议停办的学校有 9 所；2 年以上未招生、无在校生，举办者要求停办的学校有 9 所。①

在采取停办等措施的同时，各地也坚持树立榜样、正面引导的方针，鼓励依法依规发展民办教育。

1987 年太原市教育委员会组织了各种会议和活动来促进社会力量办学发展，比如召开了"太原市社会力量办学理论研讨会""晋阳杯全国社会力量办学理论研讨会""太原市社会力量办学街头义务宣传服务活动""太原市社会力量办学成果展览""太原市社会力量办学经验交流会""太原市社会力量办学学雷锋、树新风、建新校、育新人活动""太原市社会力量办

---

① 牛三平主编《山西民办高等教育发展报告（1978-2018）：在改革开放中砥砺前行》，山西人民出版社，2018，第 105 页。

'双十'评选表彰活动",并发动一批热衷于社会力量办学的单位和个人,成立了"太原市社会力量办学协会"。①

六 对民办教育必要补充阶段的总结

到 1999 年,中国民办教育获得了进一步的发展,已经具备了迈向 21 世纪的办学条件,主客观环境表明,民办教育在整个国家教育事业中还将继续发挥重要的作用。

(一) 民办教育"必要补充阶段"的"定位"

早在 1987 年 7 月 8 日原国家教委发布的《关于社会力量办学的若干暂行规定》就对这一时期的民办教育进行了定位:"社会力量办学是我国教育事业的组成部分,是国家办学的补充。""教育事业的组成部分"是说国家明确社会力量办学进入了正规的教育序列,是合法的;"国家办学的补充"是说这样的教育是"主体"教育,即公办教育的补充。

1997 年 7 月 31 日,国务院发布的《社会力量办学条例》专门明确"社会力量办学事业是社会主义教育事业的组成部分",并指出"各级人民政府应当加强对社会力量办学工作的领导,将社会力量办学事业纳入国民经济和社会发展规划"。

到 1999 年,党和国家已经明确了 21 世纪之初中国教育发展的大政方针,对民办教育的定位也有了新的判断。《面向 21 世纪教育振兴行动计划》和 1999 年 6 月 13 日中共中央、国务院发布的《关于深化教育改革全面推进素质教育的决定》都要求"形成以政府办学为主体、公办学校和民办学校共同发展的格局",这表明当代中国民办教育已经完成了"必要补充"的使命,进入和公办学校"共同发展"的时期。

1999 年,全国教育工作会议上指出,加快教育发展主要靠改革,关键是要进一步解放思想。一方面,要通过加快教育体制和结构改革,挖掘现有教育资源潜力,提高学校的活力与效率,充分发挥公办学校的主渠道作用。另一方面,积极鼓励和支持社会力量以多种形式办学,形成以政府办

---

① 牛三平主编《山西民办高等教育发展报告 (1978-2018):在改革开放中砥砺前行》,山西人民出版社,2018,第 45 页。

学为主体、公办学校和民办学校共同发展的格局。凡符合国家有关法律法规的办学形式，都可以大胆试验。在发展民办教育方面可以迈出更大的步伐。鼓励社会力量以各种方式举办高中阶段和高等职业教育，有条件的也可举办民办普通高等学校。吸引社会各方面力量共同办教育，才能实现大国办大教育。

（二）民办教育必要补充阶段的发展规模

到 1999 年，各层次的民办教育都具有了一定的规模。

1. 民办学前教育发展规模

"八二宪法"促进了民办教育发展，自学考试的兴起、民办中小学和民办高等教育的发展都展现出民办教育发展的蓬勃之势。但是在 20 世纪 80 年代，人们对学前教育的认识不够，民办幼儿园的发展相对迟缓。据统计，1984 年温州市家庭幼儿班占全市幼儿园总数的 24%；张家口地区家庭幼儿园占该地区幼儿园总数的 26.90%；1984 年上半年，安徽省的个体幼儿园只有 99 所。[①] 进入 20 世纪 90 年代，民办幼儿园迎来了大发展。1992 年邓小平南方谈话为国家发展中国特色社会主义市场经济奠定了思想基础，民办学前教育迅速发展起来。

民办幼儿园数从 1992 年起连年增长，公办幼儿园在 1996 年以前也呈现增长的趋势，这说明社会越来越重视学前教育，民办幼儿园获得了更大的发展空间。1998 年公办幼儿园数减少，民办幼儿园数继续增加。民办幼儿园占比由 1992 年的 7.98% 提高到 1998 年的 17.02%（见表 5-1）。

表 5-1　民办幼儿园数及其占比

单位：万所，%

类别	1992 年	1994 年	1996 年	1998 年
全国幼儿园数	17.30	17.50	18.70	18.10
民办幼儿园数	1.38	1.80	2.50	3.08
民办幼儿园占比	7.98	10.30	13.40	17.02

资料来源：《全国教育事业发展统计公报》（1992~1998 年）。

---

① 孙爱月：《当代中国幼儿教育》，福建人民出版社，1991，第 96 页。

民办幼儿园在园幼儿数也实现了数量的增长和占比的提高。

民办幼儿园在园幼儿数 1998 年达到 170.80 万人，是 1992 年的 3.19 倍。民办幼儿园在园幼儿数占比由 1992 年的 2.21%增长到 1998 年的 7.11%（见表 5-2），民办幼儿园的规模日益扩大，影响力逐渐增强。

表 5-2　民办幼儿园在园幼儿数及其占比

单位：万人，%

类别	1992 年	1994 年	1996 年	1998 年
民办幼儿园在园幼儿数	53.62	—	130.40	170.80
全国幼儿园在园幼儿数	2428.20	2630.30	2666.30	2403.00
民办幼儿园在园幼儿数占比	2.21	—	4.89	7.11

资料来源：《全国教育事业发展统计公报》（1992~1998 年）。

随着规模的不断扩大，民办幼儿园的教职工和专任教师数量也在不断增加。

1999 年民办幼儿园教职工数达到 14.50 万人，是 1996 年的 2 倍多。其中专任教师数、园长数也基本上是 1996 年的 2 倍（见表 5-3）。

表 5-3　民办幼儿园教职工数、专任教师数和园长数

单位：万人

类别	1996 年	1997 年	1998 年	1999 年
民办幼儿园教职工数	7.20	8.60	10.90	14.50
民办幼儿园专任教师数	5.10	5.90	7.50	10.10
民办幼儿园园长数	1.10	1.30	1.70	2.10

资料来源：教育部发展规划司、上海市教育科学研究院编著《2002 年中国民办教育绿皮书》，上海教育出版社，2003。

2. 民办义务教育发展规模

1986 年 9 月 11 日，国务院办公厅转发的《关于实施〈义务教育法〉若干问题的意见》提出，小学、初级中等学校除国家举办外，鼓励集体经济组织、国家企事业单位、其他社会力量举办学校；对于个人依法举办学校，各地可进行试办。但受到宏观政策影响，义务教育阶段的民办教育一直处在低位徘徊状态。到 1991 年底，全国民办小学只有 655 所，在校学生数仅

为 2.65 万人，仅占整个小学教育阶段在校生总数的 0.02%。1992 年，全国筹措教育经费改善办学条件河南现场会议提出，在新的形势下，除了要继续搞好国家办的学校，各地还要继续鼓励、支持各种社会力量，或集体或个人举办中小学校。1997 年 7 月，国务院发布《社会力量办学条例》，重申了"积极鼓励、大力支持、正确引导、依法管理"的"十六字方针"，鼓励社会力量办学，强调要将社会力量办学事业纳入国民经济和社会发展规划，规定社会力量应当以举办实施职业教育、成人教育、高级中等教育和学前教育的教育机构为重点。国家鼓励社会力量举办实施义务教育的教育机构作为国家实施义务教育的补充。

1997 年，原国家教委发布的《关于规范当前义务教育阶段办学行为的若干原则意见》指出："大力鼓励在广大农村、边远地区、民族地区、城镇流动人口较为集中的地区举办民办中小学校，以补充国家办学之不足；同时，在大中城市为满足社会日益增长的对教育的需求，也应鼓励举办多种形式的民办中小学校。"[①] 民办义务教育进入快速发展时期。

到 1998 年，民办小学数达到 2504 所，是 1992 年的 2.90 倍，其占比也逐渐提高，1998 年达到 0.41%，比 1992 年提高 0.29 个百分点（见表 5-4）。

表 5-4　民办小学数及其占比

类别	1992 年	1994 年	1996 年	1998 年
全国小学数（万所）	71.29	68.26	64.60	60.96
民办小学数（所）	864	1078	1453	2504
民办小学占比（%）	0.12	0.16	0.22	0.41

资料来源：《全国教育事业发展统计公报》（1992~1998 年）。

民办小学在校生从 1992 年的 5.52 万人增长到 1998 年的 72.70 万人，增长了 12.17 倍。民办小学在校生数占全国小学在校生数的比重逐渐提高，从 1992 年的 0.05% 提高到 1998 年的 0.52%（见表 5-5）。

---

① 董圣足等：《从有益补充到共同发展——民办教育改革发展之路》，华东师范大学出版社，2018，第 68~69 页。

表 5-5　民办小学在校生数及其占比

单位：万人，%

类别	1992 年	1994 年	1996 年	1998 年
全国小学在校生数	12201.20	12822.60	13615.00	13995.40
民办小学在校生数	5.52	-	46.30	72.70
民办小学在校生占比	0.05	-	0.34	0.52

资料来源：《全国教育事业发展统计公报》（1992~1998 年）。

到 1999 年，民办初中数达到 2593 所，民办初中所占比重由 1996 年的 1.83%提高到 1999 年的 3.36%（见表 5-6）。

表 5-6　民办初中数及其占比

单位：所，%

类别	1996 年	1997 年	1998 年	1999 年
全国初中数	79967	78642	77888	77213
民办初中数	1467	1702	2146	2593
民办初中占比	1.83	2.16	2.76	3.36

资料来源：《全国教育事业发展统计公报》（1996~1999 年）。

民办普通中学（含初中、高中）在校生数从 1996 年的 38.50 万人增长到 1999 年的 107.20 万人，增长了 1.78 倍。民办普通中学（含初、高中）在校生占比逐渐提高，从 1996 年的 0.67%提高到 1999 年的 1.58%（见表 5-7）。

表 5-7　民办普通中学（含初、高中）在校生数及其占比

单位：万人，%

类别	1996 年	1997 年	1998 年	1999 年
全国普通中学（含初、高中）在校生数	5739.70	6017.90	6310.00	6771.30
民办普通中学（含初、高中）在校生数	38.50	54.30	76.90	107.20
民办普通中学（含初、高中）在校生占比	0.67	0.90	1.22	1.58

资料来源：《全国教育事业发展统计公报》（1996~1999 年）。

3. 民办高中阶段教育发展规模

这个阶段民办教育的发展主要包括民办普通高中和民办中等职业学校两个方面的发展。总体来看，民办普通高中规模呈现逐年扩大的趋势，民办中等职业教育发展速度更快一些。

因为统计口径的问题，民办普通高中的具体情况已经包含在"全国民办普通中学"类别中，可参见表5-7。

到1999年，民办中等职业学校数达到950所，比1996年增加了382所；其占比也逐渐提高，1999年达到9.86%，比1996年提高了4.21个百分点（见表5-8）。

表5-8 民办中等职业学校数及其占比

单位：所，%

类别	1996年	1997年	1998年	1999年
全国中等职业学校数	10049	10047	10074	9636
民办中等职业学校数	568	689	899	950
民办中等职业学校数占比	5.65	6.86	8.92	9.86

资料来源：《全国教育事业发展统计公报》（1996~1999年）。

民办中等职业学校在校生数从1996年的12.90万人增长到1999年的27.30万人，增加了14.40万人。民办中等职业学校在校生所占的比例也逐渐提高，从1996年的2.73%提高到1999年的5.11%，基本上每年增加1个百分点（见表5-9）。

表5-9 民办中等职业学校在校生数及其占比

单位：万人，%

类别	1996年	1997年	1998年	1999年
全国中等职业学校在校生数	473.20	511.90	541.60	533.90
民办中等职业学校在校生数	12.90	18.40	24.50	27.30
民办中等职业学校在校生占比	2.73	3.59	4.52	5.11

资料来源：《全国教育事业发展统计公报》（1996~1999年）。

4. 民办普通高等教育发展规模

民办普通高等教育起步较晚，从"八二宪法"颁布到1993年，民办普通高等教育基本上是以培训进修、自考助学等国家不承认学历的形式进行的。直到 1994 年 2 月，原国家教委批准黄河科技学院等 4 所民办高校正式建校，明确这些学校系独立设置的全日制高等学校，属专科层次，才有了第一批当代意义上的民办普通高等学校。

到 1999 年，民办普通高等学校数达到 22 所，比 1996 年增加了 16 所，是 1996 年的 3.67 倍；其占比也逐渐提高，1999 年达到 2.15%，比 1996 年提高 1.58 个百分点（见表 5-10）。

表 5-10　民办普通高等学校数及其占比

单位：所，%

类别	1996 年	1997 年	1998 年	1999 年
全国普通高等学校数	1053	1080	1032	1022
民办普通高等学校数	6	16	21	22
民办普通高等学校占比	0.57	1.48	2.03	2.15

资料来源：《全国教育事业发展统计公报》（1996~1999 年）。

民办普通高等学校在校生数从 1996 年的 1.21 万人增长到 1999 年的 4.02 万人，增加了 2.81 万人，是 1996 年的 3.32 倍。民办普通高等学校在校生所占的比例也逐年提高，从 1996 年的 0.40% 提高到 1999 年的 0.97%（见表 5-11）。

表 5-11　民办普通高等学校在校生数及其占比

单位：万人，%

类别	1996 年	1997 年	1998 年	1999 年
全国普通高等学校在校生数	302.10	317.40	340.90	413.40
民办普通高等学校在校生数	1.21	1.63	2.22	4.02
民办普通高等学校在校生占比	0.40	0.51	0.65	0.97

资料来源：《全国教育事业发展统计公报》（1996~1999 年）。

民办高等教育的发展，要求教师队伍的职称、学历水平不断提高。

全国民办普通高等学校专任教师数由 1996 年的 887 人增加到了 1999 年的 3354 人，4 年间增加了 2467 人，1999 年专任教师数是 1996 年的 3.78

倍。师资队伍中，正高级职称的比例一直保持在 11%~12%，1999 年此比例
有所下降；1999 年无职称的专任教师数达到 237 人，是 1996 年的 7.18 倍
（见表 5-12）。这反映了民办普通高等学校教师队伍的转型特点。一开始民
办普通高等学校的师资队伍大多是由公办普通高等学校的退休教师构成，
他们年龄偏大、职称较高。随后，民办高校开始注重建立自己的稳定的教
师队伍，一批年轻的大学毕业生加入。虽然这些年轻教师刚刚参加工作，
职称不高，但也为民办高校师资队伍建设奠定了基础。

表 5-12 全国民办普通高等学校专任教师职称情况

年份	总人数（人）	正高级职称		副高级职称		中级职称人数	初级职称人数	无职称人数
		人数	占比	人数	占比			
1996	887	106	11.95	356	40.14	237	155	33
1997	988	111	11.23	394	39.88	266	159	58
1998	1369	161	11.76	481	35.14	417	249	61
1999	3354	372	11.09	1051	31.34	1064	630	237

资料来源：教育部发展规划司、上海市教育科学研究院编著《2002 年中国民办教育绿皮书》，
上海教育出版社，2003，第 19 页。

（三）完成初步的理论探索

随着规模的扩大，民办教育在"必要补充阶段"的发展中遇到了一些
新问题。除极少数民办教育办学者不遵守国家政策法规、背离教育的公益
性原则，影响民办教育声誉外，民办教育还面临少数机关部门的偏见和社
会的不理解。同时民办教育在发展过程中对教育规律和改革发展的认识也
有不足。这些问题迫使有思考、有担当的民办教育工作者、参与者和关心
支持民办教育发展的各级领导与研究人员及时进行调查研究和理论探讨，
使民办教育得以在法律法规和政策框架内健康发展。

研讨民办教育立法问题。1996 年 11 月中旬，中国成人教育协会全国民
办高等教育委员会在全国人大教科文卫委员会的支持下，在北京举办了首
届民办高校校长立法问题研讨班。①

---

① 陈致宽：《首届民办院校校长立法问题研讨班在京举办》，《民办教育天地》1996 年第 6 期。

社会力量办学的法制建设取得了突破性进展。1997 年《社会力量办学条例》出台。教育部积极配合全国人大教科文卫委员会起草《民办教育法》。社会力量办学的地方立法工作也取得了进展。截至 1998 年，已有黑龙江省、山西省、河北省、陕西省及广州市、成都市、青岛市、济南市、福州市、徐州市等地颁布了《社会力量办学条例》，北京市、上海市、四川省、吉林省、河南省、新疆维吾尔自治区等省（区、市）颁布了《社会力量办学管理办法》。浙江省、辽宁省、湖南省、广西壮族自治区、山东省、安徽省等省（区、市）起草了社会力量办学的地方性法规和规章。

社会力量办学管理工作逐步得到加强。教育部和地方教育行政部门加强了管理工作，加大了管理力度，做了大量工作，初步积累了一些经验。一些学校多方筹集资金，改善办学条件，涌现出一批办学指导思想端正、办学条件好、教育质量较高的学校和一批艰苦奋斗、无私奉献的先进办学者。社会力量办学秩序明显好转，发展势头从前几年学校数量的快速增加，开始转向规范办学、改善条件、提高质量。[1]

（四）各地行业组织建立

据不完全统计，截至 1999 年，山西省、浙江省、河南省、山东省、湖南省等省（区、市）建立了民办教育协会。如，河南省民办教育协会成立于 1995 年 11 月。[2]

各省（区、市）的民办教育协会一般是由民政厅批准、以教育厅为业务主管单位（2017 年 12 月 "脱钩"）的非营利性社会组织。主要参加者为经教育行政部门批准设立的不同层次的民办学校或教育机构、民办教育理论研究人员以及其他愿意为民办教育工作的社会人士。

各地协会明确宗旨，履行职责，较好地发挥了行业组织的作用。协会坚持全面贯彻党的教育方针，坚持教育的公益性原则，遵守国家的法律法规，团结热心民办教育事业的力量，以为会员服务、为政府服务、为社会服务为己任，在教育行政部门的指导下，研究民办教育办学规律，推进民办教育创新改革，建立和完善民办教育协调和自律机制，维护会员的合法

---

[1] 中国教育年鉴编辑部编《中国教育年鉴 1999》，人民教育出版社，1999，第 163 页。
[2] 河南省民办教育协会前身为河南省社会力量办学协会，2005 年 4 月更名。

权益，努力发挥行业协会在政府和民办学校之间的桥梁、纽带作用，不断提高全省民办教育的整体竞争力；严格遵守宪法及有关法律、法规和国家政策，遵循社会道德风尚；认真履行"服务、维权、管理"的工作职责，依据国情和省情，制定民办教育管理规章制度，研究探索民办教育发展自律制度；就民办教育事业的发展现状和趋势，进行广泛、深入的研究与探讨；组织专题论坛，研析国内外民办教育的成功经验和发展动态，指导各类民办教育机构的研究、交流活动，开展民办教育科研成果的评价和推广；积极探索民办教育发展规律，以教育科学思想为指导，开展业务培训、信息咨询、技术支持和其他有利于民办教育发展的服务工作；表彰、奖励在教育教学研究、协会活动及民办教育各项工作中取得优异成绩的单位和个人；调解会员之间、学校与学生之间、会员与其他社会组织之间的民事纠纷，依法维护民办教育机构及其工作者的合法权益；组织会员开展国际交流与合作；协助政府教育行政部门开展各项有利于民办教育健康发展的活动，积极推动相关政策措施和地方性法规出台，改善了民办教育的政策环境，有力地推动了地方民办教育的持续健康发展。

（五）1999 年底部分省（区、市）民办教育的发展状况

北京市社会力量举办的民办高校、民办成人中等专业学校和培训机构共计 2081 所，毕（结）业生 188 万多人，招生 149 万人，在校生数 105 万多人，专兼职教工 59322 万人。其中，民办高校 86 所（不含中外合作办学），毕（结）业生数 250591 人，招生 19.65 万人，在校生数 314720 人，专兼职教工 13434 人；民办成人中等专业学校 4 所，毕业生数 1559 人，招生 500 人，在校生数 3160 人，专兼职教工 234 人；培训机构 1991 所，结业生数 162.8 万人，招生 129.3 万人，在校生数 73.5 万人，专兼职教工 45654 人。[①]

上海市共有社会力量举办的非学历教育机构 1178 所，其中非学历高等教育机构 188 所，中等及以下办学机构 990 所。按照办学主体划分，民主党派办学 73 所，社会团体办学 223 所，事业单位办学 446 所，企业单位办学 267 所，个人办学 149 所，其他类型办学 20 所。专职教师 3864 人，兼职教

---

① 中国教育年鉴编辑部编《中国教育年鉴 2000》，人民教育出版社，2000，第 393 页。

师 26963 人，专职办学人员 5119 人，兼职办学人员 4786 人。拥有校舍面积 1027669 平方米，其中借用面积 747901 平方米，自有校舍 279768 平方米。全市社会力量举办院校年培训人次达 180 万，外语类、艺术类、生活类和职业技术类是学员学习的"热门"。[①]

江苏省共有民办小学 30 所，在校学生 15211 名；民办初中 36 所，在校学生 27659 名；民办高级中学 47 所，教学班 335 个，专任教师 955 人，毕业生 1718 人，招生 6653 人，在校学生总数达 14357 人。[②]

浙江省社会力量以多种形式参与办学已成为教育发展新的增长点。截至 1999 年，浙江省有民办中小学 394 所，在校生 17.06 万人，较上年分别增长 10.06% 和 28.85%。选择个别普通高校进行改制试点，浙江农村技术师范专科学校转由宁波万里教育集团举办，3 年计划投资 2.5 亿元，1999 年投入 8000 万元，更名为浙江万里学院；温州大学改制工作已顺利展开。浙江省有民办高等学校 4 所，浙江省政府批准组建的本科二级学院 17 所，教育部和浙江省政府批准组建浙江大学城市学院，国家质量技术监督局同意组建中国计量学院育英学院。

河北省社会力量举办的各级各类学校资产总额达 17.6 亿元，其中，自有资产 15.3 亿元，占资产总额的 86.9%；校舍建筑面积达 398.1 万平方米，其中，自有校舍面积 219.4 万平方米，占校舍建筑面积的 55.1%；教学仪器设备总价值约 2.3 亿元。1999 年，全省社会力量所办学校达 3018 所，在校生达 47.6 万人，其中，高等层次学校 134 所，在校生 4.6 万人；中等专业学校 96 所，在校生 3.0 万人；中等、初等层次学校 1765 所，在校生 16.5 万人；开办普通中小学、幼儿园 1023 所，在校学生和在园幼儿 23.5 万人。高等层次学校中，高等教育学历文凭考试试点学校 21 所，在校生 9831 人。为推进示范校建设和高中阶段教育发展，河北省教委组织实施社会力量办学形象建设工程，规定了不同层次学校的评定指标体系。全省确定 30 所学校为河北省社会力量办学管理工作示范学校。同时，加大扶持力度，动员社会各界参与兴办普通高中阶段学校。1999 年，全省民办普通高中（含初

① 中国教育年鉴编辑部编《中国教育年鉴 2000》，人民教育出版社，2000，第 514 页。
② 中国教育年鉴编辑部编《中国教育年鉴 2000》，人民教育出版社，2000，第 522~523 页。

中）达 104 所，在校生 312 万人；民办中等专业学校达 96 所，在校生 30360 人。①

到 1999 年底，山西省共有各级各类社会力量办学机构 1434 所，在校生总数 168007 人。其中国家高等教育学历文凭考试试点院校 5 所，在校生 3715 人；高等教育自学考试助学机构 56 所，在校生 14006 人；中等专业学校 42 所，在校生 5328 人；高中（含职高）125 所，在校生 27166 人；初中 65 所，在校生 20236 人；小学 63 所，在校生 12638 人；幼儿园 443 所，入园人数 29147 人；其他各级各类成人教育、职业教育培训机构 635 所，参训人数 55771 人。山西省民办学校教师总数达到 11714 人，其中专任教师 8331 人。学校占地总面积近 500 万平方米，总资产 13.75 亿元，其中举办者投资约 8 亿元。在社会力量举办的学校中，投资千万元以上、在校生 1000 人以上、建筑面积 1 万平方米以上的各类民办学校已达到 20 多所。②

安徽省积极鼓励、大力支持社会力量办学，审批了 3 所民办非学历高等教育机构。省教委批准建立了 15 所高等教育自考辅导中心（学校），组织了第二批社会力量办学机构检查。检查结果显示，全省 1026 所应归口教育行政部门审批的社会力量办学机构中，合格的有 606 所，基本合格的有 357 所，暂缓通过的有 62 所，不合格的有 1 所，《安徽日报》向全省公布了第一、第二批社会力量办学检查结果。根据《社会力量办学条例》，安徽省对全省社会力量办学进行全面检查清理。全省社会力量举办各级各类学校 1791 所，在校生 327975 人。制定了《关于鼓励和发展社会力量办学的若干意见》，拟订了民办非学历高等教育机构批设条件，对申报条件、申报手续、颁发证书、刊登广告等方面做了具体要求。③

江西省各级各类民办学校共 3093 所，在校生 308460 人。江西省教委加大管理力度，第三次修订《江西省实施〈社会力量办学条例〉办法》，报请省政府列入立法项目。修订下达《关于加强社会力量办学教育机构招生工作管理的通知》，规范招生秩序。全省民办高校在普通高校扩招的情况下，仍招收新生 3 万人，招生人数超过历年。省教委对申办民办学校建立了严格

---

① 中国教育年鉴编辑部编《中国教育年鉴 2000》，人民教育出版社，2000，第 421~422 页。
② 中国教育年鉴编辑部编《中国教育年鉴 2000》，人民教育出版社，2000，第 443~444 页。
③ 中国教育年鉴编辑部编《中国教育年鉴 2000》，人民教育出版社，2000，第 575 页。

审批制度，印发《江西省民办高等教育机构设置标准、申办及审批程序暂行规定》。经考察审核，批准成立江西航天科技专修学院、江西长城专修学院等6所院校，民办高校由36所增至42所；批准12所民办高校参加学历文凭考试，使学历文凭考试试点院校增至24所。经教育部批准，全省第一所民办高等学历教育学校江西蓝天职业技术学院成立。[1]

1999年底，山东省已有各级各类民办教育学校和机构2752所（个），其中幼儿园540所、小学155所、中学185所、中等专业学校85所，民办非学历高等教育机构105个、其他教育机构1682个。全省民办学校在校生40万人，教职工2.8万人，校舍建筑面积278万平方米，固定资产达30多亿元。民办教育已成为全省教育事业的重要组成部分和新的增长点。1999年，有29所民办高校获准开展学历文凭考试试点，开设了22个专业，年招生8500人，在校生达1.3万人。[2]

1999年，湖北省有民办高校2所（普通专科1所，成人专科1所），招生2311人，在校生4781人。民办中专13所，招生3275人，在校生10491人。民办普通中小学130所，招生13779人，在校生46969人。全省还有民办职业中学17所，在校生2698人。民办幼儿园778所，在园幼儿77509人。[3]

广西壮族自治区社会力量办学机构共有1220所（个），在校生约21.14万人，招生8.27万人，毕（结）业生2.23万人，在校教职工1.04万人（其中专任教师7797人），兼职教师2888人。[4]

1999年，重庆市已初步形成多学科、多门类、多形式的社会力量办学网络。全市民办学校达到1712所，在校生156301人，教职工12841人，专兼职管理人员6096人，开设专业163个。其中，非学历高等教育机构12个，结业生3565人，招生17640人，注册学生19492人，专职教职工654人。[5]

云南省社会力量办学已超过650所，其中经教育行政部门审批的学校有

---

① 中国教育年鉴编辑部编《中国教育年鉴2000》，人民教育出版社，2000，第608页。
② 中国教育年鉴编辑部编《中国教育年鉴2000》，人民教育出版社，2000，第619页。
③ 中国教育年鉴编辑部编《中国教育年鉴2000》，人民教育出版社，2000，第658页。
④ 中国教育年鉴编辑部编《中国教育年鉴2000》，人民教育出版社，2000，第704页。
⑤ 中国教育年鉴编辑部编《中国教育年鉴2000》，人民教育出版社，2000，第731页。

505 所，经劳动部门审批的学校约 150 所。在经教育行政部门审批的学校中，幼儿园 212 所，小学 17 所，中学 15 所，中专 2 所，其他类型学校 259 所。社会力量办学在校生 16.7 万人，毕（结）业生 17.1 万人，每年在民办学校学习的学生达 20 万人。在民办学校工作的专职管理人员和教师有 5600 多人，兼职教师有 6800 多人。学校的资产约 36 亿元，其中国有资产约 1 亿元，创办者投入 15 亿元，办学积累 1.06 亿元，社会捐赠近 100 万元。①

陕西省重视社会力量办学工作。1999 年，省领导先后到西安欧亚培训学院、西安翻译培训学院、民办西京大学、西安欧亚培训学院和西安外事服务培训学院进行考察，强调"要大力发展社会力量办学"，对民办高校发展发表了意见。②

1999 年，甘肃省批准建立社会力量办学机构 3 个，地县教育行政部门审批民办中小学和幼儿园 20 个。截至 12 月底，省批社会力量办学机构中有在校生的有 29 个，当年招生 6956 人。③

1999 年，宁夏回族自治区本着"积极鼓励、大力支持、坚持标准"的原则，结合实际，审核批准了 3 所民办高级中学和 4 个社会生活类培训机构。民办银川大学经自治区政府批准筹建。坚持社会力量办学许可证的年检制度，对自治区教委审批的 86 个教育机构严格进行年检，并核发办学许可证。坚持对自治区外社会力量办学单位在自治区招生的审核制度。对不符合跨省招生条件的社会力量办学机构，会同工商、公安、市容监察等有关部门进行清理，并在《宁夏日报》上刊登了关于自治区外社会力量办学单位在宁夏招生有关原则的通告。④

1999 年，新疆维吾尔自治区教委编印了《社会力量办学文件选编》和《1999 年社会力量办学工作要点》，加大了对社会力量办学的检查指导和监督力度。1999 年 2 月，自治区召开了社会力量办学联合会首届会员代表大会，通过了自治区《社会力量办学联合会章程》及理事会人选。年内，新增民办中小学校 21 所。举办了社会力量办学管理人员培训班，有 199 人参

① 中国教育年鉴编辑部编《中国教育年鉴 2000》，人民教育出版社，2000，第 773 页。
② 中国教育年鉴编辑部编《中国教育年鉴 2000》，人民教育出版社，2000，第 798 页。
③ 中国教育年鉴编辑部编《中国教育年鉴 2000》，人民教育出版社，2000，第 814 页。
④ 中国教育年鉴编辑部编《中国教育年鉴 2000》，人民教育出版社，2000，第 838 页。

加了培训。自治区社会力量办学机构教师专业技术职称评聘工作正式启动。年内，有 5 所社会力量办学机构的 24 名教师申报初级职称，其中 22 人评审通过，占申报人数的 91.7%，稳定了社会力量办学的教师队伍。①

至此，中国当代民办教育完成了"必要补充阶段"的使命，即将进入新的发展阶段。

第二节　重要组成部分阶段

以 2000 年黄河科技学院升本为起点，以 2017 年党的十九大召开和新的《民办教育促进法》实施为标志，民办教育在这一时期肩负着"重要组成部分"的使命。之所以以黄河科技学院的升本为起点，是因为中国的民办教育从这一刻起，真正构建起从学前教育、基础教育到高等教育的完整体系。

一　党和国家持续引领推动民办教育发展

进入 21 世纪，党和国家加大了对民办教育的支持、鼓励和规范力度。

（一）党和政府鼓励并规范民办教育发展

党中央、国务院对民办教育的态度，由"鼓励"扩展为"鼓励和规范"。

2002 年 8 月 24 日，《国务院关于大力推进职业教育改革与发展的决定》指出，要"深化职业教育办学体制改革，形成政府主导、依靠企业、充分发挥行业作用、社会力量积极参与的多元的办学格局"。

2004 年 3 月 3 日，国务院批转的《2003－2007 年教育振兴行动计划》要求大力支持和促进民办教育持续健康协调快速发展，指出民办教育是社会主义教育事业的组成部分，要遵循"积极鼓励、大力支持、正确引导、依法管理"的方针，依法保障民办学校权益；明确国家对于民办学校的扶持措施，落实相关优惠政策，加强政策引导；促进民办教育扩大办学规模，改善办学条件，提高办学质量，增强办学实力；表彰奖励成绩突出的民办学校和教育机构；营造有利于民办教育自主自律、健康发展的环境，形成

---

① 中国教育年鉴编辑部编《中国教育年鉴 2000》，人民教育出版社，2000，第 856 页。

公办学校和民办学校优势互补、公平竞争、共同发展的格局。

2005 年 10 月 28 日，《国务院关于大力发展职业教育的决定》指出要大力发展民办职业教育。贯彻落实《中华人民共和国民办教育促进法》及其实施条例，把民办职业教育纳入职业教育发展的总体规划。加大对民办职业教育的支持力度，制定和完善民办学校建设用地、资金筹集的相关政策和措施。在师资队伍建设、招生和学生待遇等方面对民办职业院校与公办学校要一视同仁。依法加强对民办职业院校的管理，规范其办学行为。扩大职业教育对外开放，借鉴国外有益经验，积极引进优质资源，推进职业教育领域中外合作办学，努力开拓职业院校毕业生国（境）外就业市场。

2001 年 7 月 26 日，教育部印发《全国教育事业第十个五年计划》，肯定了改革开放以来教育改革与发展取得的历史性伟大成就，办学体制改革不断深化，社会力量办学得到迅速发展。

2007 年 2 月，教育部发布《民办高等学校办学管理若干规定》，要求民办高校及其举办者应当遵守法律、法规、规章和国家有关规定，贯彻国家的教育方针，坚持社会主义办学方向和教育公益性原则，保证教育质量。该规定就教育行政部门的职责，民办高校的办学条件、资产和变更条件，民办高校党团组织的建立，民办高校校长的任职条件，民办高校的招生资质，民办高校招生简章和广告的发布以及民办高校的各项制度等做了具体规定。

为保证新《民办教育促进法》的顺利实施，国务院出台了《关于鼓励社会力量兴办教育促进民办教育健康发展的若干意见》；教育部等五部门联合下发了《关于印发〈民办学校分类登记实施细则〉的通知》；教育部、人力资源和社会保障部、国家工商总局联合下发了《关于印发〈营利性民办学校监督管理实施细则〉的通知》。这样密集的意见和通知的出台，体现了中央关于民办教育的形势新判断、发展新定位、制度新安排。国务院文件、部门配套政策相互衔接、相对完整的制度和实施体系，为民办教育在新的历史起点上实现健康发展指明了方向。

党和政府要进一步完善国内鼓励和规范民办教育的相关政策，促进民办教育健康发展。

（二） 党建和群团工作对民办教育的引领作用

为加强党对民办教育的领导，使之坚持社会主义办学方向，中共中央、共青团中央和全国总工会都提出了建设性意见。

1. 民办高校的党建工作

2000 年 6 月 6 日，中共中央组织部、中共教育部党组发布《关于加强社会力量举办学校党的建设工作的意见》，明确要求要及时在社会力量举办学校建立党的组织，理顺党组织的隶属关系。

凡经教育、劳动等有关行政主管部门批准，依照国家有关行政法规登记的社会力量举办学校，已具备建立党组织条件的，必须及时建立党的基层组织。暂不具备建立党组织条件的，要积极创造条件建立党的基层组织。社会力量举办学校党组织的设置形式，根据党员人数和工作需要，按照有关规定确定。

中央全面深化改革领导小组第二十三次会议中通过的《中共中央组织部、中共教育部党组关于加强民办高校党的建设工作的若干意见》，对民办高校党建工作做出了具体的规定。

一是充分认识加强民办高校党建工作的重要性和紧迫性。要求坚持育人为本、德育为先，结合民办高校的办学特点和工作实际，采取有效措施，加强民办高校党的思想、组织、作风和制度建设，充分发挥民办高校党组织凝聚人心、推动发展、促进和谐的作用，为促进民办高校的健康发展提供坚强有力的政治保证。

二是健全组织，理顺关系，明确民办高校党组织的作用和职责。要求建立健全民办高校党组织。具备建立党组织条件的，必须及时建立党组织；暂时不具备建立党组织条件的，要积极创造条件建立党组织。明确和理顺民办高校党组织的隶属关系。民办高校党组织原则上实行属地管理，有特殊情况的，党组织的隶属关系由党委教育工作部门商同级党委组织部门确定。民办高校党组织要发挥政治核心作用，宣传和执行党的路线方针政策，执行上级党组织的决议，坚持社会主义办学方向和教育公益性原则，致力于培养社会主义建设事业的各类人才。引导和监督学校遵守法律法规，参与学校重大问题的决策，支持学校决策机构和校长依法行使职权，督促其依法治教、规范管理。支持学校改革发展，及时向上级党组织和政府职能部门反映学校的合理要求，帮助解决影响学校改革发展稳定的突出问题。全面加强学校党的思想、组织、作风和制度建设，做好党员教育管理工作，领导学校思想政治工作和德育工作。领导学校工会、共青团、学生会等群众组织和教职工代表大会，做好统一战线工作，支持学校内民主党派的基层组织按照各自的章程开展活动。

三是全面加强民办高校党组织自身建设。要求加强民办高校党组织领导班子建设，选好配强民办高校党组织负责人，加强民办高校党务干部队伍建设。从民办高校的实际出发，逐步建立一支素质优良、精干高效、专兼职结合的党务干部队伍。加强民办高校党员教育管理。积极而慎重地做好民办高校的发展党员工作。

四是加强和改进民办高校大学生思想政治教育。要求把社会主义核心价值体系融入民办高校大学生思想政治教育的全过程，努力拓展民办高校大学生思想政治教育的有效途径，加强辅导员班主任队伍建设。

五是维护民办高校安全稳定，努力建设和谐校园。要求建立健全维护民办高校安全稳定的工作机制，加强民办高校安全稳定的基层基础工作，严格落实维护民办高校安全稳定责任追究制。

六是切实加强对民办高校党建工作的领导。要求地方党委要把民办高校党建工作摆上重要议事日程，纳入党建工作责任制，切实加强领导，建立党员领导干部联系民办高校制度；不断完善加强民办高校党建工作的体制机制；大力推进民办高校党建工作创新；加强对民办高校党建工作的评估检查。把党的建设和思想政治工作情况作为年度检查的重要内容，促进民办高校提高党建工作水平。

2. 民办高校的共青团组织工作

2000 年 11 月 28 日，共青团中央、中共教育部党组联合发布《关于加强社会力量举办的高等学校团的建设工作的意见》，并提出以下要求。

一是及时建立社会力量举办的高等学校团的组织。凡按照国家有关规定，经行政主管部门批准的社会力量举办的高等学校，必须建立团的基层组织。

二是明确社会力量举办的高等学校团组织的职责。社会力量举办高等学校团组织应该发挥团结教育学生的核心作用，围绕学校党政中心工作和青年学生成长成才的实际需要，着眼于提高学生的思想政治素质，培养学生的实践能力、创新意识、创业精神等各方面素质，以灵活多样的方式开展工作。

三是加强对社会力量举办的高等学校团建工作的领导。各级团委、党委教育工作部门或教育行政部门党组织要高度重视社会力量举办高等学校团的建设，坚持党建带团建，把社会力量举办高等学校团的建设摆到重要地位，切实加强领导。要加强调查研究、检查指导，做好组织协调工作，及时总结、推广社会力量举办高等学校团的建设工作的先进经验。要把社会力量举办高校团的建设作为党建工作的组成部分来评估、考核，发现问题，及时解决。

3. 工会组建工作

2002 年 6 月 17 日，全国总工会、教育部联合发布《关于在社会力量举办的学校建立工会组织的意见》，并提出以下要求。

一是充分认识在社会力量举办的学校建立工会组织的重要性。社会力量举办的学校是社会主义教育事业的组成部分，这些学校的教职工依法享有与国家举办学校的教职工同等的法律地位，教职工组织和加入工会的权利受到法律保护。

二是积极推动在社会力量举办的学校组建工会的工作。各级教育主管部门和教育工会要加强对社会力量举办的学校组建工会工作的领导，形成"党委领导、行政支持、工会运作、各方配合"的工作格局。要有专门工作机构负责社会力量举办学校工会组建工作的指导协调工作，并做到边组建、边巩固、边发挥作用，以高度负责的精神，认真抓好所有社会力量举办的学校工会组建工作。

三是加强对社会力量举办学校建会工作的领导。各级教育主管部门一定要把在社会力量举办的学校组建工会的工作摆到重要议事日程，切实加强领导，积极支持工会开展工作，维护工会合法权益。要不断研究新情况、新问题，结合本地区实际创造性地开展工作。要加强调查研究和检查指导，及时总结、推广社会力量举办的学校工会组织建设的先进经验。

（三）各地采取积极措施，支持民办教育发展

2006 年，北京市加强对民办教育的管理指导与服务工作。

一是完善北京市民办教育行政管理工作体系，统筹协调北京市民办教育发展。健全市、区县民办教育工作联席会议制度,加强市级教育行政部门对各区县民办教育工作的统筹、协调和指导。

二是建立健全民办教育管理规章制度,强化民办学校内部规范管理。进一步完善对民办学校的激励表彰制度,关注并协助解决一批民办学校发展中的重要问题。进一步推进民办高校校务公开制度。针对民办学校多址办学、跨区办学问题提出管理意见。

三是依据政府职能转变原则,合理将民办教育管理的部分职能委托社会中介组织实施,探索民办教育管理和监督新机制。重视发挥北京民办教育协会的行业自律作用和学校的自我管理功能。

四是开展对民办教育机构的评估,引导民办学校提高教育质量和办学水平。发挥好评估的引导、规范、鼓励、促进作用。组织开展其他专项检查,为民办学校发展提供有针对性的指导和服务。

五是加强对民办学校办学行为的监督和管理,促进民办学校诚信办学。继续做好民办学校的招生简章、招生广告和颁发文凭的监督与管理,保障师生合法权益,提高北京市民办教育的诚信度。

六是重视北京市民办教育信息建设工作。建设"北京民办教育信息网",把该信息网建成民办教育的重要信息平台,集中宣传一批办学水平高、社会信誉好的民办学校,宣传一批从事民办教育的优秀教师和教育工作者。

2006年,上海市在深化民办教育体制改革,进行制度创新等方面推出四大举措。

一是实行民办教育投资主体多元化,积极倡导多方出资联合办学或多元投资合作办学,发展混合型办学体制,鼓励各种不同性质的社会力量集中投资办学,有效提高民办教育的投资效益,降低办学成本,最终实现"多赢"的局面。

二是改制一些区政府和行业举办的目前难以为继的高校为民办学校或多元投资体制学校。采取国有企业收购或民营企业接盘的方式,尝试引入社会资金,并在民办教育有关政策的指导下,审慎地进行改制。拟改制的学校,须履行一定的程序,按照产权归属关系及资产处置权限,切实做好财务审计、资产评估及处置等工作,并委托有资质的中介机构评估。

三是鼓励学校重组合并,在明晰产权的前提下,鼓励、支持民办学校结构重组，资产转让。包括民办学校间的重组，民办学校和公办学校的重组，以及政府和国有企业对土地、校舍的所有权和民办高校的办学权分开管理等。通过上述办法，民办学校做大做强，发挥规模效应，从而增强参与市场竞争的能力。

四是促进民办学校升格，进一步提高本市民办学校的"准入门槛"，提高民办学校的办学标准，吸引社会投资举办高水平、高标准、高层次、高效益的各类民办学校。在此基础上，积极创造条件，引导一批民办学校努力提高层次，真正朝着一流学校的目标不断发展。

2010 年，上海市推出 9 项举措推动民办教育发展。

一是加大财政对民办教育的支持力度。对收费标准低于公办学校的民办中小学校，按照公办学校生均公用经费基本定额给予补助。

二是继续探索民办学校年金制度。鼓励各民办学校为教师购买补充养老保险，改善教师退休后待遇。

三是探索建立民办高校和公办高校合作机制。初步确定了若干所民办高校和若干所公办学校建立合作关系。

四是积极探索示范性民办学校建设工作。

五是积极支持民办学校开展学科队伍建设。将民办师资队伍建设纳入市、区两级师资建设项目的支持范围。

六是充分调动各级各类民办学校的积极性。在招生、收费、课程设置、专业建设等方面给予民办学校更多的自主权。

七是加强立法和制度建设。"十二五"期间，正式启动民办教育地方立法工作。

八是规范财产、财务管理制度。制定《上海市推进民办高等学校落实法人财产权的实施办法》，印发民办高校和中小学财务管理办法等。

九是依法促进和规范民办教育的办学行为。

2009 年，《昆明市突破性发展民办教育整体推进工作意见》颁布，从加强学习，提高认识；解放思想，更新观念；强化领导，齐抓共管；健全机构，形成合力；加大财政投入力度，拓宽资金扶持范围；强化统一指导，严肃规划刚性约束；优先配置土地要素，保障资源有效供给；建立健全社会保障制度，解除教师后顾之忧；建立健全人事制度，促进人才合理流动；深化办学体制改革，积极探索多元化办学路子；依法给予税收优惠，支持民办学校快速发展；合理设置各类规费，有效降低办学成本；建立健全收费机制，支持投资者合理回报；拓宽各种融资渠道，鼓励社会资本加大投入；努力扩大招生规模，鼓励民办学校做大做强；依法规范管理，促进健康良性发展；切实保障合法权益，加快法治化进程；广泛宣传动员，营造良好发展氛围等18个方面对民办教育的健康发展进行了有针对性的政策规定。

2010年，上海市、广东省、河南省、江苏省、浙江省、陕西省、辽宁省、青海省等在中长期的教育发展规划纲要中提出了"深化（推进）办学体制改革"、支持民办教育发展等举措。

内蒙古自治区决定从2011年起，每年安排民办教育发展专项资金，2011年计划安排1000万元。同时，对办学水平和教育质量达到国家评估合格标准的、有学历颁发资格的民办高等院校，自治区将按照高等教育生均定额事业费的10%给予一次性奖励。旗县级以上人民政府可采取经费资助、出租、转让闲置国有资产等措施对民办学校予以扶持。民办高校、中职学生与公办学校学生享受同等国家助学金、奖学金、困难补助和国家助学贷款及助学贷款贴息和风险补偿金等优惠政策。承担义务教育任务的民办学校，由所在地政府拨付相应的教育经费，学生享受"两免一补"政策。

2015年1月18日，河南省商丘市政府印发《商丘市人民政府关于进一步促进民办教育发展的若干意见》。该意见指出，在教师待遇方面，民办学校教师在资格认定、职称评定、进修培训、表彰奖励、课题申请、社会优待、国际交流等方面与公办学校教师享受同等待遇。民办学校教师被国家机关、企事业单位录（聘）用后，其在民办学校工作时间计算为连续工龄。在学生权益方面，民办学校学生在学籍管理、表彰奖励、升学、毕业与户口办理、乘车（船）票价优惠等方面享有与同级同类公办学校学生同等权利。民办学校学生享受与公办学校学生同等的国家助学政策。经县级以上教育部门批准设立、承担义务教育任务的民办学校学生，享受与公办学校学生同等的免除学杂费、免费提供教科书、对家庭经济困难寄宿制学生给予生活费资助等政策。

据不完全统计，仅2015年，就有江门市《关于促进江门市民办教育发展实施意见》、《商丘市人民政府关于进一步促进民办教育发展的若干意见》、《温州市民办教育改革和发展规划（2015—2020）》、江西省《关于放开民办教育收费有关事项的通知》、苏州市《关于加快全市民办教育发展意见》、嘉兴市《关于深化改革促进民办教育健康发展的实施意见》、山东省东营市《关于加快民办教育改革与发展的意见》、广东省东莞市《东莞市民办学校教师从教津贴实施办法（试行）》、《兰州市民办教育管理办法》、《陕西省民办普通高校收费管理有关问题的通知》、广州市《关于进一步加强民办义务教育分类扶持和管理的实施意见（征求意见稿）》、宁波市《关于进一步鼓励民间资本进入教育领域的实施意见》等文件颁布，这些文件对进一步促进民办教育健康发展发挥了积极作用。

二 民办教育发展有法可依

至 1996 年底，全国民办学校已经达到 2.82 万所，在校生规模 229.32万人。在规模扩大的同时也积累了一些问题和矛盾：民办教育办学条件、学校管理、教育质量等方面还存在许多困难和问题需要解决。

由于缺乏专门性法律，各部门政策文件的制定缺少上位依据，政出多门且随意性较大，制约了民办教育向更大范围和更高层次发展。社会各界多次呼吁通过立法确立民办教育的地位和发展方针，促进和规范民办教育发展的呼声日益强烈；国务院教育行政部门也多次表示要积极推动民办教育立法工作。

为鼓励社会力量办学，维护民办学校举办者、学校及其他教育机构、教师及其他教育工作者、受教育者的合法权益，促进社会力量办学事业健康发展，国务院于 1997 年 7 月 31 日发布了《社会力量办学条例》，将民办教育纳入发展轨道，也为《民办教育促进法》的制定奠定了基础。

民办教育在国家教育体系中发挥的作用越来越大，《社会力量办学条例》在一定程度上已经不能适应民办教育发展的需要，民办教育立法工作被提上重要议事日程。

（一）《民办教育促进法》出台

1996 年 10 月，第八届全国人大常委会第二十二次会议决定制定《民办教育促进法》，起草工作由全国人大教科文卫委员会牵头组织。起草小组由全国人大教科文卫委员会部分委员和工作人员，以及教育部、劳动和社会保障部的同志构成。在起草过程中，起草小组收集了国内外大量资料，到20 多个省（区、市）广泛开展调查研究，并到国外进行考察。起草小组召开座谈会几十次，听取全国人大和政府教育、劳动和社会部门及其他有关部门，民办学校举办者、校长、教师，教育、经济、法律专家的意见，将草案发至中共中央和国务院有关部门以及全国各省（区、市）征求意见。草案所涉及的重大问题是经过反复研究、认真权衡的。2002 年 1 月，全国人大教科文卫委员会将草案提交全国人大常务委员会审议。常务委员会审议期间，全国人大法律委员会会同全国人大教科文卫委员会、全国人大常务委员会法制工作委员会又多次听取各方面的意见，作了多次修改和不断完善后才提交全国人大常务委员会付诸表决。

《民办教育促进法》的出台一波三折。

1996 年 10 月 25 日，草案三次审议稿规定，民办教育应坚持公益性，不得以营利为目的，但全国人大法律委员会建议"可以给予适当补偿"；1996 年 10 月底，由于对关键问题的意见不一，法律委员会建议"草案不交付表决"；2002 年 12 月 28 日，第九届全国人民代表常务委员会第三十一次会议通过《民办教育促进法》（以下简称《民促法》）。

《民促法》从总则、设立、学校的组织与活动、教师与受教育者、学校资产与财务管理、管理与监督、扶持与奖励、变更与终止、法律责任、附则十章对民办教育的发展进行了全面规定。这是新中国第一部明确对民办教育实行"积极鼓励、大力支持、正确引导、依法管理"方针的法律。

为了积极鼓励、大力支持民办教育事业的发展，创造一个民办学校和公办学校公平竞争、共同发展的良好外部环境，《民促法》规定了许多扶持民办教育发展的条款。例如，民办教育事业属于公益性事业，是社会主义教育事业的组成部分。国家对民办教育实行积极鼓励、大力支持、正确引导、依法管理的方针。各级人民政府应当将民办教育事业纳入国民经济和社会发展规划；民办学校与公办学校具有同等的法律地位，国家保障民办学校的办学自主权。国家保障民办学校举办者、校长、教职工和受教育者的合法权益；国家鼓励捐资办学。国家对发展民办教育事业做出突出贡献的组织和个人，给予奖励和表彰；民办学校的教师、受教育者与公办学校的教师、受教育者具有同等的法律地位；民办学校存续期间，所有资产由民办学校依法管理和使用，任何组织和个人不得侵占。任何组织和个人都不得违反法律、法规向民办教育机构收取任何费用；民办学校享受国家规定的税收优惠政策；民办学校依照国家有关法律、法规，可以接受公民、法人或者其他组织的捐赠。国家对向民办学校捐赠财产的公民、法人或者其他组织按照有关规定给予税收优惠，并予以表彰；国家鼓励金融机构运用信贷手段，支持民办教育事业的发展；人民政府委托民办学校承担义务教育任务，应当按照委托协议拨付相应的教育经费；新建、扩建民办学校，人民政府应当按照公益事业用地及建设的有关规定给予优惠。

《民促法》在坚持民办教育公益性这一前提下，鼓励捐资办学，鼓励举办者把办学重心放在为国家培养合格人才这一社会职能上。同时，为了吸引更多的社会资金投入教育事业，调动社会力量办学的积极性，《民促法》也考虑到非捐赠性质出资人的实际经济利益，规定民办学校在扣除办学成本、预留发展基金以及按照国家有关规定提取其他的必需的费用后，出资人可以从办学结余中取得合理回报。取得合理回报的具体办法由国务院规定。

《民促法》对民办学校管理的规定，可分为外部管理的规定和内部管理的规定。

外部管理主要是指政府主管部门对民办学校的管理和监督。一是要对民办学校设立的审批，把好准入关。主要包括审核举办者的资格、举办者提交的申办报告等有关材料、所具备的办学条件等。为了保证学校的质量，政府主管部门对举办者的办学申请，一般分为批准筹设和批准正式设立两个环节。二是对民办学校决策机构人选名单进行备案，对校长人选进行核准。三是监督民办学校资产的使用和财务管理，督导评估教育质量和办学水平、招生简章和广告备案。四是批准民办学校的分立、合并和终止，学校名称、层次、类别和举办者的变更，组织清算被审批机关依法撤销的学校的财产。

除了政府主管部门管理，《民促法》规定"国家支持和鼓励社会中介组织为民办学校提供服务"，社会中介组织主要是指民办教育协会之类的"行业组织"。许多国家的经验证明，这种社会中介组织在评估民办学校的质量和效益、维护民办学校的合法权益、为政府提供有关民办教育的决策咨询、调解民办学校之间的矛盾等许多方面，可以发挥重要作用。社会中介组织虽然不具有行政管理的职能和权力，但是其作用仍值得重视。社会中介组织参与管理民办学校，有利于促进政府转变管理民办教育的职能，减轻政府的人力、财力和工作负担，政府主管部门要注意管理好社会中介组织。

此外，我国民办教育应当借鉴国外有益的管理经验。

民办教育的内部管理是指民办学校的自我管理，《民促法》重点规定了民办学校内部的管理体制。一是学校应当设立理事会、董事会或者其他形式的决策机构。决策机构的职权主要是聘任和解聘校长；修改学校章程和制定学校的规章制度；制定发展规划，批准年度工作计划；筹集办学经费，审核预算、决算；决定教职工的编制定额和工资标准；决定学校的分立、合并、终止等。民办学校的法定代表人由理事长、董事长或者校长担任。二是民办学校参照同级同类公办学校校长任职的条件聘任校长，年龄可以适当放宽。民办学校校长负责学校的教育教学和行政管理工作，其职权是：执行学校理事会、董事会或者其他形式决策机构的决定；实施发展规划，拟订年度工作计划、财务预算和学校规章制度；聘任和解聘学校工作人员，实施奖惩；组织教育教学、科学研究活动，保证教育教学质量；负责学校日常管理工作等。三是民办学校依法通过以教师为主体的教职工代表大会等形式，保障教职工参与民主管理和监督，民办学校的教师和其他工作人员，有权依照工会法，建立工会组织，维护其合法权益。[①]

根据《民促法》制定的《中华人民共和国民办教育促进法实施条例》（以下简称《民促法实施条例》）自 2004 年 4 月 1 日起施行，共八章五十四条。《民促法实施条例》主要从"民办学校的举办者""民办学校的设立""民办学校的组织与活动""民办学校的资产与财务管理""扶持与奖励""法律责任"等方面做出了政策规定。

《民促法》的出台是中国民办教育发展的一个里程碑，对开创我国民办教育发展的新阶段、新局面产生了重大推动力，对中国民办教育的发展产生了深远的影响。

（二）《民办教育促进法》修订

《民促法》的实施促进了民办教育的健康发展。随着时间的推移，一些制约民办教育发展的瓶颈问题日趋凸显，比如，关于"合理回报"的规定基本上未落地，民办学校难以落实和公办学校同等的法律地位，出资者的

---

① 中国民办教育年鉴编委会编《中国民办教育年鉴（2006 卷）》，教育出版社，2007，第69~72 页。

权益保障和民办学校终止时剩余财产的处理问题难以解决等，这些问题越来越严重地制约民办教育的发展。在这样的情况下，修订《民促法》的呼声不断出现。为回应发展需求，2010 年出台的《国家中长期教育改革和发展规划纲要（2010-2020 年）》明确提出要探索营利性和非营利性民办学校分类管理。

2010 年，教育部开始在上海市、浙江省温州市等地开展民办学校分类管理改革试点，其中温州模式最引人关注。开展试点工作以来，温州市政府对民办教育的专项奖补资金和购买服务资金达到近 6 亿元，是试点前的 350%，2015 年温州市参加改革试点的学校总数达到 537 所，其中被登记为非营利性民办学校的有 443 所，营利性民办学校有 94 所。

在试点过程中，温州市先后出台了《关于实施国家民办教育综合改革试点加快教育改革与发展的若干意见》及 14 项配套实施办法、政策，坊间称之为"1+14"文件。这些文件所构成的政策体系旨在从民办教育分类管理、投资者合理回报、民办学校教师身份认定等方面入手，破除束缚民办教育发展的诸多政策障碍。温州试点取得的成效引起了全国各地的纷纷仿效，2015 年有多个地方出台了民办学校分类管理的政策文件。

2010 年颁布的《国家中长期教育改革和发展规划纲要（2010-2020年）》提出了"分类管理"的发展思路。

2015 年 4 月 1 日，中央深化改革领导小组第十一次会议研究了鼓励社会力量兴办教育、促进民办教育健康发展等问题。8 月，十二届全国人大常委会第十六次会议对《教育法律一揽子修正案（草案）》进行了一审。针对实践中民办教育存在的民办学校法人属性不清、取得合理回报不好操作、相关配套优惠措施实施困难等问题，提出要积极探索营利性和非营利性民办学校的分类管理。

2015 年 12 月 21 日，十二届全国人大常委会第十八次会议听取了全国人大法律委员会关于《教育法律一揽子修正案（草案）》审议结果的报告，建议做四项修改：一是明确两类学校的划分标准；二是明确两类学校各自享受的优惠；三是明确两类学校终止时剩余财产的处理；四是对目前已经设立的民办学校做出三年过渡安排。12 月 26 日，十二届全国人大常委会第五十九次委员长会议决定，对《民办教育促进法》的修改暂不交付表决，深入研究后提出积极稳妥的方案再适时提请全国人大常务委员会审议。

2016 年 4 月 18 日，中共中央总书记、国家主席习近平主持中央全面深化改革领导小组第二十三次会议，并审议了《关于加强民办学校党的建设工作的意见（试行）》《民办学校分类登记实施细则》《营利性民办学校监督管理实施细则》。会议强调，支持和规范民办教育发展，要坚持和加强党对民办学校的领导，设立民办学校要做到党的建设同步谋划、党的组织同步设置、党的工作同步开展，确保民办学校始终坚持社会主义办学方向。要建立营利性和非营利性民办学校分类登记、分类管理制度，提高教育质量。

2016 年 11 月 7 日，十二届全国人大常委会第二十四次会议以 124 票赞成、7 票反对、24 票弃权审议通过了《关于修改〈中华人民共和国民办教育促进法〉的决定》（以下简称"修改决定"）。本次修改是贯彻落实中央教育改革战略部署的重要举措，新的《中华人民共和国民办教育促进法》（以下简称新《民促法》）对于全面促进教育事业发展、深化教育领域综合改革、构建公办民办教育共同发展的办学格局、加快推进教育现代化、满足人民群众日益增长的多样化教育需求和经济社会发展需要，具有重要而深远的意义。

新《民促法》的亮点体现在以下几方面。

一是进一步加强民办学校党的建设。强调民办学校中的中国共产党基层组织按照党章开展党的活动，发挥党组织的政治核心作用，确保民办学校始终坚持社会主义办学方向。

二是确立分类管理的法律依据。明确实行非营利性和营利性民办学校分类管理，允许举办实施学前教育、高中阶段教育、高等教育以及非学历教育的营利性民办教育机构。

三是进一步保障举办者权益。规定举办者可以自主选择设立非营利性或者营利性民办学校，根据学校章程规定的权限和程序参与学校的办学和管理。现有民办学校在终止时给予出资者相应的补偿或者奖励。

四是进一步完善师生权益保障机制。提出民办学校应当依法保障教职工的工资、福利待遇和其他合法权益，并为教职工缴纳社会保险费，鼓励民办学校按照国家规定为教职工办理补充养老保险。县级以上各级人民政府可以采取助学贷款、奖（助）学金等措施保障民办学校学生的权益。

五是进一步完善国家扶持政策。强调民办学校与公办学校具有同等的法律地位，规定非营利性和营利性民办学校在财政、税收优惠、用地、收费等方面的差别化扶持政策，明确了国家鼓励方向。

六是进一步健全民办学校治理机制。规定民办学校应当设立理事会、董事会或者其他形式的决策机构并建立相应的监督机制。教育行政部门及有关部门建立民办学校信息公示和信用档案制度。

七是保障实现平稳过渡。修改决定没有对民办教育设置统一的过渡期，对现有民办学校选择登记为非营利性或营利性民办学校做出相应规定，授权各地按照法律规定制定具体办法，保证现有学校办学稳定。

新《民促法》体现了促进民办教育发展的精神，具有以下意义。

一是切实保障扶持政策落实。现有民办学校均属于非营利性学校，但取得合理回报的规定与非营利性组织法律制度不衔接，影响相关扶持政策落地。

教育实行分类管理，进一步明确了非营利性与营利性民办学校的内涵，有利于与其他法律制度相衔接，有利于完善财政、税收优惠、土地、收费等方面的扶持政策，有利于进一步调动社会力量兴办教育的积极性。

二是拓展民办教育发展空间。修改决定第一次在法律上明确可以举办营利性民办学校，丰富了教育的提供方式，有助于更好地满足人民群众多样化、选择性的教育需求。

三是保证现有学校办学稳定。修改决定充分考虑我国民办教育发展的特点和现实情况，规定选择登记为非营利性民办学校继续办学的，在终止时可综合考虑出资、取得合理回报的情况以及办学效益等因素，给予出资者相应的补偿或者奖励。这一制度安排有力地保障了民办学校及其举办者的合法权益，确保民办学校分类管理改革平稳有序推进。

四是实现民办学校、公办学校的平等地位。修改决定再次重申民办学校与公办学校具有同等的法律地位，进一步规定民办学校应当依法保障教职工的工资、福利待遇和其他合法权益，鼓励民办学校按照规定为教职工办理补充养老保险；明确民办学校学生享有与公办学校学生同等的助学贷款、奖（助）学金待遇，有利于维护民办学校和师生合法权益。

五是加强民办学校规范管理。规范管理是促进民办教育健康发展的重要保障，修改决定进一步健全了民办学校的内部治理结构，优化了监管措施，建立民办学校信息公示和信用档案制度，充分发挥社会监督作用，有利于营造公平公正的发展环境。

法律对民办教育的保障、管理和促进，随着经济社会的发展在不断进步。从 1997 年 7 月 31 日《社会力量办学条例》颁布到 2017 年 9 月新《民促法》实施 20 年间，顶层设计层面紧紧围绕民办学校营利、非营利问题进行了一系列调整、完善。

新《民促法》从促进和规范民办教育健康发展的角度，清晰界定了营利性和非营利性民办学校的分类标准，第一次以负面清单的方式开放了营利性教育的准入范围，明确规定义务教育阶段不得设立营利性民办学校，总体上确立了营利性学校和非营利性学校所适用的不同扶持政策，明确了存量民办学校剩余资产的归属问题，并对现有学校的存续及转设事宜做出了妥善安排。

新《民促法》以立法的形式明确了我国未来民办教育发展的方向，为深化教育领域综合改革、促进民办教育健康发展提供了法律保障。

三　当代中国民办教育体系的建立

（一）我国现行学制的结构

学校教育结构是指学校教育的总体中各个部分的比例关系和组合方式，通常从层次结构和类型结构两个方面来分析。

从层次结构上看，我国现行学校教育包括学前教育、初等教育、中等教育和高等教育 4 个层次。

从类别结构上看，我国现行学校教育可划分为基础教育、职业技术教育、高等教育、成人教育和特殊教育 5 个大类。其中，基础教育是实施普通文化科学知识的教育，是提高民族素质的奠基工程。我国的基础教育包括学前教育和普通中小学教育。

（二）当代中国民办教育体系的建立

到 1999 年，社会力量举办的各级各类学校共有 4.5 万余所，在校生规模达到 573 万人。其中，社会力量举办的非学历高等教育机构 1240 余个，注册学生达 118.4 万人；普通中学 2593 所，在校生 107.2 万人；职业中学 950 所，在校生 27.3 万人；小学 3264 所，在校生 97.7 万人；幼儿园 3.7 万所，在园幼儿 222.4 万人。这 4.5 万余所民办学校包括普通小学、普通初中、普通高中，我国民办教育体系已经具备了"六三三四"学制中的"六三三"架构，民办高校也已经有了，早在 1994 年 2 月，原国家教委已经批准民办黄河科技学院、上海杉达学院等 6 所全日制民办高校实施专科层次的学历教育。但这样的"高等教育"是"大学专科"层次，学制只有二至三年，离"大学本科"的"四年学制"还差半个量级，此时我国民办教育体系还未形成完整的"六三三四"架构。当代中国的民办教育还是带着这个小小的"遗憾"进入 21 世纪。

1999 年 6 月 18 日，时任总理朱镕基在第三次全国教育工作会议上明确指出，鼓励社会力量以各种方式举办高中阶段和高等职业教育，有条件的也可以举办民办普通高等学校。政府制定的政策拓宽了民办教育层次上移的空间，此时举办民办普通本科教育的环境已经具备。

黄河科技学院于 2000 年升格为本科院校，上海杉达学院和南京三江学院于 2002 年升本，浙江树人大学等 5 所民办高校于 2003 年升本。一批民办高校办学层次得到提升，表明民办高校已经突破了原有的发展空间。

黄河科技学院升本具有里程碑意义，中国的民办教育从这一刻起，真正构建起从学前教育、初等教育、中等教育到高等教育的完整体系。我国的民办教育体系真正形成了完整的"六三三四"架构。

（三）硕士专业学位点设置

2011 年，国务院学位办批准西京学院、吉林外国语大学、黑龙江东方学院、三亚学院、河北传媒学院 5 所民办高校为"开展培养硕士专业学位研究生试点工作单位"。2012 年，民办高校在校硕士研究生有 155 人，2013~2016 年分别为 355 人、408 人、509 人、715 人。

四 坚定方向，提升质量

尽管民办教育乘着改革开放的春风迅速发展起来，在一定程度上弥补了公办教育的不足，但仍然无法全面消除社会的偏见。民办教育只有不断激发内生动力，全力提升人才培养质量，力争办出特色，才能获得更好的发展。

（一）坚定社会主义办学方向

对民办学校党的建设，党中央一直十分重视，早在 2000 年 6 月 6 日，中共中央组织部、中共教育部党组就发布了《关于加强社会力量举办学校党的建设工作的意见》，明确规定社会力量办学党组织的第一项主要职责就是宣传和贯彻执行党的路线、方针、政策，执行上级党组织和本组织的决议、决定，监督学校行政管理机构和行政负责人认真执行党的教育方针，遵守国家的法律法规，坚持社会主义办学方向。

2016 年，中共中央办公厅下发了《关于加强民办学校党的建设工作的意见（试行）》，要求加强民办学校党建工作，充分发挥民办学校党组织政治核心作用，推进党的组织和党的工作有效覆盖。该意见还明确提出，要选好管好民办学校党组织书记，建立健全党组织参与决策和监督机制，做好发展党员和党员教育管理工作。同时要求抓好思想政治教育和德育工作，加强对民办学校党建工作的领导。

该意见要求民办高校党组织要突出坚持马克思主义思想指导地位，把握党对意识形态工作的领导权、管理权、话语权，加强对青年教师、党外知识分子和大学生的思想引导，促使他们增强政治认同，增强政治敏锐性和政治鉴别力，坚定中国特色社会主义道路自信、理论自信、制度自信、文化自信。民办中小学校党组织要突出学生良好思想品德养成，推动学校把爱党、爱祖国、爱社会主义教育贯穿各项工作，抓细抓小抓实，使之在学生心中生根发芽，为培养德智体美全面发展的社会主义建设者和接班人奠定基础。民办培训机构党组织要突出诚信守法，引导培训机构端正培训思想，严格内部管理，规范招生、收费等行为，防止培训造假及以不正当手段谋取非法利益，切实提高培训质量和社会效益。

加强党的建设，坚持正确的办学方向，是当代中国民办教育的优良传统和政治遵循。全国第一所民办本科高校黄河科技学院的创办人胡大白在学校创办初期就有强烈的建设党组织的愿望。1984 年，全国没有民办学校建立党组织的先例。当时，关于民办学校能否建立党组织、如何建立党组织、隶属关系如何理顺等，国家没有明确规定。胡大白奔波于有关部门，先是建立临时党支部，到 1994 年 6 月，学校党组织关系终于挂靠在市科委党委，经上级组织部门的批准，学校建立了党总支部，党的活动实实在在开展起来。"十年党组织建设"的佳话传遍中国民办教育界。正是有了党的领导，坚持正确的办学方向和育人导向，黄河科技学院才创造了当代中国民办教育史上的奇迹，成为全国民办教育发展一面鲜艳的旗帜。

浙江新世纪经贸专修学院创新业余党团组织教育模式，打造精品党课；创新党团支部设置模式，把党团支部建立到学生公寓；创新党员培养教育机制，发挥学生党员在创意、创业中的先锋模范作用。党建工作内涵不断丰富，取得了明显成效。①

从 2005 年开始，福建省泉州市率先从市直党政机关选派 5 位副处级干部到民办高职院校担任党组织副书记。

2008 年，北京市积极创新党建工作模式，选派民办高校督导专员兼党建工作联络员。

2009 年 5 月 19 日，呼和浩特地区民办高校成立党委，51 所民办高校纳入党建工作范畴。

自 2010 年起，河南省委组织部、省委高校工委向民办高校派遣党委书记，第一批党委书记被派到 4 所高校。

（二）改革创新，激发内生动力

30 年来，民办教育进行了卓有成效的体制创新和模式创新。

1. 在办学模式上，民办教育进行了艰苦的探索

公办、民办职业院校相互委托管理。委托管理是指办学相对困难的学校将管理事务交给更具专业能力的机构，从而提高管理效益。受委托管理的学校，其办学体制、学校性质、经费投入、教师编制、收费标准不变。这一模式最早可以追溯到 2004 年上海浦东新区率先实行的委托管理，上海浦东新区将其薄弱公办学校委托给独立的社会教育管理机构管理，取得明显成效。在职业教育领域，民办职业学校委托管理也有相关探索。如民办高校齐齐哈尔工程学院被委托给公办的甘南县职教中心，构建了多元化的产权关系格局，既保证了国有资产的保值增值，又建立起灵活的激励制度，带来公办学校所不具有的办学活力和效率。除了民办院校委托公办院校管理外，公办职业院校与民办院校合作也会形成此类效应。例如，公办高校

---

① 俞建明：《创新党建工作，促进专修学院持续健康发展》，《中国民办教育》2010 年第 6 期。

厦门理工学院与民办院校厦门软件职业技术学院合作，获得该校的控股权，双方签订协议，共享师资、设备等方面资源。展望未来，公办、民办职业院校互相委托管理这一模式将在探索中进一步得到推广。

不同资本合作投资新办职业院校。由公办院校、国有资本、集体资本、民营资本、外资共同投资新办学校，是探索混合所有制学校的又一种形式，其中以独立学院为典型代表。独立学院是由公办大学与社会组织或个人合作利用非国家财政性经费建立的一种新型办学模式，既充分利用了公办高校的资源优势、师资优势、管理优势，又充分发挥了民间资本的资金优势、机制优势、市场优势，企业负责投资建设独立的校园、校舍，投资购置办学设备及各项硬件办学条件，公办大学负责教学管理和教学组织，从办学伊始就实现了高起点、跨越式发展。独立学院这种办学形式带有混合所有制的基本特征。高等职业教育领域也可以大力借鉴这一模式，整合公有资本、非公有资本联合投资新建职业院校。我国已有按照该模式创办职业院校的先例，如海南职业技术学院由海南省教育厅、海口农工贸（罗牛山）股份有限公司和海南广播电视大学共同出资举办，三方办学主体的代表组成董事会和监事会，实行董事会领导下的校长负责制，内部运行管理遵循教育要求并参考企业管理模式。苏州工业园区职业技术学院由 4 家大中型企业买断控股，完全按股份制运作，企业、高校和政府在董事会席位中分别占 67%、26% 和 7%。[①]

《中国民办本科教育质量报告（2016）》清晰客观地呈现了民办本科教育发展的成就，也中肯地提出了存在的问题。报告指出，民办本科院校的办学重点、学生能力培养、师资队伍建设、质量保障体系建设、学风建设与素质教育等工作有待进一步完善。

学校办学重点存在 4 个突出矛盾。随着学校进一步发展，民办本科院校普遍存在的惯性规模扩张与生源质量下降、追逐社会热点与忽视内涵建设、教师资历较浅与缺乏领军人物、生存发展心切与缺少系统规划 4 个矛盾进一步凸显。

学生能力培养存在 4 个发展失衡问题。民办本科院校仍存在人才培养目标定位空泛、落地难，实践教学条件建设不配套，教师实践教学意识强、

[①]　阙明坤：《职业院校探索混合所有制的有效形式》，《中国民办教育》2015 年第 2 期。

能力弱，合作育人形式多样、不够深入 4 个发展失衡问题。

师资队伍建设具有"四少四多"的特点。民办本科院校不仅生师比偏高，教师队伍总体规模有待扩大，而且结构性矛盾突出，明显呈现"四少四多"的特点。一是专任教师偏少，外聘教师偏多；二是高学位教师偏少，无学位教师偏多；三是高职称教师偏少，无职称教师偏多；四是中年骨干偏少，青年教师偏多。

质量保障体系建设存在 4 个不到位。民办本科院校仍然存在机构、人员、监管和持续改进 4 个方面的不到位。民办本科院校在教学质量自我评估、院系质量监控、质量监测结果使用等方面仍需加强，质量建设依然任重道远。

学风建设与素质教育存在较大改进空间。民办本科院校学生学习风气、学习机会等方面需要着力改进，毕业生的创新能力、分析和解决问题能力及科学人文素养等亟待提高。

2016 年，民办本科院校的生均教育事业收入仅为 1.09 万元，远低于公办新建本科院校的 1.45 万元。与此形成鲜明对比的是，民办本科院校生均教学经费支出为 3597.9 元，明显高于公办新建本科院校的 3297.8 元；民办本科院校校均教学日常运行支出为 3026.9 万元，明显高于公办新建本科院校的 2473.8 万元；民办本科院校校均实践教学支出为 427.4 万元，同样高于公办新建本科院校的 409.9 万元。这"一低三高"充分反映了民办本科院校对办学质量的重视。

统计显示，2010~2015 年，民办本科院校生均教学行政用房面积从 14.4 平方米增至 15.3 平米，生均教学科研仪器设备值从 4863.3 元提高至 5760.3 元。生均藏书量从 77.0 册增至 82.9 册。具有硕士学位与博士学位的专任教师所占比例从 47.8%提高至 62.7%。35 岁以下专任教师所占比例从 55.9%下降至 51.8%，36~55 岁专任教师所占比例从 29.7%提高至 35.0%。"双师型"专任教师所占比例从 20.0%提高至 22.2%。

与此同时，民办本科院校仍面临着经费总量不高、渠道来源单一、设施设备不足等现实问题。无论是基础实验室、专业实验室、实训场所和实习场所，还是校外实习实训基地，民办本科院校的条件都明显差于公办新建本科院校。

尽管如此，民办本科院校仍然努力扩展实践教学空间，重视学生实习实训，提高资源利用效率。民办本科院校在资源相对不足的情况下，基础实验室、专业实验室、实训场所与实习场所所承担的实验教学人时数和实验教学人次数总体上优于公办新建本科院校。

民办本科院校办学效果的提升使得学生满意度提高并受到企业欢迎。2016 年，来自全国 48 所民办本科院校的 21858 名在校生接受了中国高等教育满意度在线调查。结果显示，民办本科院校在学生学习效果、教学工作、专业与课程设置、管理和服务、教学条件保障以及教风和学风等方面都取得了显著的建设成就，学生总体满意度（"很满意"和"比较满意"的比例之和）高达 83.6%。其中，辅导员或班主任的工作态度和能力以及师德师风得到学生的高度认可。

民办本科院校致力于为经济社会发展输送具有丰富实践技能和扎实科学人文素养的应用型人才。民办本科院校教学效果如何，用人单位最有发言权。教育部高等教育教学评估中心于 2016 年 4 月 19 日至 6 月 6 日组织实施了"民办本科院校用人单位满意度调查"，对 2166 家用人单位进行了在线调查，结果显示用人单位的总体满意度（"很满意"和"比较满意"比例之和）达 87.5%。用人单位普遍认为民办本科院校毕业生具备扎实的专业知识，较好的团队协作和人际沟通能力，良好的职业道德、职业规范和社会责任意识。

此外，一些民办本科院校也主动出击，针对本校毕业生的就业单位开展调查走访。上海某学院对该校毕业生的就业单位开展了广泛调查，结果显示，用人单位对该校毕业生的总体满意度（"很满意"和"比较满意"比例之和）高达 100%，毕业生的"专业知识""实践能力""团队协作能力"等获得高度赞誉。

2. 对接需求+适应需求+满足需求：实现稳步发展的"三部曲"

民办本科院校的发展历程表明，民办高等教育起源于对接社会需求，兴起于适应社会需求，壮大于满足社会需求。社会需求不仅是民办高等教育安身立命的根本，更应成为民办高等教育永恒的价值追求。

民办本科院校的办学特色主要体现在以社会需求为出发点和办学导向，定位服务行业一线、服务地方特色经济，培养应用型、技能型人才。

民办本科教育从发展之初就制定了明确的对接需求的战略：将院校的1/3 布局在地级市，改变高等教育资源过于集中在中心城市的局面；将区域经济和行业环境特色融入办学特色，为地方企业较好地提供应用型研究服务；将专业的1/3布局在工学、经济学和管理学，满足区域产业发展对能够胜任在生产、管理、经营一线从事应用研究、技术开发、产品试制工作的应用型人才的急切需求。

随着我国经济社会的迅猛发展，民办本科院校主动适应社会需求的新变化。民办本科院校"对接—适应—满足"社会需求策略的成效已经初步显现。

3. 产出导向+能力导向+学习导向：应用型人才培养的"三重奏"

民办本科教育发展初期，民办本科院校的人才培养方案基本是学术型高校培养方案的"低配版"，过度强调理论教学，忽视了学情基础和社会需求。

"十二五"期间，一批民办本科院校通过参加教育部新建本科院校合格评估，实现以评促建、评建结合，在"地方性本科建设、应用型人才培养"导向下，逐步加深了对应用型本科教育教学规律和人才成长规律的认识，实现了从"输入导向"向"产出导向"、从"知识导向"向"能力导向"、从"教学导向"向"学习导向"三大转变。

培养方案向"产出导向"转变，根据专业对应的职业岗位能力进行顶层设计、课程体系设计和考试模式改革，按照真实生产技术工艺和管理服务流程开发工程实践设计综合实训课程。80%的民办本科院校将职业资格的获取纳入人才培养方案，毕业生能够实现毕业即就业。

培养模式向"能力导向"转变，民办本科院校借助机制灵活的优势，积极与地方政府、本地区行业企业开展产学研合作，培养学生综合应用能力，增加实践教学投入，提高实践教学的有效性，开展创新创业教育和素质教育，培育学生的创新创业能力和社会适应能力，"能力导向"的培养模式得到较好的落实。

课堂教学向"学习导向"转变，从以"教"为主转向以"学"为主，激发学生学习热情。民办本科院校的生源大多为基础应用领域的，传统的以灌输式为主的课堂教学无法调动学生的学习积极性和主动性。一大批民办本科院校通过改革教师教学评价和学生学业评价制度调动教师教学和学生学习的积极性，积极开展课堂教学方式方法改革。更有一部分民办本科院校主动将现代信息技术引入课堂教学，把创设以学为主的"学习导向"

的课堂教学模式作为提升课堂教学质量的主要途径，在调动学生学习积极性、主动性，促进学生自主学习、深度学习等方面展开了卓有成效的探索。

4. 明确标准+建章立制+持续改进：质量保障的三和弦

质量是高等教育的生命线，更是民办本科院校的生命线。在日趋激烈的竞争中，唯有保障教学质量才能"保生存，求发展"。

质量标准是教学运行和质量监控的依据。民办本科院校重视质量标准体系建设，深刻认识到应用型人才培养的教学质量标准不能照搬学术型精英高等教育的质量标准，而是应根据自身的办学定位、办学特色、人才培养目标和各主要教学环节的具体情况，构建教学质量标准体系。标准体系的建立丰富了学校内部质量保障体系的内涵，为保障和提高人才培养质量提供了客观的依据。

民办本科院校普遍把质量保障列入学校发展规划，并分解到各二级教学单位，建立领导听课、巡查制度，许多学校还建立了问责机制和激励机制。同时，民办本科院校积极完善质量保障组织机构，组建专门的质量管理队伍；制定教学质量标准；实施教学质量常态化监控，健全信息反馈和改进机制；搭建校内教学数据平台，建立起系统、科学、完善的质量保障体系。

除院校内部质量保障体系外，教学评估也成为民办本科教育最为重要的质量保障手段。教学评估作为民办本科教育质量保障和提升的"导航仪"与"助推器"，为民办本科教育确立了"地方性本科建设、应用型人才培养"的合理定位，有助于促进民办本科教育教学水平的整体提高。

此外，民办本科院校充分利用高等教育质量监测国家数据平台数据发布年度质量报告，接受政府和社会监督，大大提高了民办本科教育教学质量，促进了民办本科院校教学质量管理的信息化。

截至 2015 年 11 月，96.5% 的民办本科院校已完成高等教育质量监测国家数据采集工作。

（三）师资队伍建设全面推进

随着规模的快速增长和办学条件的改善，民办教育师资队伍总规模不断扩大，结构也渐趋合理。

民办学校教职工没有事业编制，没有政府规定的级别工资标准，与公办学校教职工相比，社会地位也有所不同。这些短板给民办学校教师队伍建设带来了许多困难。一开始民办学校的师资队伍年龄结构是"哑铃形"结构，即两头大、中间小，主要集中在 60 岁以上和 25 岁以下。60 岁"以上的教职工多是公办学校退休的教师和学校管理人员，25 岁以下的多是近年来毕业的大中专学生，缺少中年骨干教师。职称结构也是如此。经过这一阶段的发展，得益于国家的高等教育"并轨"，特别是高校毕业生不包分配的制度，民办学校抓紧培养自己的骨干教师，师资队伍逐渐向"纺锤形"发展。

全国民办教育的教职工数由 2003 年的 98.78 万人增长到 2016 年的 420.96 万人，13 年间增加了 3.26 倍；专任教师由 63.41 万人增加到 263.50 万人，增加了 3.16 倍（见表 5-13）。这些教职工和专任教师成为中国民办教育师资队伍的重要力量。

表 5-13　全国民办教育在校生数、教职工数和专任教师数

单位：万人

项目	2003 年			2010 年			2016 年		
	在校生	教职工	专任教师	在校生	教职工	专任教师	在校生	教职工	专任教师
普通高校	81.00	8.67	5.01	476.68	34.89	23.65	616.20	43.14	31.15
普通高中	141.37	29.16	20.14	230.07	46.36	34.36	279.08	43.12	16.79
中职教育	79.38	6.28	3.66	306.99	16.56	10.34	206.20	10.43	7.10
普通初中	256.57	-	-	442.11	-	-	532.82	44.80	30.80
普通小学	274.93	16.28	11.72	537.63	31.39	22.95	756.33	25.69	38.31
幼儿园	480.23	38.39	22.88	1399.47	116.82	68.04	2437.66	253.78	139.35

注：（1）2003 年、2010 年的民办普通初中教职工数和专任教师数包含在民办普通高中数据中。（2）2016年的民办中职教育不含技工学校的数据。（3）2016 年民办普通小学专任教师数多于教职工数。

资料来源：根据历年《中国教育统计年鉴》整理。

民办教育各个阶段都实现了师资队伍建设的优化。民办中职教育和民办高等教育虽然生师比指数有所上升，但整体上教师的年龄、职称结构都趋向优化。

1. 民办幼儿园

2003 年，民办幼儿园在园幼儿 480.23 万人，专任教师 22.88 万人，在

园幼儿数与专任教师数之比为 20.99：1；到 2016 年在园幼儿数增加到 2437.66 万人，专任教师数增至 139.35 万人，生师比为 17.49：1。可以看到，民办幼儿园在扩大在园幼儿规模的同时，也在不断加强教师队伍建设，生师比更加优化。

2. 民办小学

2003 年，民办小学在校生数为 274.93 万人，专任教师数为 11.72 万人，在校生数与专任教师数之比为 23.46：1；到 2016 年，在校生数增加到 756.33 万人，专任教师数增至 38.31 万人，生师比为 19.74：1。数据表明，民办小学在扩大在校生规模的同时，也在不断加强教师队伍建设，生师比更加优化。

3. 民办中学（含初、高中）

2003 年，民办初、高中在校生数为 397.94 万人，专任教师数为 20.14 万人，在校生数与专任教师数之比为 19.76：1；到 2016 年在校生数增加到 811.90 万人，专任教师数增至 47.59 万人，生师比为 17.06：1。在校生规模扩大，教师队伍也在扩大，生师比更加优化。

4. 民办中等职业教育

民办中等职业教育的情况比较特殊，师资队伍建设未能跟上在校生规模扩大的步伐。2003 年，民办中职学校在校生数为 79.38 万人，专任教师数为 3.66 万人，在校生数与专任教师数之比为 21.69：1；到 2016 年，在校生数增加到 206.20 万人，专任教师数增至 7.10 万人，生师比为 29.04：1。生师比需要优化。

5. 民办普通高等教育

民办普通高等教育发展较快，师资队伍建设相对滞后。2003 年，民办普通高校在校生数为 81.00 万人，专任教师数为 5.01 万人，在校生数与专任教师数之比为 16.17：1；到 2016 年，在校生数增加到 616.20 万人，专任教师数增至 31.15 万人，生师比为 19.78：1。生师比需要进一步优化。

6. 部分地区和学校的举措

到 2005 年底，广东省共有民办幼儿园专任教师 5.34 万人（占全省幼儿园专任教师总数的 58.17%），民办小学、民办普通中学、民办中等职业学校、民办专修学院、民办高校、其他民办非学历教育机构专任教师数分别为 4.48 万人、2.07 万人、3632 人、1870 人、4931 人（不含独立学院 2550

人）和 7200 人。师资队伍基本稳定。

2009 年，浙江省宁波市、德清县、绍兴市、杭州市、温州市、嘉兴市、台州市、丽水市、长兴县、瑞安市等市县政府采取措施，积极解决民办学校教师问题。

宁波市实行财政资助制度。2006 年颁布的《宁波市民办教育促进条例》规定，市和县（市）、区人民政府应当设立民办教育发展专项资金。民办教育发展专项资金用于以下几个方面。一是对符合规定条件，实施义务教育和中等职业教育的民办学校，按照同类公办学校生均教育经费的一定比例给予补助。二是对符合规定条件、为具有专业技术职务的教师按规定缴纳社会保险费用的、实施学历教育和学前教育的民办学校，给予补助。2007年、2008 年、2009 年 3 年，宁波市本级财政资助 3 所市直属民办学校的经费分别达到 1010 万元、1200 万元、1430 万元。

绍兴市、杭州市、宁波市、温州市等市试行与公办教师相一致的社保政策。绍兴市机构编制委员会于 2003 年发文规定，应聘进入民办学校的人员，原身份是事业性质的，继续享受与事业单位相一致的养老、失业、医疗社会保险政策；对新就业的大专及以上毕业生，被聘到教师或行政管理岗位的，可以参照执行与事业单位相一致的养老、失业、医疗社会保险政策，所需费用由民办学校和个人自理。这一规定率先打破了阻碍教师合理流动的"堡垒"，在浙江全省乃至全国产生了积极影响。

杭州市于 2005 年发文规定，达到规定要求和相关条件的市区民办学校教师，为参加市区机关事业单位职工基本养老保险的对象。市教育行政部门统一为参加机关事业单位职工基本养老保险的民办学校教师参照公办教师工资制度建立并管理人事工资档案。参加机关事业单位职工基本养老保险的民办学校教师到达退休年龄，由所在学校报市教育行政部门办理退休审核手续并核定退休费待遇。市社会保险经办机构凭市教育行政部门审核材料核发退休费。这一文件可操作性很强，在养老保险的办理、人事档案的管理及退休费的核发三个方面均有新的突破。

《宁波市民办教育促进条例》颁布后，市人民政府于 2007 年发文规定，在校生人数达到该市同类学校校均规模的全日制民办中小学和幼儿园，对聘用的具有中级以上（含中级）专业技术职称的教师，按规定报审批机关办理有关手续后，可申报参加事业养老保险。对全日制民办中小学和幼儿园为具有专业技术职称的教师按规定缴纳的社会保险费中学校承担部分，给予不少于 1/2 的财政补助。宁波市的这一规定在全省首开财政补助的先河。

温州市教育局等 5 部门于 2008 年 7 月发文规定，民办学校符合规定的教师，与公办学校教师享受同等的养老保险待遇、医疗保险待遇、失业保险待遇、工伤保险待遇、生育保险待遇和住房公积金待遇。教师达到法定退休年龄，民办学校报当地人事代理部门按人事代理的有关规定程序办理退休审批手续并核定退休费标准，社会保险经办机构凭人事代理部门批准的退休审批表核发退休费。未纳入社保统筹的地方性津贴由民办学校保障。温州市的这一规定率先将民办学校教师的社保由单一的养老保险扩大到"五险一金"。

嘉兴市创建教师"无障碍流动"制度。嘉兴市教育局和人事局于 2004 年联合发文规定，按照"相对稳定、合理流动、资源共享"的原则，运用市场对人才的调节机制，打破教师单位所有、部门所有的壁垒。在嘉兴市范围内，凡公办学校合同期满或解除聘用合同的教职工、民办学校合同期满或解除聘用合同并具有完整的人事档案关系的教职工，可进行无障碍流动，学校不得人为设置障碍，不得收取各种不合理的费用。该文件阐明的原则与规定极具创新意义。

台州市、丽水市等市实行以奖代补制度。2001 年，台州市政府发文规定，凡被评为国家级、省级和市级优秀学校的民办教育机构，每年度分别按使用教师数量的 2/3、1/2 和 1/3 给予相当于公办教师平均基本工资数额的奖励。自建校舍举办学历教育和学前教育的教育机构，在学校规范招生、规范办学的前提下，可以采取以奖代补的办法给予鼓励支持。在校生超过1000 人的，每年奖励 5 万元；在校生超过 1500 人的，每年奖励 10 万元；在校生超过 2000 人的，每年奖励 15 万元。

2005 年，丽水市政府也发文规定，被评为国家级的民办学校，一次性奖励 50 万元；被评为省一级重点、省二级重点、省三级重点和市级优秀的民办学校，分别一次性奖励 30 万元、20 万元、10 万元，并每年度分别按应使用教师数的 2/3、1/2、1/3 给予相当于当地上年度公办教师统发工资数额的奖励。

长兴县、瑞安市等县市试行"教育券"（或"助学凭证"）制度。2001 年，长兴县政府规定，自当年新生入学起，凡就读义务教育阶段的民办学校和民办职业中学的长兴籍新生，可分别获得一张面额为 500 元和 300元的教育券，学生持券可冲抵学杂费。当年，该县共发放两类教育券 1845张，合计金额达 61.5 万元。地处浙南温州的瑞安市规定，自 2001 年起，民办职高和民办普高每招收 1 名瑞安籍学生，可凭"助学凭证"分别获得 300元、200 元的公共财政资助。该市当年的资助金额达 170 万元。①

黄河科技学院大力推行人才强校战略。以学科、专业建设为重点，以全面提高教师素质为核心，着力培养学术带头人和骨干教师，加强重点专业学术团队的建设，建立优秀人才合理配置与成长的新机制，努力开创教师队伍建设新局面。一是采取超常规措施，大力引进高水平教师，着力构建人才高地。根据学科、专业和课程建设的需要，设置学科带头人或首席教授岗位；重点建设的学科和专业，聘任一位学科带头人、若干教授或副教授，形成结构合理的学科梯队。树立"不求所有，但求所用"的用人观念，坚持专职、兼职教师相结合的策略，建立相对稳定的"核心层"和出入有序的"流动层"，在稳步扩大专职教师队伍的同时，下大力气聘请兼职的高水平教师，大力补充高学位教师，提高硕士、博士学位教师的比例，改善师资队伍结构，为迅速提高教学科研水平和人才培养质量打好基础。二是强化进修培训工作，不断提高教师的业务水平。充分发挥老教师、名教师的作用，对青年教师进行"传、帮、带"，提高青年教师的教育教学水平和科研能力。鼓励青年教师在职提高，要求他们确定 1 个专业方向，深入学习钻研 1 套教材，每学年至少写出 1 篇高质量的论文，促使他们过好教学关、外语关、计算机关，能够讲好课，能够引导学生运用网络等现代化手段吸取有用的知识。三是加大师德建设力度，不断提高教师队伍的政治素质，使之既精于教书，又善于育人。

广东英德华粤中英文学校通过推进专业发展，建立名师队伍，通过理论指导教师。学校邀请多所全国名校老师来校做专题报告，传授成功经验。校长室每周印发 1 份"校本培训"资料，供教师学习和收集心得体会，跟踪练习。通过开展相关主题活动，建立学习型的教师队伍，加强教师能力培养。一是开展青蓝工程。建立导师制，实行同伴互助，上好"三课"，即

---

① 浙江省民办教育协会：《民办教育呼唤政策扶持——浙江省民办中小学办学现状的调研报告》，《中国民办教育》2010 年第 2 期。

老教师上好评优课，新教师上好过关课，科组长和学科带头人带头上好示范课。二是提高课堂教学效率。广东英德华粤中英文学校开展集体备课，进行授课、复习课、讲评课和实验课的课型研究。三是抓常规教学。建立教案库、课件库、试卷库，提高教学效率。四是创立教学模式。通过学习洋思经验，运用目标教学原理创立了"五步四标"（前测、示标、导标、测标、补标）的教学模式，成效突出。五是树立团队精神。学校组织教师参加市区教工运动会，取得"同心协力"项目第一名，成立了教师男女篮球队，每周开展一次活动，以年级为单位，每月进行一项体育比赛。学校开展主题为"我锻炼，我健康，我快乐，共建和谐校园"的教工运动会，进行男女接力赛、纵横向木屐比赛、1分钟跳绳比赛、男女混合篮球赛共4个项目的比赛。六是搭建成长平台。学校把专家"请进来"指导，把教师"带出去"学习。请洋思中学的教师来校上示范课，本校教师上汇报课，把初三教师和学校行政人员带出去，到南海执信中学和深圳市石岩公学学习。[①]

湖南省邵阳县石齐学校教师队伍建设的总体思路是"保稳定、调结构、塑名师"。"稳定"是前提，"调整"是手段，"名师"是目标。具体做好两项重点工作。

第一，建立教师生存保障机制，解决教师后顾之忧。

学校承诺绝不轻易辞退一名教师，解除教师心理压力，让全体教师坚定"扎根石齐，服务石齐"的信心与理念；购买医疗保险、养老保险等社会保险，实现教师"老有所养"，坚定其献身民办教育的信念；筹建教师新村，实现教师"老有所归"。由学校无偿提供土地，教师集资修建教师新村。

第二，促进教师专业成长，为教师提供强大的智力支持。

制定专门制度，为教师的专业发展提供制度保障。学校制定了《教师发展专项资金管理办法》《教学科研成果奖励暂行办法》，设立多种奖项，鼓励教师争创名师，创造成绩。学校于2008年冬季评选了感召石齐人物5名，奖励其去欧洲学习考察；2009年秋季，举行了青年教师教学比武，一

---

① 丘绵胜：《广东英德华粤中英文学校内涵发展的实践》，《中国民办教育》2010年第3期，第29页。

等奖发放奖金 1000 元/人；后又评选了教学标兵、德育标兵、服务标兵共 18 名，每人发放奖金 500 元。这些制度的实施极大地调动了教师履行岗位职责、进行教育教学研究的积极性，在教师队伍中形成了"你追我赶"的良好风气。

下达硬性任务，鞭策教师成长。学校规定每年要举行 1 次青年教师教学比武活动、1 次青年教师教学汇报课活动；给青年教师配备指导教师，指导教师与青年教师实行捆绑式奖励；每年每名教师必须提交 1~2 篇教育教学专业论文或课例、案例总结；所有专业科目教师要参加专业科目考试；每周 1 次集体备课，集体备课发言材料要交教学部门检查；每学期 1 次学生评价教师活动等。这些方式方法有力地鞭策了教师进行专业知识的再学习，有利于提高教师专业技能，促使其朝着合格教师、优质教师的目标奋进。

（四）注重提升办学质量

质量是生存的基础，民办学校深知提高人才培养质量的重要性。生源的差异和师资队伍的不同使得民办学校意识到，必须结合自身的条件保证和提高教学质量，才能和公办学校比肩。民办学校在认真借鉴公办学校成功的教学经验的同时，也不断尝试新的教学方法。

民办学校注重在环境上营造感染力，在课堂上培养学习力，在实践中激发创造力。许多民办学校已经开始进行教育创新。如，有的小学以读书活动为主线丰富课外教育，让学生广闻博识、知书达礼、传承民族特色，让教师勤勉敬业、富有创造力、具有崇高的思想境界，读书活动效果极佳。有的学校不声不响实施课程改革，腾出大量时间培育孩子的兴趣特长，力求把童趣和成长的快乐"还给"孩子。①

民办学校招收的学生素质参差不齐，照搬公办学校主流教学方法行不通，不少民办学校根据学生实际，开展定向教学。

如，广东英德华粤中英文学校全面实施素质教育。一是提高思想素质。该校德育分三阶段五个系列展开。三阶段教育即"七年级为生、八年级为人、九年级为才"的"三为"教育；五个系列指严抓学生行为规范教育，在学生中开展每日一故事、读书写日记，每周观看电影、组织活动，每月

---

① 西乡子：《教育创新 寄望民办学校》，《中国民办教育》2010 年第 2 期。

读一本好书、评选文明学生，每月开展德育主题和教室美化评比教育活动；每学期开展"拼五好（品德好、学习好、习惯好、体育好、特长好）"活动；开展德育主题研究；引进家长评议教师教学新机制。二是提高文化素质。学校按照《国家课程标准》编写制定了《华粤课程标准》，提高教育教学质量。开设了学科竞赛、高效阅读、趣味数学、葫芦丝、古筝等课程，以此提高学生文化素质。2009 年在全国数学、物理、化学竞赛中，学生荣获国家级奖项 50 人次；同年 7 月，该校学生在"语文，你是如此美丽"首届中国语文青少年风采大赛中，荣获团体银奖和个人 6 金 7 银 19 铜的优异成绩。三是提高身体素质。要求学生每天坚持跑操，上好体育课，开展篮球、足球、乒乓球等体育竞赛训练，每月开展专项体育活动。四是提高自我管理能力。通过建立年级学生分会、学生会、团委、广播站和兴趣小组，提高学生自我管理能力。五是提高综合素质。邀请专家，开展了"防甲流，科学生活""青春没烦恼，健康是个宝""生命安全大于天"等专题讲座。通过观看消防视频、组织灭火技巧演习和安全逃生疏散演练，培养学生应对火灾的能力。助学感恩教育。学校多次开展扶贫助学捐款，并曾组织学生为汶川地震灾区捐款。[①]

湖南省岳阳市岳州中学始终坚持课改出效益、出品牌。学校聘请长沙知名美术教师石建兵来校担任美术部负责人，在高中每个年级均办一个美术特长班，对具有美术天赋的学生进行培养。这一举措很快就获得了回报，2009 年，21 名美术生参加美术专业高考，结果大获全胜。其中，付湘锋同学以联考 272 分的高分获湖南省第 7 名，有 2 人被清华大学美术学院录取、10 人被中央美术学院录取。另外，学校还与澳大利亚能动时代科技有限公司的"能动英语"培训中心联合办学，引进一种全新的英语教学方法——"能动英语"教法，帮助学生从初一开始就能快速学习英语，见到任何一个单词都能读准，大大提高了学生的英语学习效率和英语学习兴趣，学生经三五年努力即可达到出国留学的英语口语水平。经过不懈努力，该校课改取得了显著的成效。在高二的学业水平考试中，C46 班数学、历史、地理优秀率达 100%，积极推行课改的优秀教师张玉辉老师被评为 2010 年岳阳市优

---

① 丘绵胜：《广东英德华粤中英文学校内涵发展的实践》，《中国民办教育》2010 年第 3 期。

秀班主任。[1]

（五）多样化的发展模式

河南少年先锋学校、湖北省黄梅县晋梅中学、中山大学附属雅宝学校等组建"家长委员会"，通过发放"家长联系卡"和"家庭联系册"、开展"家庭教育亲子活动"等方式搭建学校与家庭合作的平台，为学生的健康成长营造了和谐的环境。

台州国际文武学校不仅关注升入大学的学生数，比赛奖牌拿多少，更关注每一个学生是否有健康的体魄、正确的价值观、文化修养、社会适应能力和解决问题的能力。办学多年来，学校一直在学生思想品德教育和行为规范养成等方面抓细节、抓落实，让修身养性体现在学生的自觉行动中。2009 年台州国际文武学校被浙江省教育厅确定为"浙江省外国留学生教育基地"，定期和在浙江省就读的外国留学生开展双向交流活动。

建立自己的优势、寻求自己的道路是民办学校的共识。温岭市之江高级中学、台州市玉环实验学校分别通过 ISO 质量管理体系认证，初步建立了学校发展的动态机制。许多幼儿园也开始重视内部规范管理，走内涵发展之路。台州市海洋国际幼儿园重视儿童的生命教育；仙居县蓝天幼儿园实现全面优化管理，被中国教师发展基金会、中国民办教育协会学前教育专业委员会评为"优秀民办幼儿园"。

"万类霜天竞自由，办出品牌办出特色，真正的好学校是永远不会被淘汰的。"这是校长们的共识。[2]

五　规范与自我约束

国家鼓励和扶持民办教育，是为了打破长期以来以公办教育为主的单一体制，也是为了给民办教育发展营造环境。进入"重要组成部分阶段"后，民办教育形成了一定的规模，也出现了一些比较突出的问题，一些民办学校及其他教育机构缺乏必要的办学条件，办学行为不规范，教育教学

---

[1] 章洪波、周世雄：《数载耕耘结硕果　教改奋斗无穷期——记湖南省岳阳市岳州中学校长周明球》，《中国民办教育》2010 年第 5 期。

[2] 言宏：《万类霜天竞自由——台州民办教育发展解析》，《中国民办教育》2010 年第 4 期。

质量难以保证；少数民办教育机构在招生、广告宣传、证书发放等方面存在虚假许诺甚至欺诈行为。这些问题影响了民办教育的声誉，引起了社会各方面的关注。在不断加大对民办教育政策扶持力度的同时，国家不断加强对民办教育的规范管理，民办教育也注重自我约束，把握好发展方向。

（一）政策规范

早在 2002 年 10 月 17 日，教育部就发布了《关于进一步规范民办教育机构办学秩序的通知》，要求严格审批权限及审批程序，进一步改进民办教育机构的招生管理，进一步完善民办教育机构的收费管理和监督，进一步严格民办教育机构证书发放的管理，进一步落实对民办教育机构的年检和评估。

要求民办教育机构依法治校，诚信办学，按照国家有关规定自主招生，营造公平、有序的竞争环境，维护自身良好的社会形象。民办教育机构的招生广告（简章）向社会公布前，须经审批机关审核批准；经核准的招生广告（简章）的内容不得擅自更改；招生广告（简章）要明确民办教育机构的名称、办学类别、办学地点、考试类型、证书名称及收费标准等事宜，内容必须真实、准确、有效，不得含糊其词、弄虚作假，不得做不负责的许诺，不得委托非法招生中介机构和个人进行招生。

要求民办教育机构按照当地教育、物价、财政部门核定的收费项目和收费标准收取费用。收费标准和退学、退费规定必须公开透明，不得巧立名目高收费、乱收费。学生退学的，要按学生实际学习时间和有关收退费规定核退部分费用。民办教育机构超过经核定的项目和标准滥收费用的，由审批机关责令限期退还多收的费用，并由财政部门、价格主管部门依照法律、法规予以处罚。民办教育机构要参照国家计委、财政部、教育部制定的教育收费公示制度的规定，公示核定的收费项目、收费标准以及收费依据。

要求民办教育机构按照经批准的办学层次、办学范围办学，并按国家有关规定颁发相应层次的学历证书或其他学业证书。低层次学校不得举办高层次教育，不得发放与办学层次、办学内容不相符的毕业证书，不得借发其他学校的毕业证书。不具备颁发学历文凭资格的民办教育机构须按规定发放培训证书或其他学业证书。民办教育机构不得举办分支机构或将办学资格和教学任务委托、承包给其他组织和个人。

要求各级教育行政部门认真执行年检制度。对办学指导思想端正、成绩突出、社会信誉良好的民办教育机构，予以表彰和奖励；对管理混乱、教育教学质量低下、社会影响恶劣的民办教育机构，及时吊销其办学许可证。改进并加强对民办教育机构日常教育教学活动的指导和管理，建立社会监督机制，加强检查和评估，促进民办教育机构提高办学水平。

民办教育机构要坚持正确的办学指导思想，自觉规范办学行为，努力改善办学条件，不断提高教育教学质量；要加强思想政治工作，及时掌握师生思想动态；要建立健全内部管理制度，积极采取措施，认真做好安全、消防、食品卫生等方面的工作，排查影响民办教育机构安全和稳定的因素。

在发展过程中，一些民办高校在招生、管理、教学等方面出现混乱现象和严重问题。这些问题既是民办高校发展进程中出现的问题，也是民办高校深层次矛盾长期积累的结果，集中反映了一些民办高校办学存在的指导思想不端正、内部管理体制不健全、法人财产权不落实、办学行为不规范等问题。

为此，2006年12月21日发布的《国务院办公厅关于加强民办高校规范管理引导民办高等教育健康发展的通知》明确提出加强民办高校规范管理的重点。

民办高校要贯彻国家的教育方针，坚持社会主义办学方向和教育公益性原则。严格按照国家规定标准充实和完善办学条件。健全教学管理机构，改进教学方式方法，不断提高教育教学质量。加强教师队伍建设，保障教师的工资、福利待遇，按国家有关规定为教师办理社会保险和补充保险，为教师全身心投入教育教学活动创造良好的条件。

民办高校要按照国家有关规定开展招生工作，招生简章和广告必须经审批机关备案后方可发布，发布的招生简章和广告必须与备案内容相一致。学校法人要对学校招生简章和广告的真实性负责。

民办高校要建立健全党团组织。充实包括辅导员、班主任在内的党务干部队伍和思想政治工作队伍，加强对学生的服务、管理和思想政治教育，依法维护学生合法权益，建立健全维护学校安全稳定的工作体系。

民办高校要依法健全内部管理体制。学校理事会（董事会）为学校决策机构，依法行使决策权；校长依法行使教育教学和行政管理权。理事长、理事（董事长、董事）名单必须报审批机关备案；校长必须具备国家规定的任职条件，并报审批机关核准。

依法建立政府对民办高校的督导制度，省级政府教育主管部门向民办高校委派督导专员。督导专员依法监督、引导学校的办学方向和办学质量，向政府主管部门提出工作建议，同时承担有关党政部门规定的其他职责。

民办高校要落实法人财产权，出资人按时、足额履行出资义务，投入学校的资产要经注册会计师验资并过户到学校名下，任何组织和个人不得截留、挪用或侵占。民办高校应当依法设置会计机构和会计人员，会计人员必须取得会计业务资格证书。建立健全内部控制制度，严格执行国家统一的会计制度。严格执行价格部门批准的收费标准和收、退费办法。收取的各项费用应按规定予以公示。

各省（自治区、直辖市）人民政府要切实加强民办高校的规范管理工作，把民办高校发展的重点转移到稳定规模、规范管理、提高质量的轨道上来。要建立促进民办高校健康发展的工作协调机制，明确有关部门对民办高校的监督和管理职责，定期研究、协调解决工作中的重要问题。积极构建政府依法管理、民办高校依法办学、行业自律和社会监督相结合的民办高校管理工作格局。

《国务院办公厅关于加强民办高校规范管理引导民办高等教育健康发展的通知》还就加强民办高校规范管理具体部署了教育部门、财政部门、审计部门、工商部门、公安部门、民政部门、民办高等教育行业组织、新闻单位、各省（自治区、直辖市）人民政府的职责和任务。国务院办公厅的这个通知措辞严厉，要求明确，措施具体，涉及民办高等教育发展的方方面面，有效遏制了民办高校发展过程中的"不健康"势头。

该通知明确提出了"把民办高校发展的重点转移到稳定规模、规范管理、提高质量的轨道上来"的要求。实际上是从国家层面将民办高校的"转型"发展提上了日程。

2006年4月29日发布的《教育部办公厅关于加强民办学校卫生防疫与食品卫生安全工作的通知》，要求加强对民办学校特别是民工子弟学校卫生防疫与食品卫生安全工作的管理，保障民办学校师生的身心健康。

2007年5月18日，国务院批转《国家教育事业发展"十一五"规划纲要》，该文件明确提出要引导民办教育健康发展。该文件要求各级政府切实加强对民办学校的规范管理，落实民办高校督导制度，实行民办学校年检制度，确保民办学校法人财产权。加强对民办学校招生工作的督察和财务状况的监管，督促民办高等学校稳定规模、规范管理、提高质量。尽快形成政府依法管理、民办学校依法办学、行业自律和社会监督相结合的管理格局。

2007 年 9 月 20 日发布的《教育部关于加强民办学前教育机构管理工作的通知》，具体要求如下。

一是对现有民办学前教育机构进行全面清理整顿。认真清理整顿经县级以上教育行政部门审批的各类民办学前教育机构的举办资格，重新核发办学许可证，定期复核审验。对不具备基本办园（所）条件、卫生条件不达标、存在明显安全隐患且未经许可的学前教育机构，要限期整改；整改仍不合格的，要坚决查禁停办，依法吊销办学许可证；对符合或接近当地基本办园（所）要求，但未取得办学许可证的，可按照《民办教育促进法》有关规定，限期补办办学许可证。

二是严格审批程序，明确监管责任。坚持实行地方负责，分级管理和有关部门分工负责的幼儿教育管理体制，各级教育行政部门要按照国家有关法律法规的规定，严格审批各类学前教育机构。要坚持"谁审批、谁管理、谁负责"的原则，凡经教育行政部门审批合格的学前教育机构，要实行教育部门的归口管理。县级教育行政部门要切实加强对学前教育机构的监督管理，明确管理机构和人员，建立日常监督检查制度。未经审批许可，任何单位和个人不得新设学前教育机构。凡由于审批把关不严，向不合格民办学前教育机构发放办学许可证，造成重大幼儿安全事故的，要严肃追究审批责任。

三是加强民办学前教育机构从业人员管理。各地教育行政部门要依据《教师资格条例》的有关规定，严格实行民办学前教育机构教职工资格准入制度，实行持证上岗，加强对民办学前教育机构教职工的日常管理与考核，淘汰不合格从业人员。各地要结合实际，认真开展对民办学前教育机构教职工的安全培训工作，切实提高民办学前教育机构从业人员的安全意识和安全管理水平，坚决避免因管理疏漏和其他不当人为因素引发幼儿伤亡事故。

四是加强对民办学前教育机构校车的安全管理。各地要定期开展对民办学前教育机构校车的专项排查行动，严格检查校车车况和驾驶员资质，严禁租用拼装车、报废车和个人机动车接送幼儿，严禁聘用不合格驾驶人，严禁校车超载。使用校车的民办学前教育机构要建立教师跟车制度和收车验车制度，跟车教师负责在幼儿上下校车时清点核对人数，校车驾驶员负责在收车锁门前检查车内幼儿是否全部下车，严防将幼儿遗漏在车内。托儿所幼儿应由家长接送，并提请家长负责孩子道路交通安全。

五是加强领导，落实责任。各级教育行政部门要将学前教育纳入当地基础教育整体发展规划，加强对本行政区域内所有学前教育机构的管理、指导和服务。民办学前教育机构负责人是幼儿安全管理工作的第一责任人。民办学前教育机构必须把保护幼儿生命安全和促进幼儿健康成长放在一切工作的首位，确保学前儿童的生命安全。要建立健全各项管理制度，全面落实覆盖学前教育机构管理各个环节的安全防范措施。教育督导部门要进一步加强对民办学前教育机构的督导检查工作。

2008 年 5 月 17 日，时任教育部副部长袁贵仁在中国民办教育协会成立大会上着重提出，要引导民办教育健康发展。民办学校的举办者要以高度的社会责任感，切实承担起全面贯彻党的教育方针、端正办学思想、规范办学行为的第一责任。以改革创新的精神和求真务实的态度，着力完善学校法人治理结构，创新教育发展理念、转变教育发展方式、破解教育发展难题，努力提高人才培养质量和办学效益，以更加广阔的视野、更加开放的姿态、更加敬业的精神、更加执着的努力，不断促进学校的可持续发展，更好地为社会主义现代化服务、为人民服务。

民办学校的干部教师要牢固树立以人为本的教育理念，以培养更多更好的人才为己任，以促进学生的全面发展为第一要务。民办学校的干部教师应当努力坚持依法治校、以德治教，建设和谐校园文化、培育校园文明风尚，营造良好的育人环境，形成健康和谐的干群关系、师生关系。

（二）对民办教育发展的规范和约束

民办教育健康发展是国家的要求，是社会的需要，是广大师生和家长的期盼，也是广大民办教育人的自觉追求。

1. 成立行业组织

2008 年 5 月 17 日，中国民办教育协会成立，这是由全国各级各类民办教育机构和民办教育工作者自愿结成的、行业性的、全国性的非营利行业服务与自律管理的社会组织。该协会自成立以来，坚持以服务为宗旨，广泛团结全国各级各类民办教育机构和民办教育工作者，坚持党的基本路线，坚持科学发展观，全面贯彻科教兴国、人才强国战略。该协会遵守宪法、法律、法规和国家政策，遵守社会道德风尚。努力贯彻《民办教育促进法》和《民办教育促进法实施条例》，面向社会开展民办教育科学理论与实践研究，开展行业自律、行业维权与其他行业服务活动，为培养有理想、有道德、有文化、有纪律的社会主义建设者和接班人，提高劳动者素质，促进中国民办教育的健康发展而努力。该协会成立以来，在落实党和国家的教育方针、团结全国各级各类民办教育学校（机构）、维护行业合法权益、规范行业健康发展等方面做了不少有益的工作。

时任教育部副部长袁贵仁在中国民办教育协会成立大会上说，党中央、国务院历来高度重视发展民办教育事业。教育部将进一步采取切实有效的措施，依法落实民办教育的发展方针，优化民办教育的政策环境，转变行政管理职能，增强服务意识，提高服务效率，促进民办教育事业科学发展、健康发展、和谐发展。希望协会成立后，一要努力加强协会建设。广泛团结全国民办教育工作者和各级各类民办学校，依法依章开展活动，把协会建设成为行为规范、运作有序、代表性强、公信力高的社会组织。二要认真履行协会职能。发挥政府参谋和助手的作用，发挥联系政府和学校的桥梁和纽带作用，发挥行业服务、自律管理的作用，努力为维护民办学校及其师生的合法权益服务、为规范民办学校办学行为服务、为促进民办学校健康发展服务。三要深入开展调查研究。要抓住民办教育实践和发展中出现的新情况、新问题、新矛盾，认真开展调查研究，推动民办教育理论创新，为有关政策的制定、完善和落实提出先进科学、切合实际、有力有效的对策建议。四要积极开展合作交流。协会是我国民办教育对内及对外合作交流的重要平台，要让所有民办学校和有关组织，在合作交流中分享经验、互通有无、共享成果、谋划发展。中国民办教育协会的成立，为民办教育健康发展提供了行业自律的保证。

2008年11月31日，中国民办教育协会中小学专业委员会成立。

2008年12月15日，中国民办教育协会学前教育专业委员会成立。

2009年12月29日，中国民办教育协会高等教育专业委员会成立。

2010 年 10 月 9 日，中国民办教育协会培训教育专业委员会成立。

在这个时期，国家引导建立了政府督导专员制度，多数省（自治区、直辖市）向民办高校选派了党委书记，要求"双向进入，交叉任职"；建立健全了年检制度，年检采取先自查、后检查的方式，每年至少进行一次；加大了违规查处力度，对违规办学行为进行惩戒，直至取消办学资格；完善了民办学校的财务制度；建立了回避制度，规定了董事、校（园）长以及后勤、财会、人事负责人的亲属回避制度；建立了风险保证金制度，用以处理学校发生的意外事故和突发事件。

2. 民办教育的主动自我约束

（1）中国民办教育发展大会的倡议书。

2009 年 10 月 19 日在湖南韶山召开中国民办教育发展大会，会上发出了以下倡议。

> 我们要以更广阔的视野审时度势，坚持民办教育的正确发展方向。
>
> 形成公办教育和民办教育共同发展的格局，是我国教育改革发展的重要经验，是中国特色社会主义教育体系的重要内容。民办教育应当承担起满足和适应社会选择性教育需求的任务，同时要为教育改革和创新提供新的经验，为人才培养开辟新的途径。应当坚持树立以公共利益为核心价值追求的教育理念，推动民办教育和公办教育更加全面、协调、可持续地发展。
>
> 我们要以更务实的行动建设学校，树立民办教育的良好社会声誉。
>
> 民办教育工作者应当采取更加务实有效的举措，努力增强学校的核心竞争力。要不断健全学校内部治理结构，建立合理的决策体制以及内部制衡与外部问责的制约机制。要不断深化办学理念，优化教师队伍，改进学校管理，建设学校文化，提高教育质量，以实现学校办学水平的持续提升，从而赢得民办教育更加良好的社会声誉。

（2）河南的倡议书。

2002 年 1 月 20 日，即河南社会力量办学协会二届四次年会期间，协会组织全省百名民办学校校长发出倡议。

我们百名民办学校校长聚集郑州，参加河南社会力量办学协会二届四次年会，学习有关文件，听领导讲话，受到极大鼓舞和鞭策，决心努力进一步搞好全省的民办教育，为社会主义建设事业培养更多的优秀人才。河南省民办教育事业，在党的改革开放的春风中诞生和发展。20年来，我省民办教育工作者呕心沥血，奋力拼搏，办起了数以千计从幼儿园、小学到大学等不同类型的教育机构，为国家培养出了数以万计的建设人才，为国分忧，为民排难，是教育战线上一支不可低估的巨大力量。

国家对民办教育实行"积极鼓励、大力支持、正确引导、依法管理"的方针。民办学校与公办学校具有同等的法律地位。国家保障民办学校举办者、校长、教师和学生的合法权益。政府部门给了我们许多优惠政策，创造了良好的社会环境。

为进一步发展河南省民办教育事业，我们向全省民办教学机构的同行们发出以下倡议。

一、遵守国家法律、法规，贯彻国家的教育方针。党和政府为发展民办教育事业，制定了一系列的法律和法规，这些法律和法规是我们办学的准绳、行动的指南。我们要加强自身建设，为人师表，规范自己的办学行为，坚定信心，乘势而上，抓住机遇，扎实工作。

二、加强思想政治工作。要建立健全党、政、工、团组织，充实和提高政工队伍，以发展为主题，增强针对性和实效性，进行理想信念教育，按照"三个代表"重要思想的要求，坚持创新和改进工作方法，在加强思想道德建设的同时，重视校园文化建设，深化社会主义精神文明创建活动。

三、专业设置适应建设需要。我们民办教育作为整个教育事业的组成部分，要根据我省社会主义建设的需要，发挥自身优势，坚持以市场需求为导向，不断调整专业设置，突出自己的办学特色，推动全面教学工作。

四、进一步提高办学质量。教学质量是学校的生命。我们在办学中要解放思想，大胆探索，实事求是，认真进行教学改革；要加强学校的软硬件建设，以提高为主，在提高中逐步发展，办出特色，创出名牌学校。要逐步建立一支以专职教师为主、专兼职相结合的优秀教师队伍；同时要为他们提供良好的工作、生活条件，发扬"诲人不倦"的敬业精神，精心备课，认真讲解，认真培养学生的创新精神，努力提高学生的文化、思想素质和实际操作能力。

五、向管理要效益。要健全组织，完善制度。本着对国家、社会和学生负责的精神，对学生要加强管理，善于疏导，认真进行思想政治教育工作；同时努力办好食堂、宿舍，搞好校园建设，使学生们在校内茁壮成长，成为"四有"新人。

六、合理制定收费标准。政府部门给予我们民办学校相当大的自主权，我们要按照学校自身条件和学生的承受能力，合理收费；要精打细算，不谋私利，把有限的资金全都用在教学和改善办学条件上。

七、如实宣传自己。我们的招生广告，内容要真实可靠，不能夸大其词，也不能含糊其词，并且按照规定报批，走正确的招生道路。

八、就业要早抓。我们要有超前意识。求学者读书是为了就业。我们不仅要把学生教好、教会，学到真本事，还要关心学生以后的升学、就业问题，想方设法，牵线搭桥，为他们创造良好的继续深造、报效国家的机会。

（3）北京41所民办高校承诺诚信招生。

2010年7月31日，北京41所民办高校共同签署了诚信公约，承诺杜绝虚假宣传，诚信透明招生。签约仪式由北京民办教育协会、北京市消费者协会教育系统分会联合举办。签约高校向社会公开承诺：实事求是地公布学校名称、办学地点、办学性质、学校类型、招生类别、学习形式、学习层次等内容，如实介绍学校办学状况等相关信息；不以任何形式向考生和家长发布未经备案的招生简章，不在招生活动中擅自调整、变更已经备案的招生简章；依法开展招生活动，未经批准不以境外办学组织名义进行招生；不将招生工作承包给任何社会中介组织或个人；不做虚假就业承诺，不以保证就业为招揽生源的主要手段；学生收退费管理严格按规定执行。

（4）广西发布《广西民办培训教育行业自律公约》。

2015年7月，广西民办教育协会发布了《广西民办培训教育行业自律公约》。该公约规定，培训机构要遵循"依法办学、依法执教、互相尊重、公平竞争、诚信发展、接受社会监督"的原则，以诚信建设和行业自律为重点，规范办学行为，树立民办教育机构良好形象，共同构建广西民办教育良好的办学环境。

该公约还指出，民办培训教育机构要依法招生、诚信招生，在招生工作中不得有虚假宣传、夸大宣传的行为，也不得以虚假承诺或欺诈方式误导学生和家长；遵守民办教育收费管理办法，公平合理确定收费项目和标准，并遵守有关民办教育收费管理办法，公平合理确定收费项目和标准，向社会公示，接受社会监督。

（5）杭州发布诚信宣言。

2010年3月12日下午，杭州市教育局、下城区教育局、杭报集团杭州网、下城区民办教育协会以及杭州近40所知名民办培训学校校长携手参与了诚信宣言发布，并向办学者及广大市民发出了"诚信办学"倡议与承诺培训学校宣言。

3. 地方政府的推进

为进一步加强对民办教育的规范管理，引导民办教育健康发展，各地都采取了积极主动的措施，2000年，上海市教委制定了《关于加强本市中小学、幼儿园举办儿童、中小学业余学校（班）管理的若干规定》，进一步对社会力量办学的注册资金、财务管理、校长任职条件、办班时间等进行规定，组织专家对13所社会力量举办进修学院进行了评议，对6所社会力量举办学院进行了办学水平的等级评估。

广东省教育厅组织专家组对58所专修学院进行了年检，评出优秀学校3所、良好学校17所、及格学校12所、限期整改的学校8所、更改校名的学校10所、撤销的学校8所，并在《南方日报》上予以公告。制定了《关于社会力量办学的学生退学退费的规定》，进一步规范社会力量办学机构的退学退费行为。审批12所自学考试辅导机构。重新修订了专修学院学历文凭考试16门课程的教学计划。举办4期社会力量办学机构负责人培训班，有140多人次参加政策业务培训。

江苏省在苏州召开了全省社会力量办学工作经验交流会，总结交流全省社会力量举办非学历教育工作的经验和做法，表彰了44家全省社会力量办学工作先进单位和52名先进工作者，对下一阶段全省社会力量办学的重点工作和主要任务进行部署，组织对全省社会力量及中外合作办学工作的检查，发出《关于全省社会力量及中外合作办学工作检查情况的通报》。通过对全省 1604 个社会力量举办非学历教育机构及 34 家中外合作办学单位的检查，促进了全省社会力量办学的规范化管理。

安徽省试行了民办高校校（院）长核准制，同时组织专家咨询组对 3 所准备申报民办高校的单位做咨询。根据中共中央 5 号文件精神注销、撤销和取缔了由教育行政部门批准的 89 所气功类学校。另外，配合省公安厅、体育局对全省 120 所武术学校及习武场所进行集中整治并重新登记。

山西省进一步规范对社会力量办学的管理，完成了对全省各级各类社会办学单位的年检和注册工作。实行了民办学校招生简章和招生广告"三统一"管理制度，即统一时间审核，规定有效期；统一使用审批广告；统一集中印刷。加强了对民办学校的专用收费票据管理，对全省民办学校使用的专用收费票据进行定期统一申领、核销和管理，有效规范了民办学校的财务收费工作，维护了学生的合法权益。

辽宁省结合教育行政执法大检查，对大连南洋学校擅自发布招生广告的行为进行了查处，依法撤销了抚顺市国际交流服务中心擅自举办的中外合作办学机构等，维护了社会力量办学的正常秩序。

新疆维吾尔自治区加大对社会力量办学的管理力度。2000 年初印发《2000 年社会力量办学工作要点》，对全区 600 余个社会力量举办的教育机构进行审计和年检工作，合格率达 80% 以上。民办幼儿园、中小学出现突飞猛进的发展，与上年相比，数量和规模都有大幅度增长。对非法招生或以办学为名诈骗钱财者进行了严肃查处。2000 年，自治区设立了社会力量办学招生咨询点，进行统一管理，通过调查取缔了一批非法招生点，维护了正常的招生秩序，保护了学生的合法权益。加强了对社会力量办学人员的政治思想工作的培训。通过组织参观考察和办培训班的方式不断提高社会力量办学人员的素质和管理水平。全年举办培训班 6 期，参加学习人员近 160 人次。

青岛市教委先后制发了《关于建立社会力量办学教师工资保障制度》《非学历教育学校规范化标准》等一系列规章制度，依法对全市社会力量办的学校进行年检，对合格的 425 所学校予以公告并换发社会力量办学许可证，对办学存在问题的学校给予行政处罚或公告停办。

4. 年检和评估

根据教育部"对民办学校进行年检制度"的要求，各地都将民办学校的年度检查列入政府教育部门的重要工作，认真实行。

（1）云南9所民办高校中的8所院校被评为A级。

2015年4月20日，云南省教育厅就本省9所民办本科高校（含独立学院）的办学条件、办学水平及学科专业评估结果进行公示。

按照学校评估结果与各学科门类最高学费对照结果，学校评估如果获得A级，哲学、教育学、文学、历史学的最高收费为14500元，经济学、法学、管理学、军事学为15000元，理学、工学、农学为16000元，医学为21000元，艺术（理论类）为23000元，艺术（应用类）为24500元。需要说明的是，"最高学费"是指学校在确定具体学费标准时，不得超过此限度。假设某校评估结果为A级，则其各学科专业收费标准均不得超过A级标准上限。

（2）郑州地方民办高等学校年审工作。

郑州市教育局于2012年12月19日召开了准备会，详细安排了郑州地方民办高等层次学校年审工作。年审报告如下。

一、整体情况

王建庄组长带领第一组一行7人于12月24日至27日分别对上述8所民办高校办学情况进行了年度审查工作。

检查组依据郑州民办高校（学历教育）2012年审标准，对照5项检查内容、48个检查分项、99个检查点，采取审阅学校自查报告、听取汇报、核查档案材料、实地考察、教职工和学生座谈等形式进行了严格审查，并对学校的办学情况进行了认真考评。第一组所考察的8所民办高校均能够根据检查内容逐项对照，自查评估，整理各种证件、证书及相关资料，写出自查总结。

受检的多数民办高校办学方向明确、办学指导思想端正。能够坚持党的教育方针，依法办学，办学定位准确，结合郑州经济和社会发展需要开设专业，培养人才。学校主要领导班子及成员思想政治觉悟较高，能够坚持教育的公益性原则，把办学的社会效益放在重要地位，重视学校信誉和教育教学质量，均受到社会的广泛认可。办学行为规范，师生的合法权益能够得到保证，能够完成上级教育行政部门安排的工作。

各高校办学条件基本符合要求。领导班子思路清晰，职责明确，学校内部管理体制基本健全，校长具有国家规定的任职资格。有专兼职党务工作和思想政治工作队伍。师资队伍基本符合要求，教师综合素质、教学水平较高，能够适应教学工作需要。学校具有独立、固定、相对集中的产权土地和基本满足教学、生活需要的校舍。安全设施齐全，图书、仪器和实习、实训设施能满足教育教学需要，基本达到国家规定的标准。

各高校教育教学工作突出。任课教师能够按照人才培养方案认真进行教学工作，教学过程规范，能不断提高教学质量，学生满意度高。实践课时和实验、实训课的开出率符合要求。教材使用规范，教学档案比较齐全，有健全的教育教学质量保证监控体系，各项教学管理制度运行良好，评价模式符合高职实际，考试管理严格，校风良好。专任教师能够结合高等职业教育和学校实际进行教学研究，取得一定成绩。校园环境比较整洁，安全工作和维稳工作效果好。

各高校后勤和财务部门能够为教育教学工作提供保障，财务管理符合国家制度。办学效益均较以前有提高，办学经费能够保证教育教学工作的正常进行。学校高度重视学生就业工作，用人单位对毕业生评价较高。

总之，各受检高校能够认真贯彻党和国家教育方针依法办学，按照国家规定标准完善办学条件，健全管理体制，规范教学管理，加强科研工作，强化学生管理，致力于队伍建设，做好后勤保障，严格财务制度；扩大办学规模，提高教学效益。为郑州市民办教育发展，特别是民办职业教育的发展起到了引领作用，服务了中原经济区等的建设。

二、年审组初步意见

在检查过程中，年审工作组严格按照国家、省市要求，分类分内容对各院校进行了检查。年审过程坚持客观公正的原则，严格标准，严格检查，对不达标的项目进行了扣分，根据民办高校 2012 年审标准，检查组整体意见是 8 所高校均达到合格标准，具体得分如下：

郑州华信学院 98.5 分

郑州科技学院 97.8 分

郑州澍青医学高等专科学校 96.5 分

郑州电力职业技术学院 89.0 分

郑州电子信息职业技术学院 88 分

嵩山少林武术职业学院 86.5 分

郑州理工职业学院 84.4 分

郑州商贸旅游职业学院 84.3 分

三、普遍存在的问题与建议

通过对 8 所高校的检查和认真分析，年审工作组认为每个学校相比以前都取得了不小的进步，总体状况是良好的，但是也存在一些不容忽视的问题。

一是个别校级领导专业技术职务和学历未达标。

二是师资结构不合理是各民办高校共性问题。年轻教师和退休聘任教师居多，中年骨干教师匮乏，专业课程有待引进高水平教师，专职辅导员和班主任队伍有待进一步扩充。但如何增强民办高校的吸引力，留住优秀教师，不仅需要高校投入，更需要政府深入研究，给民办高校以政策性支持。

三是民办高校基础教学条件需进一步完善。实训场所和设备需进一步改善；学校图书方面，一些高校没有相关佐证，根据实地查看情况，部分高校上报数据有出入。

四是科研工作薄弱，高水平科研成果缺乏。各高校应由基础抓起，搞校级本土科研，但根据检查情况，各高校校级科研项目的开展亟待加强。

五是财务基础工作需进一步加强，相关主管部门需给予业务上的指导，并加强日常督查。

六是办学难度大，生源不足是最大的危机，望教育局强化指导，拓宽生源渠道，让其焕发新的生机。各高校也要切实做好毕业生跟踪调查，以社会需求为导向，及时改进学校工作。

5. 整改和引导

面对出现的问题，各地采取了主动措施，引导民办教育健康发展。

安徽省从鼓励、支持与规范两个方面，努力为民办教育的发展创造宽松的政策环境。省政府 2002 年出台了《关于鼓励支持社会力量办学的若干意见》，就解放思想、转变观念，明确重点、多样发展，政策扶持、保障权益，科学设置、规范管理，坚持办学方向、提高教学质量等方面，对社会力量办学提出了指导性意见。省教育厅还相继发布了《关于批设非学历高等教育机构有关问题的通知》、《关于民办高等学校校（院）长试行核准制度的通知》、《关于明确民办高等学校管理中几个问题的通知》、《安徽省审批社会力量办学机构暂行办法》以及各级各类民办教育机构设置基本标准，形成了一系列鼓励、支持和规范办学行为的政策规定。

各市民办教育规章制度建设也取得了新的进展。合肥市、芜湖市、六安市政府相继出台了社会力量办学管理的暂行办法。不少市、县针对民办教育发展过程中出现的问题，先后下发了涉及行政、教学、财务、师资等方面的规范性文件。

2005 年，河南省根据 2004 年民办学校年审结果，为全省 5200 所民办学校和民办教育机构换发了新的"办学许可证"，鼓励其规范办学。2006年，省教育厅对全省 4297 所民办学校和民办教育机构进行了年检。分别从办学指导思想、办学条件、管理水平、教学质量和办学效益等方面进行了全面检查。对办学条件不合格的民办学校和民办教育机构进行复查，对其中希望继续办学的限期整顿，对不适合继续办学的学校进行了注销，共注销和停办民办学校与民办教育机构 23 所（个）。2010 年 9 月 20 日，中共河南省委组织部向黄河科技学院等 3 所民办本科高校委派党委书记。2012 年，郑州市首次向市管 36 所民办学校派驻党建指导员。2013 年，商丘市共有 67所民办学校（机构）被责令限期整改，17 所学校被处以停止招生，13 所学校被取消办学资格，停办学校 25 所。2014 年 6 月 23 日至 7 月 10 日，许昌市对已审批的 245 所民办教育培训机构及 238 所无证民办教育培训机构的办学行为进行拉网式排查整治。被取消办学资格的民办教育培训机构共 14 所，限期整改 74 个，72 个无证培训机构被下发终止非法办学行政告知书。

六　重要组成部分阶段民办教育发展概况

进入 21 世纪，为尽快形成"以政府办学为主体、公办学校和民办学校共同发展的格局"，民办教育的规模实现了快速增长。2000~2016 年是当代中国民办教育规模快速增长期。

（一）21世纪伊始，全国及部分省（区、市）民办教育规模

1. 全国概况

2000年，全国各级各类民办学校和教育机构已达54298所（个），比上年增加9194所（个）；在校学生699.41万人，比上年增加96万人。其中，民办幼儿园44317所，比上年增加7297所，占全国幼儿园总数的25.2%；在园幼儿284.26万人，比上年增加61.86万人，占全国幼儿园在园幼儿总数的12.7%。民办小学4341所，比上年增加1077所，占小学总数的0.78%；在校生130.81万人，比上年增加33.11万人，占小学阶段在校生总数的1%。民办普通中学（含初中、高中）3316所，比上年增加723所，占普通中学总数的4.3%；在校生149.47万人，比上年增加42.27万人，占普通中学在校生总数的2%。民办职业中学999所，比上年增加49所，占职业中学总数的11.3%；在校生30.34万人，比上年增加3.04万人，占职业中学在校生总数的6.03%。高等教育阶段具有颁发学历文凭资格的民办高校43所，比上年增加6所，在校生比上年增加2万余人。民办非学历高等教育机构1282个，比上年增加42个，注册学生数98.17万人，比上年减少20.27万人，其中，实施高等教育学历文凭考试试点的民办高等教育机构370余所，注册学生数29.7万人，比上年增加3.9万余人。

2. 部分省（区、市）情况

2000年，上海市社会力量举办的非学历教育机构共1087个，专职教师0.50万人，兼职教师2.80万人。2000年，河北省新批准建立民办高等教育学校23所，民办高中52所，民办中等学校总数达274所。

广东省社会力量举办的非学历高等教育机构毕（结）业10178人（其中学历文凭班毕业1108人），招生20503人（其中学历文凭班4955人），注册生达23605人（其中学历文凭班8361人）。

陕西省民办高等教育迅猛崛起。2000年，陕西省已有4所民办专科层次的高校，根据部分民办高校办学条件及发展状况，全省又增设5所民办高校开展高等教育学历文凭考试试点。

山东省民办教育实现了快速发展。到2005年，全省各类民办学校和教育机构已达到5217所（个），在校生184.9万人，分别是2001年各类民办教育机构数和在校生数的1.6倍和3.1倍。其中幼儿园1852所，小学177

所，中学 894 所，中等职业学校 146 所，民办高校 155 所（其中民办高职学院 27 所，民办二级学院 12 所），其他教育机构 1993 个。各类民办教育机构专兼职管理人员、教师已达 18.2 万人。民办教育的总资产达到 264 亿元。

山西省新审批民办高中 26 所，民办高校 15 所，民办教育培训机构 3 个，全省各种社会力量举办的学校和教育机构达到 1644 所（个），在校生达 16.8 万人，投入办学资金和办学总额达到 13.69 亿元。

辽宁省审批新建民办高等教育机构 4 个，中外合作办学机构 4 个，民办高中 8 所。各级各类社会力量办学机构近 3000 个，其中民办高等教育机构 46 个，中外合作办学机构 28 个，民办中小学 210 多所，自考助学机构 560 多个，民办幼儿园和其他非学历培训机构 2000 多所（个）。

黑龙江省民办非学历高等学校 84 所。其中，社会团体举办 19 所，企事业单位举办 53 所，公民个人举办 12 所。校舍建筑总面积 40 万平方米；固定资产近 3 亿元；共有专职教师 1000 人，兼职教师近 3000 人；在校生近 3 万人。

江苏省 14 所民办高校承担了 1.6 万学生的教育任务。此外，江苏省还举办了一批采用民办机制运作的普通高校二级学院。社会力量举办的非学历高等教育机构 75 个，参加高等教育学历文凭考试的机构 21 个，民办中学 158 所，民办小学 97 所。

安徽省社会力量举办的各级各类学校和教育机构总数达 2249 所（个），其中幼儿园、高中和中等职业学校数有较大增长，在校生数达 36 万多人，固定资产 17.4 亿元。

江西省各级各类民办学校 3000 多所，在校生 32 万多人，其中，民办高校 46 所，在校生 7.5 万人。

重庆市社会力量举办的学校有 1725 所，在校生 15.6 万余人。

云南省社会力量举办的学校由上年的 505 所增加到 759 所（其中幼儿园增加 212 所，小学增加 10 所，中学增加 32 所），民办学校的在校生有 23.7 万人，比上年增加 7 万人；毕（结）业生 23.4 万人，比上年增加 6.7 万人；教职工 9046 人，比上年增加 3353 人；学校财产总值 5.36 亿元，比上年增加 1.72 亿元；学校建筑面积 151 万平方米，比上年增加 78 万平方米。

甘肃省 14 个地、州、市教育行政部门所审批和管理的社会力量办学机构共有 479 个（所）。其中，中学 30 所，小学 40 所，幼儿园 222 所，其他培训机构 187 个。

青岛市共有各级各类社会力量举办的学校（班）425 所（个）。其中，个人办学校 102 所，中外合作办学 17 所，国际学校 2 所。

（二）《民办教育促进法》（简称《民促法》）颁布时全国民办教育总规模

2002 年底，《民促法》颁布，民办教育有法可依，进入快速发展期。据统计，2003 年全国各级各类民办学校（教育机构）共 7 万余所（个），在校生 1416.09 万人。其中，民办幼儿园 5.55 万所，在园儿童 480.23 万人；民办普通小学 5676 所，在校生 274.93 万人；民办普通初中 3651 所，在校生 256.57 万人；民办职业初中 54 所，在校生 2.28 万人；民办普通高中 2679 所，在校生 141.37 万人；民办中等职业学校 1377 所，在校生 79.31 万人；民办高等学校 175 所，在校生 81.00 万人；其他民办高等教育机构 1104 所，注册学生 100.40 万人。另外，培训机构有 10631 个，参加培训人次达 393.81 万。[1]

（三）党的十九大召开前全国民办教育总规模

到 2016 年，全国共有各级各类民办学校 17.10 万所，比上年增加 8253 所；招生 1640.28 万人。（见表 5-14）

（四）《民促法》颁布至党的十九大召开前全国民办教育总体规模

2000 年、2001 年、2002 年的《全国教育事业发展统计公报》没有单独列出民办教育的数据，其时民办教育已经有了从学前教育到高等教育层次的完整体系，只是占比很小。

《民促法》颁布后，全国各级各类学校总数在减少，由 2003 年的 69.03 万所减少到 2016 年的 49.69 万所，减少了 19.34 万所；而民办教育学校数却在逐年增加，由 6.91 万所增加到 17.10 万所，民办学校数的占比由 2003 年的 10.01% 迅速提高到 2016 年的 34.41%，民办学校数超过了全国学校总数的 1/3。

---

① 中国民办教育年鉴编委会编《中国民办教育年鉴（2006 卷）》，教育出版社，2007。

民办学校在校生规模也呈现类似的变化趋势，民办学校在校生占比由2003年的5.32%提高到2016年的19.06%。在校生规模扩大的前提是招生数的增加，到2016年全国民办学校招生数已经达到招生总数的22.45%（见表5-14）。民办学校在校生规模和招生数分别约占全国学校在校生规模和招生总数的1/5，可见当代中国民办教育已经成为中国教育的重要组成部分。

表 5-14 全国民办教育学校数、在校生数和招生数

项目		2003年	2006年	2008年	2010年	2011年	2012年	2013年	2014年	2015年	2016年
学校数	全国（万所）	69.03	56.70	52.44	49.37	49.21	49.26	49.36	49.21	49.41	49.69
	民办（万所）	6.91	9.32	10.09	11.90	13.80	13.99	14.90	15.52	16.27	17.10
	占比（%）	10.01	16.44	19.24	24.10	28.04	28.40	30.19	31.54	32.93	34.41
在校生数	全国（万人）	24736.53	25014.03	24988.53	25105.83	25412.74	25131.32	24533.35	24604.76	24931.95	25322.14
	民办（万人）	1315.76	2313.02	2824.40	3392.96	3713.90	3911.02	4078.31	4301.91	4570.42	4825.47
	占比（%）	5.32	9.25	11.30	13.51	14.61	15.56	16.62	17.48	18.33	19.06
招生数	全国（万人）	－	－	－	5776.70	5717.68	5573.00	5388.72	5244.01	7284.63	7306.59
	民办（万人）	－	－	－	1300.45	1400.88	1454.03	1494.52	1563.84	1636.68	1640.28
	占比（%）	－	－	－	－	－	－	－	－	22.47	22.45

注：（1）表中不包括成人高等学校、其他民办高等教育机构、特殊教育机构的数据。（2）2010年以前《全国教育事业发展统计公报》的各级各类学校招生数据不完整。（3）2010~2014年的全国招生数不含幼儿园的数据，所以占比无法计算。（4）独立学院的数据未计入。

资料来源：根据历年《全国教育事业发展统计公报》整理所得。

（五）《民促法》颁布至党的十九大召开前民办教育各层次发展情况

1. 民办学前教育

到2010年，全国幼儿园在园幼儿数达到2976.67万人。之后学前教育

规模迅速扩大，2011 年在园幼儿规模突破 3000 万人，2014 年突破 4000 万人。到 2016 年，全国幼儿园在园幼儿数达到 4413.86 万人，其中民办幼儿在园幼儿数为 2437.66 万人，占到全国在园幼儿数的 55.23%（见表 5-15）。

表 5-15　全国民办幼儿园数和在园幼儿数

项目		2003 年	2006 年	2008 年	2010 年	2011 年	2012 年	2013 年	2014 年	2015 年	2016 年
幼儿园数	全国（万所）	11.64	13.05	13.37	15.04	16.68	18.13	19.86	20.99	22.37	23.98
	民办（万所）	5.55	7.54	8.31	10.23	11.54	12.46	13.35	13.93	14.64	15.42
	占比（%）	47.68	57.78	62.15	68.02	69.18	68.73	67.22	66.36	65.44	64.30
在园幼儿数	全国（万人）	2004.00	2263.85	2474.96	2976.67	3424.45	3685.76	3894.69	4050.71	4264.83	4413.86
	民办（万人）	480.23	775.69	982.03	1399.47	1694.21	1852.74	1990.25	2125.38	2302.44	2437.66
	占比（%）	23.96	34.26	39.68	47.01	49.47	50.27	51.10	52.47	53.99	55.23

资料来源：根据历年《全国教育事业发展统计公报》整理所得。

民办学前教育在 20 世纪 80 年代发展缓慢，进入 21 世纪后规模迅速扩张，到 2016 年，民办幼儿园数占到全国幼儿园总数的 64.30%，在园幼儿数占到 55.23%，民办学前教育占据了全国学前教育的"半壁江山"。

2003～2016 年，民办幼儿园在园幼儿数由 480.23 万人增长到 2437.66 万人，13 年间增加了 1957.43 万人，平均每年增加 150.57 万人。

2. 民办小学教育

《2003 年全国教育事业发展统计公报》开始有了民办教育的数据，当年全国共有普通小学 42.58 万所，在校生 11689.74 万人，其中民办普通小学 5676 所，在校生 274.93 万人。民办普通小学数占全国普通小学总数的 1.33%，在校生数占全国普通小学在校总数的 2.35%。

到 2016 年，全国普通小学数为 17.76 万所，民办普通小学数 5975 所，占 3.36%；全国普通小学在校生 9913.01 万人，民办普通小学在校生 756.33 万人，占到 7.63%（见表 5-16）。民办普通小学数占比较低，在校生占比提高，说明民办普通小学的校均规模有了较大幅度的扩大。民办普通小学在校生总规模呈现增长的态势。

表 5-16 全国民办普通小学数和在校生数

项目		2003 年	2006 年	2008 年	2010 年	2011 年	2012 年	2013 年	2014 年	2015 年	2016 年
学校数	全国（万所）	42.58	34.16	30.09	25.74	24.12	22.86	21.35	20.14	19.05	17.76
	民办（所）	5676	6161	5760	5351	5186	5213	5407	5681	5859	5975
	占比（%）	1.33	1.80	1.91	2.08	2.15	2.28	2.53	2.82	3.08	3.36
在校生数	全国（万人）	11689.74	10711.53	10331.51	9940.70	9926.37	9695.90	9360.55	9451.07	9692.18	9913.01
	民办（万人）	274.93	412.09	480.40	537.63	567.83	597.85	628.60	674.14	713.82	756.33
	占比（%）	2.35	3.85	4.65	5.41	5.72	6.17	6.72	7.13	7.36	7.63

资料来源：根据历年《全国教育事业发展统计公报》整理所得。

虽然民办普通小学学校数和在校生数占比一直不高，但是所占比例逐年提升。国家九年义务教育体制的实施，决定了民办普通小学必须具有优质特色才能吸引学生。就是在这样的背景下，民办普通小学的在校生比例仍由 2003 年的 2.35% 提高到了 2016 年的 7.63%。

3. 民办初中教育

《2003 年全国教育事业发展统计公报》显示，当年全国共有初中 6.74 万所，在校生 6690.83 万人，其中民办初中 3704 所，在校生 258.85 万人。2016 年，全国初中数为 5.21 万所，民办初中 5085 所；全国初中在校生 4329.37 万人，民办初中在校生 532.82 万人，民办初中在校生数占全国初中在校生总数的 12.31%（见表 5-17）。

表 5-17 全国民办初中数和在校生数

项目		2003 年	2006 年	2008 年	2010 年	2011 年	2012 年	2013 年	2014 年	2015 年	2016 年
学校数	全国（万所）	6.74	6.09	5.79	5.49	5.41	5.32	5.28	5.26	5.24	5.21
	民办（所）	3704	4561	4415	4295	4282	4333	4535	4743	4876	5085
在校生数	全国（万人）	6690.83	5957.95	5584.97	5279.33	5066.80	4763.06	4440.12	4384.63	4311.95	4329.37
	民办（万人）	258.85	394.40	428.60	442.11	442.56	451.41	462.35	487.00	502.93	532.82

资料来源：根据历年《全国教育事业发展统计公报》整理所得。

2003~2016 年，民办初中在校生数由不到 260 万人增加到超过 530 万人，增长幅度相当明显。

4. 民办高中教育

《2003 年全国教育事业发展统计公报》显示，当年全国共有高中 1.58 万所，在校生 1964.83 万人，其中民办高中 2679 所，民办高中在校生 141.37 万人。民办高中数占全国高中总数的 16.96%，在校生数占全国高中在校生总数的 7.20%。

2016 年，全国高中 1.34 万所，民办普通高中 2787 所，占 20.80%；全国高中在校生 2366.65 万人，民办普通高中在校生 279.08 万人，占 11.79%，占比明显提高。

在民办高中教育阶段，一开始普通高中规模远远大于中等职业教育规模，2003 年民办普通高中在校生比民办中等职业教育在校生多 62.09 万人，在当年整个民办高中教育阶段，中等职业教育在校生规模仅占 35.96%。到 2008 年，民办中等职业教育在校生规模实现了反超，达到 291.81 万人，比民办普通高中在校生多 51.51 万人，占民办高中教育阶段在校生总数的 54.84%。2009 年到 2012 年民办中等职业教育在校生规模都保持着数量优势，其中 2009 年民办中等职业教育在校生规模比民办普通高中多 87.97 万人，占民办高中教育阶段在校生总数的 58.02%。2013 年出现反转，民办普通高中在校生数占据优势且差距不断拉开。到 2016 年，民办普通高中在校生规模比民办中等职业教育在校生多 94.94 万人，民办中等职业教育在校生规模仅占民办高中教育阶段在校生总数的 39.75%。

5. 民办普通高等教育

《2003 年全国教育事业发展统计公报》显示，当年全国共有普通高校 1552 所，在校生 1108.56 万人，其中民办高校 173 所，在校生 81.00 万人。民办高校数占到全国普通高校总数的 11.15%，在校生数占到全国普通高校总在校生数的 7.31%。

2016 年，全国普通高校数为 2596 所，民办高校数为 742 所，民办高校数占全国普通高校总数的 28.58%；全国普通高校在校生 2695.84 万人，民办高校在校生 634.06 万人，民办高校在校生数占全国普通高校在校生总数的 23.52%（见表 5-18）。

表 5-18 全国民办高校数和在校生数

<table>
<tr><td colspan="2">项目</td><td>2003 年</td><td>2006 年</td><td>2008 年</td><td>2010 年</td><td>2011 年</td><td>2012 年</td><td>2013 年</td><td>2014 年</td><td>2015 年</td><td>2016 年</td></tr>
<tr><td rowspan="3">学校数</td><td>全国（所）</td><td>1552</td><td>1867</td><td>2263</td><td>2358</td><td>2409</td><td>2442</td><td>2491</td><td>2529</td><td>2560</td><td>2596</td></tr>
<tr><td>民办（所）</td><td>173</td><td>278</td><td>640</td><td>676</td><td>698</td><td>707</td><td>718</td><td>728</td><td>734</td><td>742</td></tr>
<tr><td>占比（%）</td><td>11.15</td><td>14.89</td><td>28.28</td><td>28.67</td><td>28.97</td><td>28.95</td><td>28.82</td><td>28.79</td><td>28.67</td><td>28.58</td></tr>
<tr><td rowspan="3">在校生数</td><td>全国（万人）</td><td>1108.56</td><td>1738.84</td><td>2021.02</td><td>2231.79</td><td>2308.51</td><td>2391.32</td><td>2468.01</td><td>2547.70</td><td>2625.30</td><td>2695.84</td></tr>
<tr><td>民办（万人）</td><td>81.00</td><td>133.79</td><td>401.30</td><td>476.68</td><td>550.07</td><td>533.18</td><td>557.52</td><td>587.15</td><td>610.90</td><td>634.06</td></tr>
<tr><td>占比（%）</td><td>7.31</td><td>7.69</td><td>19.86</td><td>21.36</td><td>23.83</td><td>22.30</td><td>22.59</td><td>23.05</td><td>23.27</td><td>23.52</td></tr>
</table>

注：从 2008 年起，民办高校数中含有独立学院数据。2008~2016 年，独立学院数依次为 322 所、322 所、323 所、309 所、303 所、292 所、283 所、275 所、266 所。

资料来源：根据历年《全国教育事业发展统计公报》整理所得。

2003 年其他民办高等教育机构共有 1104 个，注册学生 100.40 万人；2004 年其他民办高等教育机构 1187 个，注册学生 105.33 万人。[①]

6. 2006~2016 年全国民办培训机构发展情况

2006 年，全国共有民办培训机构 23470 个，876.84 万人次接受了培训；2007 年，全国共有民办培训机构 22322 个，884.68 万人次接受了培训；

---

① 根据历年《全国教育事业发展统计公报》整理所得。

2008 年，全国共有民办培训机构 19579 个，834.76 万人次接受了培训；

2009 年，全国共有民办培训机构 19395 个，844.93 万人次接受了培训；

2010 年，全国共有民办培训机构 18341 个，929.78 万人次接受了培训；

2011 年，全国共有民办培训机构 21403 个，955.46 万人次接受了培训；

2012 年，全国共有民办培训机构 20155 个，860.64 万人次接受了培训；

2013 年，全国共有民办培训机构 2.01 万个，943.56 万人次接受了培训；

2014 年，全国共有民办培训机构 2.00 万个，867.94 万人次接受了培训；

2015 年，全国共有民办培训机构 2.01 万个，898.66 万人次接受了培训；

2016 年，全国共有民办培训机构 1.95 万个，846.80 万人次接受了培训。

第三节　中国教育改革发展的重要力量阶段

以 2017 年党的十九大召开为标志，中国民办教育进入新的发展阶段，开始成为教育改革发展的重要力量。

2010 年，《国家中长期教育改革和发展规划纲要（2010-2020 年）》指出，民办教育是促进教育改革发展的重要力量。

中国教育发展战略学会执行会长兼教育法制专业委员会理事长孙霄兵在《民办教育》2017 年第 5 期撰文指出，民办教育已跨入一个新的发展阶段，中国教育已经形成了以政府办学为主体、公办学校和民办学校共同发展的格局，民办教育不再是公办教育的补充和依附，也不再处于可有可无的地位，民办教育将在中国教育改革发展过程中起到战略性作用。其作用主要表现在以下几方面。第一，发展价值。从学前教育到高等教育，民办教育都占有相当比例，尤其民办学前教育已经成为学前教育的主要支撑。第二，投入价值。民办教育的投入空前巨大，未来投入方向将体现在多样化、个性化、特殊化的专业和领域。第三，体制机制优势。民办教育与市场联系紧密，不受人员、经费等条件限制，有更大创造空间。第四，人才培养质量提升。新《民促法》实施后，将促进两类民办学校的资本集聚——营利性民办学校将打通融资渠道，非营利性民办学校也可以走捐资、捐赠渠道。通过资本积累，民办教育可以推动管理改革、教学创新，从而提升人才培养质量。

一　高质量发展的时代要求

2017 年 10 月，中国共产党第十九次全国代表大会召开，中华民族迎来了从站起来、富起来到强起来的伟大飞跃。我国社会主要矛盾已经转化为人民日益增长的美好生活需要和不平衡不充分的发展之间的矛盾。民办教育也迎来了新的发展时期。新时代对民办教育提出了新要求。

2022 年 10 月召开的中国共产党第二十次全国代表大会提出，高质量发展是全面建设社会主义现代化国家的首要任务。发展是党执政兴国的第一要务。

实现高质量发展，建设社会主义现代化强国，是党的十八大以来党的理论和实践的创新，是马克思主义结合当代中国实际的科学发展，是有生机、有活力的马克思主义。马克思主义的时代化、中国化，为新时代党和国家事业发展提供了指导思想和根本遵循。

理论的发展，推动事业的进步。党的二十大根据马克思主义中国化的理论指导，提出了党在新时期的中心任务：团结带领全国各族人民全面建成社会主义现代化强国、实现第二个百年奋斗目标，以中国式现代化全面推进中华民族伟大复兴。

高质量发展的时代背景在对 40 多年来中国民办教育的发展进行总结的同时，提出了将规模增长转换为质量提升的明确要求。

（一）顶层设计：校正航向，拓宽航道

2023 年 6 月，中共中央办公厅、国务院办公厅印发了《关于构建优质均衡的基本公共教育服务体系的意见》，要求到 2027 年，优质均衡的基本公共教育服务体系初步建立，供给总量进一步扩大，供给结构进一步优化，均等化水平明显提高。到 2035 年，义务教育学校办学条件、师资队伍、经费投入、治理体系适应教育强国需要，市（地、州、盟）域义务教育均衡发展水平显著提升，绝大多数县（市、区、旗）域义务教育实现优质均衡，适龄学生享有公平优质的基本公共教育服务，总体水平步入世界前列。

（二）地方跟进：口径一致，措施妥当

全国人大常委会《关于修改〈中华人民共和国民办教育促进法〉的决定》要求省、自治区、直辖市结合新法制定实施办法。辽宁省率先出台实

施意见，随后，安徽省、甘肃省、天津市、云南省、湖北省、上海市、浙江省、河北省、陕西省、河南省、海南省、青海省、广东省相继出台实施意见。截至 2019 年 9 月，全国已有 29 个省级单位出台了实施意见。

在党建工作方面，云南省明确，民办学校党组织负责人主要由教育行政部门及公办学校选派和民办学校内部产生；吉林省将选派民办高校党委书记、督导专员作为培养、锻炼和考察选拔干部的重要途径，选派人选明确为公办高校 50 岁以下优秀的正处长级干部；上海市拟制定《上海市民办高校党组织领导干部选拔任用暂行办法》，进一步推动民办高校党建工作的制度建设；辽宁省对民办高校专职团委书记配备及其待遇标准提出明确要求。

上海市明确党组织的职能，规定"涉及民办学校发展规划、重要改革、人事安排等重大事项，党组织要参与讨论研究，董（理）事会在做出决定前，要征得党组织同意；涉及党的建设、思想政治工作和德育工作的事项，要由党组织研究决定"，广东省、青海省等省（区、市）提出建立健全党组织与学校董（理）事会、监事会日常沟通协商制度和完善党政领导班子联席会议制度的要求；江西省等省（区、市）提出应明确党组织工作经费，规定上级党组织可全额返还民办学校的党费，提出地方政府可以对民办学校党组织经费提供一定的财政支持；海南省、黑龙江省等省（区、市）规定民办学校要在年度预算中列支党组织工作经费。

除将党建纳入民办学校年检内容外，安徽省还将党建纳入民办学校设立、评估考核、管理监督和表彰奖励等环节；青海省、湖南省明确规定要将党组织建设有关内容列入学校章程；上海市提出实施民办高校党建和思想政治工作创新专项计划；吉林省提出开展公办与民办高校结对共建活动；云南省积极探索党建工作指导员等制度。

在丰富财政扶持方式方面，浙江省等省（区、市）应明确各级各类民办学校的补助标准。上海市、贵州省提出健全以招收进城务工人员随迁子女为主的民办小学办学成本政府补贴制度；海南省对民办学校基本建设和设备购置贷款给予一定比例的贴息；山西省对非营利性民办中等职业学校在实施学校基础能力建设、实习实训基地建设时，给予公办学校同等待遇。

在鼓励社会力量进入教育领域方面，浙江省提出对非营利性民办学校的捐赠给予财政资金配套；河南省对民间资金一次性投资规模较大的学校给予一定的资金奖励和人才支持；海南省对承担基本建设任务并引进优质高等教育资源的社会力量给予一定比例的贷款贴息和租金补贴；湖北省、重庆市等省（区、市）也提出贴息贷款政策；上海市等省（区、市）通过建立教育发展投资公司或组建教育融资担保公司等方式，搭建教育投资运作平台，为民办学校提供贷款担保等服务，并探索以无形资产、商标权、非教育设施抵质押贷款和营利性民办学校发行专项债券的办法；广东省通过支持"公办民营""混合所有""股份制""股权激励"等办学体制改革拓宽办学领域；重庆市还尝试引入公益信托机制，引导教育基金会举办非营利性民办学校；江西省鼓励举办普惠性民办幼儿园，积极探索混合所有制等多元主体合作办学的职业教育。

在提高民办学校师资待遇方面，所有省（区、市）都明确了公办、民办学校教师享有同等待遇，体现在工龄计算、职称评定、人事管理、培训、招聘、人才政策和退休待遇等方面。辽宁省还对给教师购买年金、商业保险的民办学校给予直接或间接的财政补贴；大部分省（区、市）支持公办学校在编在岗的教师到民办学校支教，并明确流动机制和办法，如浙江省规定民办学校转公办学校编制的教师不超过 20%，公办教师累计任职、任教时间不超过 6 年；安徽省、甘肃省规定支教教师的公办教师身份、档案关系和社会保险等均保持不变，工龄、教龄连续计算；湖北省引导民办学校建立教师收入动态增长机制；上海市、重庆市探索教师从教奖励制度；广东省积极探索从教津贴制度；黑龙江省积极探索民办学校教职工最低工资标准制度；湖北省、广西壮族自治区积极探索服务师生的公募性质的民办教育福利基金和困难教师救助机制；江西省和广西壮族自治区对党务、思想政治课教师及辅导员的收入提出了要求。

在税费优惠等政策方面，山东省、广东省明确将民办教育用地纳入统筹规划；湖北省支持长期租赁、先租后转和租转结合的土地供应方式；海南省规定国际及国家的教育类非营利性组织在海南省设立分支机构时，享受非营利性民办学校同等用地政策；辽宁省提出"民办学校提供技术开发、技术转让和与之相关的技术咨询、技术服务，符合相关规定的，免征增值税"；河北省提出对民办培训机构使用简易计税方法征收税费；重庆市、四川省、陕西省和江西省等省（区、市）提出，满足条件的营利性民办学校可享受符合西部大开发或高新技术企业的税收优惠政策。

在财产权费用减免方面，大部分省（区、市）规定，对涉及土地等法人财产权原值过户到民办学校时产生的契税、个人所得税等给予相应减免，重庆市、江西省等省（区、市）允许土地用途转变产生的补交款采取分期付款的方式；黑龙江省明确提出土地出让金按时价定价。

（三）地方民办教育现代治理体系基本形成

地方民办教育现代治理体系基本形成主要体现在以下方面。

在科学构建民办学校内部治理结构方面，除按照法定要求建立健全监事机构外，上海市提出探索职业校长制和公开选聘机制，并规定一个自然人不得兼任同一个学校的董（理）事和监事；青海省规定有较多公共财政资金、资产投入的民办学校，董（理）事会应有审批机关委派的董（理）事参与；黑龙江省对营利性民办学校股东会等学校治理架构进行详细规定；关于关键管理岗位实行亲属回避的范围，青海省限定在监事会和财务岗位，重庆市限定在校长、财务、人事、基建和采购岗位，吉林省限定在人事、财务和资产部门。

在建立健全民办学校财产财务管理制度方面，各省（区、市）均要求民办学校将法人财产过户到学校名下，安徽省、青海省等省（区、市）提出学校财产的评估要求；四川省、浙江省等省（区、市）设立法人财产过户时间表；浙江省还规定资产未过户到学校名下前，举办者对学校债务依法承担相应的法律责任，民办学校合理控制负债规模，借款只能用于学校自身的建设和发展，对外投资要报相关部门备案，且不得从事股票、期货等高风险项目投资；重庆市通过审批、公示、信息披露及账户余额管理等方式，严格规范民办学校的资产重组和关联交易行为；辽宁省、云南省等省（区、市）要求经第三方审计的财务年度报告向社会公布或向行政部门备案；上海市建设完善的民办学校财务监管平台，并建设民办学校财务评估体系；北京市探索营利性民办学校风险保证金制度；四川省提出民办学校在接受境外或带有境外背景的资金支持时，须经相关主管部门审批。

在引导民办学校规范办学方面，辽宁省、云南省规定实施义务教育的公办学校不得转为民办学校；江西省规定公办学校参与举办民办学校须按照权限审批，不得影响公办学校正常教育教学活动；青海规定民办学校不得为高考移民、无本校学籍的学生办理报名登记手续，该类学生不得参与高中学业水平考试；浙江省规定违反相关规定配备公办学校在编教师的民办中小学校，必须承担相应区域的公共服务责任，其招生参照公办中小学校实施管理办法，不得跨区域招生，并专门出台《民办学校信息公开和信用管理办法》，明确信息公开的范围包含党建，举办信息，登记信息，内部治理信息，招生信息，收费信息，教师和其他人员数量及结构情况，办学条件和年度财务状况，接受和使用捐赠的信息，自然灾害、安全事故、公共卫生事件等突发事件的应急处理预案、处置情况，涉及学校的重大事件的调查和处理情况；甘肃省、重庆市、广东省等省（区、市）规定民办学校使用的教材，尤其是使用境外教材，应当按规定进行审核；上海市、黑龙江省等省（区、市）规定要公开年度检查、接受扶持奖励和受处罚等信息，黑龙江省等省（区、市）定期对民办学校开展办学质量和信用等级评估，且把评估结果向社会公布；上海市等省（区、市）提出将进一步在民办学校管理中使用第三方评估结果；江苏省、北京市等省（区、市）规定社会组织或者个人可以用书面形式向营利性学校申请获取其他信息；湖北省、吉林省等省（区、市）都建立了民办学校第三方质量认证和评估制度；广东省积极探索民办学校联合保险制度；山东省积极探索民办学校、受教育者（监护人）、保险公司共同参与的风险防范机制；贵州省明确独立学院母体对独立学院负有安全稳定工作的领导责任；四川省规定民办学校要设置风险处置专项资金。

在设置现有民办学校过渡期方面，各省（区、市）在设置现有民办学校过渡期时通常有三种做法。一是像辽宁省、广东省等省（区、市）未明确对于现有民办学校分类选择与登记设置过渡时期，或后续配套政策仍未出台。二是明确过渡期和分学段实施办法，大部分省（区、市）设置了5年过渡期；湖北省、江苏省、西藏自治区等省（区、市）设置了3年过渡期；而上海市、四川省、北京市等省（区、市）根据不同学段学校设置了不同的过渡期，并要求民办学校在限定时间内做出办学属性的书面选择。三是下放非高等教育学段过渡期的设置权限，如安徽省、河南省、贵州省等省（区、市）规定民办高校之外学段的民办学校由各省、市直管县决定过渡期设置。

在对补偿奖励进行制度安排方面，一是明确进入补偿或奖励范围资产的时间。上海市规定，2017年9月1日前的出资可纳入出资确认范围；青海省则将出资时间限定在2016年11月7日之前；也有一些省（区、市）未明确出资限定时间，其中浙江省还指出，应继续依法执行民办学校与当地政府的约定，体现了政府的契约精神；北京市明确将出资时间限定在 2017 年 9 月 1 日以后，出资者的投入和新增办学积累不再作为补偿或奖励的参考依据。二是明确补偿计算办法。湖北省、陕西省和江西省等省（区、市）补偿上限为经确认的出资额；江苏省、上海市规定上限为出资额及其增值，其中江苏省增值按清算当年 5 年期存款基准利率计算，上海市增值按照一定期限内贷款基准利率和定期存款基准利率的平均值计算；北京市补偿上限为剩余资产的 30%。三是部分省（区、市）明确奖励剩余资产的最高比例。湖北省为 15%、江苏省为 20%、北京市为 30%；上海市的奖励比例基于民办学校收费水平进行系数计算，并与民办学校办学规范程度挂钩，如年检不合格的举办者无法得到奖励；重庆市实行"一地（校）一策"不限制奖励比例；浙江省、黑龙江省等省（区、市）由地方政府出台办法，其他省（区、市）则尚未明确比例，也未出台后续政策，其中江苏省采用一次结算与分期奖励结合的方式，还规定可以民办教育专项资金给予出资者一定的奖励。

在出台平稳过渡举措方面，一是明确转设特殊情况。湖北省规定转设举办营利性民办学校时，含义务教育阶段一贯制学校的应进行法人拆分；四川省和宁夏回族自治区规定，办学条件应优先满足义务教育阶段办学的需求；云南省等省（区、市）规定转设后一个办学周期内不得变更分类登记；河北省等省（区、市）规定选择举办非营利性民办学校的，不得再转为营利性民办学校；江苏省规定新建配套幼儿园不得设立为营利性幼儿园。二是明确转设程序。安徽省、内蒙古自治区、重庆市等省（区、市）规定学校产权（股权）流转，要纳入所在地政府产权交易平台；四川省等省（区、市）规定现有民办学校选择为营利性民办学校或非营利性民办学校的，应明晰清算程序。三是个别省（区、市）提出了转设涉及税费缴纳的优惠政策。海南省等省（区、市）规定分类登记之前依法依规减免的税收不再补缴，减免的增值税、企业所得税依据法律法规执行，还规定减免的规划建设相关费用不再补缴，以划拨方式取得的用地，按照补办手续时该宗地经确认的市场评估价格的 40% 补缴土地使用权出让金，土地出让价款可按有关规定在期限内按合同约定分期缴纳，用地大、补缴出让金确有困难的，市县政府要充分考虑历史因素，按照"一校一策"原则，采取长期租赁、先租后转、租转结合等灵活的方式办理用地手续，确保平稳过渡。

2020 年，辽宁省以应建未建党组织和无党员的民办学校为重点，利用 3 个月时间组织开展"两个覆盖"集中攻坚。推动 1449 所民办学校新建党组织，党的组织基本实现覆盖；向暂不具备条件的 5766 所民办学校选派 2552 名党建工作指导员，党的工作基本实现覆盖。

辽宁省还在省委组织部设置教育行业党委，增大抓民办学校党建工作的力量，提供有力组织保障。结合辽宁省实际出台《民办学校党建工作重点任务清单及责任分工》，确定 10 个方面 31 项具体任务，明确责任单位和完成时限。建立稳定的党建工作经费支持保障机制，对新成立的民办学校党组织，按照 2000 元的标准拨付党建工作启动经费，其他党组织按照每年每名党员 200 元的标准拨付工作经费，由省、市、县按 4∶3∶3 的比例从本级留存党费中列支；为每个新建和升级改造民办教育行业党群活动服务中心分别拨付 20 万元和 10 万元补助经费，保证民办学校党组织工作有力量、办事有经费、活动有场所。

二　加大对民办教育的规范和治理力度

实现高质量发展，成为中国教育改革和发展的重要力量，民办教育必须坚持教育的公益性原则，坚持社会主义办学方向。国家在规范和治理民办教育方面加大了力度。

（一）重拳治理校外教育培训市场

应试教育催生了校外教育培训市场，中小学校外教育培训市场由于准入门槛低、行业利润巨大而迅速发展起来。中国教育学会发布的《中国辅导教育行业及辅导机构教师现状调查报告》显示，2016 年，全国中小学校外辅导行业市场规模超过 8000 亿元，参加学生超过 1.37 亿人次，辅导机构教师规模达 700 万~850 万人。粗略统计，参加课外辅导的学生约占全国在校学生总数的 36.7%，在北京市、上海市、广州市、深圳市等大城市，这一比例更是高达 70%。许多培训机构素质参差不齐，鱼龙混杂，导致类似乱象已成为行业顽疾。社会要求治理校外教育培训机构的呼声越来越高。

从 2016 年 9 月到 2017 年 4 月，仅仅半年多的时间，温州市 12315 举报投诉指挥中心共收到有关民办教育培训机构的投诉达 58 起。投诉主要集中在教学质量不高，如授课教师的上课质量达不到标准、课程效果不理想等；

缴费后退款困难重重，一些商家拖延退款，即使允许退款，消费者还要承担手续费、管理费等；因客观情况提出终止合同，如消费者由于工作变动、商家转让等原因希望解除合同，商家往往设置过高的违约金等障碍。

1. 国家强力推行"双减"政策

2021年5月21日，中共中央总书记习近平主持召开的中央全面深化改革委员会第十九次会议，审议通过了《关于进一步减轻义务教育阶段学生作业负担和校外培训负担的意见》。意见强调，要全面规范管理校外培训机构，坚持从严治理。规范管理校外培训机构已经引起了中央高层的重视，为解决培训行业的乱象从而推进教育高质量发展，2021年国家层面密集发布文件，层层推进，全面落实"双减"政策。

2021年7月，中共中央办公厅、国务院办公厅印发《关于进一步减轻义务教育阶段学生作业负担和校外培训负担的意见》，从指导思想、工作原则、工作目标等方面明确了"双减"的总体要求和主要任务，尤其明确了校外培训机构的办学标准。确定了含郑州市在内的9个全国试点城市，要求试点城市要精心组织实施，务求取得实效。教育部办公厅发布《关于进一步明确义务教育阶段校外培训学科类和非学科类范围的通知》，对义务教育阶段校外培训学科类和非学科类范围进行了明确的划分。

2021年9月1日，《中小学生校外培训材料管理办法（试行）》发布。教育部印发《关于坚决查处变相违规开展学科类校外培训问题的通知》，界定了7类违规开展学科类培训的情形，其中包括证照不全的机构或个人，以咨询、文化传播及"家政服务""住家教师""众筹私教"等名义违规开展学科类培训；组织异地培训，在居民楼、酒店、咖啡厅等场所开展"一对一""一对多"等学科类培训；以游学、研学、夏令营、思维素养、国学素养等名义，或者在科技、体育、文化艺术等非学科类培训中，违规开展学科类培训；等等。该通知要求各地充分发挥"双减"工作专门协调机制作用，强化部门协同、条块联动，压实责任。将学科类培训隐形变异问题查处工作纳入省、市、县和乡镇（街道）网格化综合治理体系，充分发挥社区综合治理功能，开展区域巡查执法。畅通投诉举报渠道，拓展问题线索来源，强化社会监督。对隐形变异违规培训行为，要加大执法力度，发现一起、查处一起、通报一起。创新监管方式，推进"互联网+监管"，会同相关部门，探索将违规培训的机构和个人信息纳入全国信用信息共享平台，实施联合惩戒，坚决防止隐形变异违规培训行为蔓延。

在对校外培训课程类别、使用教材内容、开展形式进行规范后，教育部等部门再出手，发布《校外培训机构从业人员管理办法（试行）》，对校外培训的从业人员进行规范。

2021年10月，教育部、国家发展改革委、中国人民银行、国家税务总局、国家市场监管总局、中国银保监会联合印发《关于加强校外培训机构预收费监管工作的通知》，这意味着校外培训的全流程都被纳入国家监管工作之中。

2021年11月，教育部发布《义务教育阶段校外培训项目分类鉴别指南》，主要从培训目的、培训内容、培训方式、评价方式等维度对培训项目进行综合考量，如符合所列特征，即判定为学科类培训项目。

2. 成立校外教育培训监管司

2021年6月15日，教育部召开校外教育培训监管司成立启动会。会议指出，这次机构增设，对于深化校外教育培训改革具有重大意义。要把校外教育培训监管司打造成更具人民情怀、更具斗争精神、更具法治思维、更具工作策略的司局，以"钉钉子"的精神推动"双减"工作落地见效。

监管校外培训机构一直存在一个难点，就是由于缺乏专门的监管力量，规范校外培训机构的措施难以落地。要加强对校外培训机构的监管尤其是对培训过程的监管，就需要建立专门的监管部门。此次成立校外教育培训监管司，传递出国家彻底解决校外培训机构监管难问题的决心。

新成立的校外教育培训监管司，有两大关键任务：一是确定科学、合理的校外培训机构准入门槛，二是切实建立教育备案审查制，确保所有校外培训机构有合法的资质，进行合法、规范的经营。

成立校外教育培训监管司，深化校外教育培训改革，不是简单地关停校外培训机构，而是把校外教育培训作为整体教育的一部分，对其加以规范，让校外教育培训回归其本身的功能定位，为受教育者提供差异化的教育培训选择。

3. 各地的行动

2017年，上海市启动了对民办教育培训业的规范治理，经上海市教育、工商等部门摸排发现，上海近7000家教育培训机构中，证照齐全的约1/4，"有照无教育培训资质"的体量最大，"无证无照"的有1300余家。鉴于民办教育培训业存在上述乱象，舆论普遍期待能够对民办教育培训业实行分类管理，理顺政府对民办教育培训业的监管体系，有效治理民办教育培训业的乱象。

2018 年，《关于切实减轻中小学生课外负担开展校外培训机构专项治理行动的通知》《关于规范校外培训机构发展的意见》《中小学生减负措施》持续发力，校外培训机构专项治理强力推进。各级各地政府相关部门"动真格、出实招"，有效整治了校外培训市场，打破了之前不少人对整治行动的怀疑、观望态度。

山西省教育厅规定培训机构不得聘用中小学在职教师，培训结束时间不得晚于 20 时 30 分。在贵阳市，各区（市、县）按照全市的统一安排部署，联合教育、民政、人社、工商、公安、消防、城管、社区等部门成立专项行动领导小组，对辖区内校外培训机构办学情况进行全面摸底排查和清理整顿，关停 738 个校外培训机构。

2018 年，四川省启动校外培训机构专项治理行动，瞄准无资质和有安全隐患的培训机构，要求对存在重大安全隐患的校外培训机构立即停办整改。同时，坚决纠正校外培训机构开展学科类培训出现的"超纲教学""提前教学""强化应试"等不良行为，减轻学生校外负担。中小学在职教师在校外培训机构兼职授课问题也是治理重点，校外培训机构违规聘用中小学在职教师兼职的，要立即整改并依法依规追究培训机构和相关人员责任。四川省经过前期对 14430 个校外培训机构、10396 所学校进行摸排，共发现存在安全隐患、未办许可证等情况的问题校外培训机构 9112 个，已完成整改 8998 个，发现并处理问题学校 41 所，对 48 名中小学教师（包括校长）进行了处理。

2019 年 11 月 21 日，黑龙江省教育厅发布《中小学减负措施实施方案（征求意见稿）》。该方案要求将民办中小学校招生纳入学校审批统一管理，与公办中小学同步招生。优质普通高中招生指标分配到校比例不得低于50%。严禁将各类考试、竞赛、培训成绩或证书证明等作为招生依据，严禁"掐尖"招生、跨区域招生、超计划招生和提前招生，严禁以物质奖励、虚假宣传、保证入学等不正当手段争抢生源，严禁干预或代替学生填报志愿。对培训机构检查每年不少于两次。校外培训机构管理方面，该方案规定，杜绝"超纲教"、"提前学"、机械训练、强化应试等不良培训行为。不得对学龄前儿童进行"小学化"教学，不得留作业。严禁聘用在职中小学教师到培训机构任教，一旦发现，坚决吊销办学许可证，并对教师本人予以严肃处理，情节特别严重的，取消教师资格。

金融部门要通过严控学杂费专用账户最低余额和大额资金流动等措施，加强对培训机构资金的监管。对违法违规培训机构要严肃处理，直至吊销办学许可证，追究有关人员的法律责任。

上海市政府于2019年12月底公布了《关于加强本市培训机构管理促进培训市场健康发展的意见》和《上海市培训机构监督管理办法》。相关文件的制定出台是上海市依法依规加强培训机构管理、促进培训市场健康发展的重要举措。

2021年7月26日，河南省教育厅等7部门印发了《关于印发河南省基础教育校外培训机构专项整治实施方案的通知》，从指导思想、工作目标、工作分工、整治重点、整治安排、组织保障6个方面公布了整治实施方案。在消防、安全、机构规范、培训范围、分支机构、办学场地、教师资格、信息公示、课程标准、培训时间、宣传广告、培训收费等方面落实细节，明确了办学准则。

2021年10月，河南省发展改革委、省教育厅、省市场监督管理局联合印发《河南省义务教育阶段学科类校外培训收费监管工作方案的通知》，明确提出要严肃查处校外培训机构违法违规收费等行为，培训收费水平明显降低。截至2021年12月27日，河南省关停无证无照校外培训机构2781家，分类定标、证照齐全的校外培训机构2413家，"营改非"工作100%完成，义务教育阶段学科类校外培训机构压减率达到92.2%，学科类校外培训机构风险储备金100%缴纳。

郑州市作为9个全国试点城市之一，更是积极行动。2021年10月，郑州市发布《关于进一步减轻义务教育阶段学生作业负担和校外培训负担的措施》，明确教育负担1年内有效减轻、3年内成效显著，明确不再审批面向中小学生的新的学科类培训机构，压减学科类培训机构数量，规定学科类培训时间，严格审批非学科类培训机构。

截至2021年10月31日，"四大"专项治理行动累计派出人员5492人次，排查校外培训机构4035家，下达整改通知书570份，取缔无证机构440家，清理培训机构户外广告333处，完成退费约1.5亿元。截至2021年11月10日，全市已完成"营转非"和原有非营利性学科类继续办学审核的校外培训机构有125家，占比24.8%；已完成"学转非"的校外培训机构有218家，占比32.7%。

2021 年 11 月 19 日，郑州市市场监督管理局、教育局等 9 部门联合下发了《关于做好全市校外培训机构广告管控的通知》，对校外培训广告进行全面排查清理，从严规范全市校外培训机构广告发布行为，加大校外培训广告监管力度。

2021 年 11 月 30 日，郑州全市非学科类校外培训机构的审批管理完成了市级层面的权限移交。原属教育部门管理的学科类培训机构转为非学科类（"学转非"）的有 763 家，非学科类继续办学的校外培训机构有 919 家，共 1682 家，这些机构被分类移交给市体育局、科技局、文化广电和旅游局 3 部门实施监管。其中，52 家校外培训机构移交给郑州市体育局实施监管（其中，"学转非"的机构有 21 家，非学科类继续办学的机构有 31 家）；98 家校外培训机构移交给郑州市科技局实施监管（其中，"学转非"的机构有 82 家，非学科类继续办学的机构有 16 家）；1532 家校外培训机构移交给郑州市文化广电和旅游局实施监管（其中，"学转非"的机构有 658 家，非学科类继续办学的机构有 874 家）。

截至 2021 年 12 月上旬，郑州市教育局"四大"专项行动累计派出检查人员 2.1 万余人次，排查校外培训机构 2 万余家，取缔无证无照机构 1130 家，清理违规户外广告 562 处。

截至 2021 年 12 月 18 日，郑州市义务教育阶段学科类校外培训机构从 1344 家减至 105 家，压减率达到 92.2%，全市学科类校外培训机构"营改非"工作 100% 完成，根据教育部的相关数据，郑州市的这两项工作均走在全国前列。郑州市 16 个区县（市）的非学科类校外培训机构已全部移交至文化广电和旅游局、科技局、体育局，117 家校外培训机构 100% 建立专用资金监管账户和基本账户，100% 交纳风险储备金，100% 实现资金监管。至此，郑州市校外培训机构已实现四个方面 100% 治理。

4. 继续深入推进"双减"政策

针对校外培训机构治理顽瘴痼疾，国家持续加压，重拳出击，已经取得了阶段性的成果，但是治理的力度依然不减。教育部 2022 年工作要点为继续把"双减"工作摆在突出位置、重中之重，巩固成果、健全机制、扫除盲点、提升水平、维护稳定、强化督导。完善部际专门协调机制，推动各地健全工作机制。加强党的全面领导，指导培训机构全面贯彻党的教育方针，落实立德树人根本任务。着力巩固学科类培训机构压减成果，在法定节假日、休息日、寒暑假指导各地开展常态化巡查，坚决关停违法违规违纪校外培训机构。加大对隐形变异培训查处力度，开展专项治理。规范培训收费行为，加强培训预收费监管。推动校外教育培训监管立法，加强执法力量，提升执法能力，抓好执法巡查。针对一些监管盲点，开展系统调研，指导各地规范管理。指导各地对非学科类培训机构，区分体育、文化艺术、科技等类别，抓紧明确主管部门，体现公益属性，实现常态化监管，防止出现新的"野蛮生长"。指导各地落实高中阶段学科类培训严格参照义务教育阶段执行的政策要求。建立全国校外教育培训专家委员会。组建校外培训社会监督员队伍，拓宽社会监督渠道，形成全社会参与监管并广泛支持校外培训治理的良好氛围。

（二）规范义务教育阶段民办教育办学行为

2021 年 5 月 16 日，中共中央办公厅、国务院办公厅联合印发《关于规范民办义务教育发展的意见》。该意见对民办义务教育学校的管理限制，被认为是史上最严格的义务教育阶段限制措施。

1. 部分地区义务教育阶段呈现"公弱民强"现象

相对于公办学校，我国义务教育阶段民办学校的规模并不算大，但一些地方的民办学校以其高升学率成为当地人心目中最优质的义务教育资源。在一些发达的中心城市，民办小学、民办初中以其有影响力的教师、高档的设备、高额的收费和高升学率成为市民心目中的"贵族学校"。例如，南京市的一些民办小学 2017 年小学入学录取比例达到 10∶1；杭州民办小学的小学入学平均录取率为 4.7∶1。这样的高录取率，把本该对等的双向选择变成了一边倒的"卖方市场"。

一些义务教育阶段民办学校的强势做法不仅引发了社会的热议，而且引起了专家学者的关注。教育部教育发展研究中心基础教育研究室主任、研究员汪明在《中国民办教育》上撰文指出，"公弱民强"态势值得深思。文章在剖析民办义务教育发展的态势之后，提出了自己的思考，义务教育阶段民办学校的崛起，对于推动我国基础教育发展无疑是一件好事，但义务教育阶段公办学校同样没有不办好、办不好的理由，更不该成为"低质量"的代名词。

从主观上讲，义务教育阶段公办学校的自身发展面临一些问题，需要切实加以解决。与民办学校相比，一些公办学校竞争力在下降，办学活力不足，满足多元化、个性化教育需求的能力不强，亟须从完善教育管理体制和学校内部治理、提高教育教学质量等方面进一步加大改革力度，毕竟发展均衡优质的义务教育是我们应当坚持的方向。应落实和扩大学校在教师聘用、学校管理和经费使用等方面的自主权，增强学校的办学活力；创新培养方式，提高教育质量，鼓励学校办出特色。

从客观上讲，一些地方对民办学校的过度扶持政策也在一定程度上阻碍了公办学校的发展，需要认真加以审视。一些地方教育主管部门从鼓励民办教育发展的角度，支持公办学校教师进入民办学校，进入民办学校的教师依然保留公办学校的教师身份，这一政策对当地公办学校造成巨大冲击，公办学校教师大量流出，从而导致教学质量下降和生源流失。《国务院关于鼓励社会力量兴办教育促进民办教育健康发展的若干意见》提出了一系列鼓励扶持政策，但如何准确理解和把握这些政策，对于推动民办教育健康发展、防止民办教育政策"走偏"至关重要。

此外，相关政策的实施对义务教育优质资源的分布产生了一定影响。近几年，随着义务教育免试就近入学政策的推进，各地对民办学校招生普遍提出了免试的要求，但仍有一些民办学校采取考试和变相考试的方式选拔学生，通过争抢生源来获取高升学率。为了营造义务教育阶段公办学校、民办学校共同发展的良好环境，对义务教育阶段民办学校招生行为的规范仍需进一步加强。

2. 民办义务教育的发展导向

义务教育阶段的一些民办学校提前招生、争抢优质生源的现象，一直广受社会关注。中共中央办公厅、国务院办公厅联合印发《关于规范民办义务教育发展的意见》回应社会关切，明确提出将民办义务教育学校招生纳入审批地统一管理，与公办校同步招生；对报名人数超过招生计划的，实行电脑随机录取。与公办校一样，民办校同样遵守免试就近入学的规定，同样不得以面试、测评等名义选拔学生。

2021年3月发布的《中华人民共和国国民经济和社会发展第十四个五年规划和2035年远景目标纲要》已经明确提出要"推进基本公共教育均等化"，将其作为发展高质量教育体系的首要任务。

2021年6月3日，中央教育工作领导小组秘书组、教育部联合召开规范民办义务教育专项工作推进会。会议研究部署各项重点工作，明确专项工作主要的5项任务。一是把方向。要以章程建设为抓手，推动民办学校党建工作有关要求入章程；以"双向进入"为抓手，发挥党组织政治核心作用；以课程建设为抓手，用强有力的思政教育践行立德树人的根本任务。二是定规划。抓好"十四五"开局之年的时间窗口，科学制定义务教育发展规划，加强区域统筹，以规划促规制。三是调结构。着力增加优质公办教育资源供给，办优办强公办义务教育。四是促公平。重点强化民办义务教育学校的招生、质量、财务、收费等方面的管理，纠正矫治不规范办学行为，营造优质公平的育人生态。五是提质量。持续激发办学活力，为学校"减负松绑"，着力转变教育评价方式，从根本上克服以考试分数和升学率为"指挥棒"的错误导向。

会议要求，规范民办义务教育事关高质量教育体系的建设和办好人民满意教育的成色，工作中要注意把握好"五个度"。一是保持高度。要立足新发展阶段、贯彻新发展理念、构建新发展格局的高度，对标对表教育强国的建设目标和义务教育优质均衡的发展要求，高效完成各项任务。二是坚定态度。要强化担当、主动作为，切实将中央的决策部署转为贯彻落实的思想自觉、政治自觉和行动自觉。三是完善制度。要充分考虑不同地区不同情况，因地制宜推进工作。四是把握进度。要紧扣各项工作目标，建立台账、倒排工期，制定时间表和路线图，有序推进。五是体现温度。推进工作要"走心"，向人民群众传递出政策温度，把好事办好。

2021年7月8日，教育部等8部门《关于规范公办学校举办或者参与举办民办义务教育学校的通知》指出，进一步规范义务教育阶段民办教育办学。继校外培训机构专项整治之后，民办义务教育也将迎来强监管，义务教育阶段"名校办民校"模式将成为历史。

该通知指出，"公参民"学校主要包括以下三类：公办学校单独举办的义务教育学校；公办学校与地方政府及相关机构（含具有财政经常性经费关系的其他单位、政府国有投资平台、政府发起设立的基金会、国有企业等，下同）合作举办的义务教育学校；公办学校与其他社会组织、个人合作举办（含公办学校以品牌、管理等无形资产参与办学）的义务教育学校。这些学校，大多是"名校办民校"，也就是公办中小学充分发挥自身的师资、管理、品牌优势，举办或者参与举办民办义务教育学校，按民办的模式收取高额学费。这种办学模式诱发了许多矛盾和问题，引起社会广泛关注。该通知要求根据《中华人民共和国义务教育法》《中华人民共和国民办教育促进法》《中华人民共和国民办教育促进法实施条例》等法律法规要求，对"公参民"学校进行专项规范。民办校自身面临"瘦身"，意味着民办校还有生存的空间，只不过要与公办校各归其位。叫停"名校办民校"，其实就是要给真正的民办学校留下空间，引导民办学校特色化、差异化、多元化发展，为社会提供更多样的教育选择。

3. 地方行动

2017年5月14日，广州市教育局发布公告指出，据媒体反映，有些学校涉嫌违规招生，如借"开放日"名义组织小升初随堂答题考试、秘密组织学生进行小升初摸查考试、委托培训机构组织小升初摸查考试、将学生参加培训机构测试排名作为小升初录取依据等，这些行为均属于违规招生行为。据此，广州市教育局再次要求各区教育局进一步落实主体责任，规范招生行为，对涉嫌违规招生的行为进行核查，如情况属实，由各区教育局予以严肃处理，欢迎新闻媒体和社会各界对广州义务教育学校招生行为进行监督，也欢迎市民群众积极举报违规招生行为，并提供有效投诉信息。

2020年1月3日，海口市召开专题会议，将学前教育"两个比例"提升（公办幼儿园就读幼儿比例提高到50%、普惠性幼儿园覆盖率提高到80%）工作列为2020年市委一号督办案。海口市创新采取接管、租赁方式，推动更多民办幼儿园转为公办。2020年前6个月，海口市学前教育公办学位新增2.6万个，占比从14.6%提升到38.9%；普惠性幼儿园（公办幼儿园和普惠性民办幼儿园）总学位由5.07万个增加到7.68万个。入园难度下降，学费大幅降低，办园品质提升。普惠性幼儿园相关政策的实施让老百姓能就近享受优质的学前教育资源。

2018年12月12日，江苏省教育厅发布"规范中小学办学行为"的十条红线。一是公办学校和政府公共资源参与举办的民办义务教育学校不得举行与入学相关的任何形式的笔试、面试；二是学校不得以社会培训机构组织的各类考试结果或以各类竞赛证书、考级证明等为入学依据；三是民办义务教育学校不得在学费之外收取与入学挂钩的赞助费、捐资助学费等；四是学校应开齐开足国家和省规定课程，不得实行两张课表；五是学校不得随意增减课时，不得占用道德法治课、综合实践活动、技术类等课程课时；六是严禁学校超课程标准、超进度教学或考试；七是学校不得分重点班、实验班，不得采用分层走班形式变相设置快慢班；八是严禁频繁组织各类考试和测验，学校每学期统一组织的考试，小学不得超过 1 次，初中不得超过 2 次；九是学校或教师不得以任何形式公布学生的考试成绩及排名，包括平均分、高分率、分数段、作业准确率等；十是地方党委、政府及教育部门不得以升入名校学生数、中考升学率等对学校或教师进行排名、奖励，学校不得以考试成绩为主要标准考核、奖惩老师。

2019 年 10 月，长春市教育局下发《关于加强民办学校管理规范办学行为的通知》，该通知对长春市民办教育学校办学、招生行为进行规范，并明确要求：严禁违规争抢生源、"掐尖"招生、跨区域招生和提前招生。

2020 年，全国多地开始在小学和初中升学上严格实施"公民同招＋超额民办摇号"政策，就是要管住"进口"，不让民办学校肆意"掐尖"，硬性要求民办学校与公办学校生源均等化，在同一"起跑线"上竞争。这个政策的落地，与高中招录配额政策相互配套，有效衔接，缺一不可。

2020 年 1 月 2 日，广东省人民政府教育督导室印发《关于 2019 年 3 起普通中小学违规招生问题处理情况的通报》，深圳市、中山市、佛山市、广州市四地的 10 所普通中小学违规招生，严重扰乱了招生工作秩序，被予以全省通报批评，并取消 2020 年全省评先评优资格。

4. 民办义务教育违法违规招生行为得到有效遏制

2019 年 3 月，教育部办公厅印发《关于做好 2019 年普通中小学招生入学工作的通知》，强调要落实"十项严禁"纪律要求：严禁无计划、超计划组织招生，招生结束后，学校不得擅自招收已被其他学校录取的学生；严禁自行组织或与社会培训机构联合组织以选拔生源为目的的各类考试，或采用社会培训机构自行组织的各类考试结果；严禁提前组织招生，变相"掐尖"选生源；严禁公办学校与民办学校混合招生、混合编班；严禁以高额物质奖励、虚假宣传等不正当手段招揽生源；严禁任何学校收取或变相收取与入学挂钩的"捐资助学款"；严禁义务教育阶段学校以各类竞赛证书、学科竞赛成绩或考级证明等为招生依据；严禁义务教育阶段学校设立任何名义的重点班、快慢班；严禁初高中学校对学生进行中高考成绩排名、宣传中高考状元和升学率，教育行政部门也不得对学校中高考情况进行排名，以及向学校提供非本校的中高考成绩数据；严禁出现人籍分离、空挂学籍、学籍造假等现象，不得为违规跨区域招收的学生和违规转学学生办理学籍转接。

从统计情况分析，2019 年全国民办义务教育阶段在校生占全国义务教育阶段在校生总数的 10.60%，2020 年为 10.80%，2021 年为 10.60%，2022 年降至 8.53%。数据表明，2022 年民办义务教育阶段在校生规模缩减，民办义务教育违法违规招生的行为得到有效遏制。

（三）规范发展成为主基调

从国家和地方政府发布的政策和措施可以看出依法规范民办教育健康发展的坚定意志，"规范发展"已经成为民办教育发展的总基调。《教育部 2021 年工作要点》指出要理顺民办中小学党建工作管理体制机制。研究起草《民办中小学年度检查指标体系》。印发规范民办义务教育有关文件，深入开展民办义务教育规范整治专项工作。研究制定关于规范民办普通高中招生工作的实施意见，推动全面落实公办、民办普通高中同步招生政策。深化民办教育行政审批制度改革。继续把独立学院转设作为高校设置工作的重中之重，指导各省（区、市）建立健全鼓励和推动独立学院转设的政策体系，切实加快转设进度，持续做好高等教育资源结构调整和质量提升工作。

部分地区教育行政部门则在年度工作计划中明确强调要"严格规范民办教育发展"，折射出教育主管部门积极落实中央精神，努力建立体制顺畅、机制灵活、制度刚性、政策全面、措施有力的民办教育制度政策体系，促进民办教育健康科学发展的强烈共识。

三 民办教育规模化发展的拐点

2003 年是《民促法》颁布的第一年，到 2016 年，民办教育规模持续扩张。民办学校在校生占比从 5.32% 快速提高到 19.05%。民办教育发展势头强劲，以至于进入发展的第三阶段之后，其扩张惯性继续释放，在 2018 年达到最高点。

（一）2019 年民办教育规模化发展的拐点出现

2003~2022 年，民办教育在校生规模占比整体上提高了 13.12 个百分点，2016 年占比达到 19.05%，民办教育成为中国教育事业的重要组成部分。随着国家一系列规范调控政策的出台，民办教育在校生规模占比在 2019 年出现了回落，2019 年成为中国民办教育规模化发展的拐点。

表5-19 全国及民办各级各类学校在校生规模情况

	类别	2003年	2006年	2010年	2016年	2017年	2018年	2019年	2020年	2021年	2022年
总计	全国（万人）	24736.53	25014.03	25105.83	25322.14	25860.88	26413.96	27128.69	27906.01	28036.62	28106.72
	民办（万人）	1315.76	2165.22	3392.95	4825.47	5095.74	5438.22	5574.63	5535.57	5549.84	5182.55
	占比（%）	5.32	8.66	13.51	19.06	19.70	20.59	20.55	19.84	19.79	18.44
幼儿园	全国（万人）	2004.00	2263.85	2976.67	4413.86	4600.14	4656.42	4713.88	4818.26	4805.21	4627.55
	民办（万人）	480.23	775.69	1399.47	2437.66	2572.34	2639.78	2649.44	2378.55	2312.03	2126.78
小学	全国（万人）	11689.74	10711.53	9940.70	9913.01	10093.70	10339.25	10561.24	10725.35	10800.00	10700.00
	民办（万人）	274.93	412.09	537.63	756.33	814.17	884.57	944.91	996.03	–	–
初中	全国（万人）	6690.83	5957.95	5279.33	4329.37	4442.46	4652.59	4827.14	4914.09	5018.44	5120.60
	民办（万人）	258.85	394.40	442.11	532.82	577.68	636.30	687.40	718.96	1674.10	1356.85
高中	全国（万人）	3243.40	4341.86	4677.34	3970.06	3970.99	3934.67	3994.90	4163.02	3916.84	4053.16
	民办（万人）	220.75	449.85	537.06	463.22	503.09	537.97	584.05	650.69	717.97	774.03
高校	全国（万人）	1108.56	1738.84	2231.79	2695.84	2753.59	2831.03	3031.53	3285.29	3496.13	3659.41
	民办（万人）	81.00	133.79	476.68	634.06	628.46	649.60	708.83	791.34	845.74	924.89

注：（1）表中不包括成人高等学校、其他民办高等教育机构、特殊教育的数据。（2）从2012年起，民办高校数据中含有硕士研究生数据。（3）2021年、2022年民办小学在校生数包含在民办初中数据内，二者统称为"民办义务教育阶段"。（4）民办高中阶段数据含普通高中和中等职业教育的数据。

资料来源：根据历年《全国教育事业发展统计公报》整理所得。

（二）从招生情况看拐点

1. 2013~2022 年高等教育招生情况

2013 年，全国共有普通高校 2491 所，招生 699.83 万人，校均招生 2809.43 人（见表 5-20）。

表 5-20　2013~2022 年全国高等教育及民办高校招生情况

单位：万人

类别	2013 年	2014 年	2015 年	2016 年	2017 年	2018 年	2019 年	2020 年	2021 年	2022 年
普通高校招生数	699.83	721.40	737.85	748.61	761.49	790.99	914.90	967.45	1001.32	1014.56
民办高校招生数	160.19	172.96	177.97	181.83	175.37	183.94	219.69	236.07	–	–

注：2021 年后《全国教育事业发展统计公报》未列民办高校招生数据。

2022 年，全国共有普通本科高校 1239 所（招生 467.95 万人，校均招生 3776.84 人），本科层次职业学校 32 所（招生 7.63 万人，校均招生 2384.38 人），高职（专科）学校 1489 所（招生 538.98 万人，校均招生 3619.74 人）。合计共 2760 所，招生 1014.56 万人，校均 3675.94 人。

2013 年，河南省共有高等学校 127 所，招生 50.84 万人，校均招生 4003.15 人；民办高校 35 所，招生 10.86 万人，校均招生 3102.86 人。

2022 年，河南共有高等学校 156 所，招生 93.67 万人，校均招生 6004.49 人；民办高校 44 所，招生 29.23 万人，校均招生 6643.18 人。

2020 年全国民办高校招生数占全国高校招生总数的 24.40%，河南省民办高校招生数占河南省高校招生总数的 28.71%，河南民办高校招生数占比高出全国 4.31 个百分点（见表 5-21）。

表 5-21　2013~2022 年河南省高等教育招生情况

单位：万人

类别	2013 年	2014 年	2015 年	2016 年	2017 年	2018 年	2019 年	2020 年	2021 年	2022 年
高校招生数	50.84	51.43	55.92	60.60	63.57	70.87	78.89	82.86	89.32	93.67

续表

类别	2013 年	2014 年	2015 年	2016 年	2017 年	2018 年	2019 年	2020 年	2021 年	2022 年
民办高校招生数	10.86	11.53	12.00	13.16	14.16	17.97	22.12	23.79	25.23	29.23

2. 2013~2022 年普通高中招生情况

2013 年普通高中招生数是初中毕业生的 95% 以上，2014 年甚至超过了 100%（见表 5-22），其中应该招有往年初中毕业的学生。2021 年和 2022 年普通高中招生数占初中毕业生总数在 87% 以上、不到 90%，不是招生比例降低了，而是没有将技工学校录取数统计进去，如果加上技工学校的数据，招生比例应该在 99% 左右。其实高中+技工学校录取率已经很高，可以满足初中毕业生继续上学的要求，只是人们对于中等职业教育的认识不同，一些初中毕业生又不愿到职业学校去，导致出现普通高中负担过重，职业学校又无生源等问题。

表 5-22　2013~2022 年全国初中毕业生和普通高中招生情况

单位：万人

类别	2013 年	2014 年	2015 年	2016 年	2017 年	2018 年	2019 年	2020 年	2021 年	2022 年
初中毕业生数	1561.55	1413.51	1417.59	1423.87	1397.47	1367.77	1454.09	1535.29	1587.15	1623.92
高中招生数	1497.46	1416.36	1397.86	1396.24	1383.28	1349.76	1439.86	1523.10	1393.94	1432.35

注：（1）"高中招生数"一栏指的是高中阶段招生数，含有普通高中和中等职业教育的数据。（2）从2021年起，中等职业教育招生、在校生、毕业生等相关数据包含普通中等专业学校、职业高中、成人中等专业学校和其他学校附设中职班学生数据，不包括人力资源和社会保障部门管理的技工学校学生（以前的数据中包含技工学校的数据）。

资料来源：根据历年《全国教育事业发展统计公报》整理所得。

2013~2022 年河南省初中毕业生和普通高中招生情况见表 5-23。

表 5-23　2013~2022 年河南省初中毕业生和普通高中招生情况

单位：万人，%

类别	2013 年	2014 年	2015 年	2016 年	2017 年	2018 年	2019 年	2020 年	2021 年	2022 年
初中毕业生数	140.34	114.66	123.62	144.13	149.45	133.63	141.19	148.45	157.60	155.19
高中招生数	119.17	113.88	115.87	117.32	123.84	122.68	127.92	131.00	140.96	143.39
占比	84.92	66.32	93.73	81.40	82.86	91.81	90.60	88.25	89.44	92.40
民办高中	9.35	9.76	11.22	12.57	13.68	15.76	17.78	31.47	23.52	26.62
占比	7.85	8.57	9.68	10.71	11.05	12.85	13.90	24.02	16.69	18.56

注："高中招生数"一栏指的是高中阶段招生，含有普通高中和中职教育（含技工学校）的数据。

资料来源：根据历年《河南省教育统计提要》整理所得。

3. 2013~2022 年普通初中招生情况

民办义务教育阶段在校生规模在民办教育内部结构中占比不高，在全国总规模中占比也不高，但是发展规模缓慢上升（见表 5-24）。我国义务教育阶段民办学校在校生数占比从 2003 年的 2.90% 提高至 2016 年的 9.05%，与世界各国基础教育阶段私立学校在校生占比（5%~10%）大体相当。但是不同地区差异极大。2013 年，成都市民办初中在校生占比 19.8%；上海市民办初中在校生占比约 15%；还有的地区这一比例达到 30%、40% 甚至更高。2013~2022 年河南普通初中招生情况见表 5-25。

表 5-24　2013~2022 年全国普通小学毕业生和初中招生情况

单位：万人，%

类别	2013 年	2014 年	2015 年	2016 年	2017 年	2018 年	2019 年	2020 年	2021 年	2022 年
小学毕业生数	1581.06	1476.63	1437.25	1507.45	1565.90	1616.49	1647.90	1640.32	1718.03	1740.61
初中招生数	1496.09	1447.82	1411.02	1487.17	1547.22	1602.59	1638.85	1632.10	1705.44	1731.38
占比	94.63	98.05	98.17	98.65	98.81	99.14	99.45	99.50	99.27	99.47

表 5-25　2013~2022 年河南普通初中招生情况

单位：万人，%

类别	2013 年	2014 年	2015 年	2016 年	2017 年	2018 年	2019 年	2020 年	2021 年	2022 年
小学毕业生数	181.06	140.81	140.55	144.16	150.31	160.70	158.13	154.17	167.67	167.60
初中招生数	137.71	138.50	138.23	144.13	149.45	159.86	157.87	154.05	167.44	167.64
占比	76.06	98.36	98.35	99.98	99.43	99.48	99.84	99.92	99.86	100.02
民办初中招生数	21.34	18.74	23.53	25.78	28.61	32.69	33.94	33.68	31.15	22.51
占比	15.50	13.53	17.02	17.89	19.14	20.45	21.50	21.86	18.66	13.43

4. 2011~2020 年学前教育招生情况

2015~2020 年，民办幼儿园招生数占全国幼儿园招生总数的 50% 左右（见表 5-26），幼儿园招生规模占比降低，直接导致在园幼儿规模缩减，继而导致整个民办教育在校生规模占比降低。

表 5-26　2011~2020 年全国及民办幼儿园招生情况

单位：万人，%

类别	2011 年	2012 年	2013 年	2014 年	2015 年	2016 年	2017 年	2018 年	2019 年	2020 年
全国幼儿园招生数	-	-	-	-	2008.85	1922.09	1937.95	1863.91	1688.23	1791.40
民办幼儿园招生数	813.40	865.62	907.96	953.66	998.19	965.08	999.32	997.26	904.68	819.32
占比	-	-	-	-	49.69	50.21	51.56	53.50	53.59	45.74

（三）从在校生规模看拐点

2003 年全国民办学校在校生 1315.76 万人，占到全国学校教育在校生总数的 5.32%；到 2010 年在校生达到 3392.95 万人，占比为 13.51%。2018 年民办学校在校生规模达到最高点，为 5438.22 万人，占比达到 20.59%；2019 年在校生规模虽有增长，但是占比回落到 20.55%。此后规模缩减，占比继续回落，到 2022 年，在校生规模为 5182.55 万人，占比 18.44%，低于

2016 年 0.61 个百分点，与占比最高的 2018 年相比，低了 2.15 个百分点。

（四）各级各类民办教育面临的挑战和发展建议[①]

1. 民办学前教育

民办学前教育发展面临的困难与挑战体现在以下几方面。

（1）供给结构的变化影响营利性民办幼儿园的发展空间。

从民办幼儿园发展状况来看，随着国家不断强化政府责任以及普惠性办园政策的发布，普惠性民办幼儿园的占比不断提高。

（2）生源减少将不可避免。近年来，尽管国家一再调整生育政策，但是适龄人群的生育意愿一直不强烈。从 2011 年起，河南省出生人口一直以每年 5 万人左右的速度增长，直到 2016 年增长到 142.61 万人的高点，之后就出现下降。2018 年出生人口数更是出现了大幅度下降，由上年的 140 万人骤减至 127 万人，2019 年到 2022 年继续下降。出生人口的下降将会对生源产生持续的影响，首先受到影响的就是民办幼儿园。

（3）普惠性民办幼儿园占比的提高在一定程度上影响了社会资本进入的积极性。

从长远来看，普惠性民办幼儿园占比的提高以及国家对学前教育监管力度的加大，对学前教育的发展是一件好事。因为这将进一步促进现有民办学前教育机构的内在分层，淘汰一批低端、低质量的民办幼儿园，规范、优质的幼儿园将得到更好的发展，从而促使学前教育由粗放式发展向集约规范化发展转变。此外，对民办幼儿园进行有效监管，还有利于维护幼儿园、家长和师生各方权益。但同时，国家加大了对普惠性民办幼儿园的收费监管力度，要求普惠性民办幼儿园的收费标准基本参照当地同级公办幼儿园收费标准或者上浮一定比例，且不得随意增加收费项目、提升收费标准。这种限制在一定程度上降低了一部分社会资本进入学前教育领域的积

[①] 本部分内容参考董圣足主编《中国民办教育行业发展报告（2015—2021 年）》整理。原章节撰稿人：民办学前教育部分由上海市教育科学研究院民办教育研究所张璐执笔；民办义务教育部分由上海市教育科学研究院民办教育研究所张继玺执笔；民办高中教育部分由上海市教育科学研究院民办教育研究所刘耀明执笔；民办高等教育部分由辽宁教育学院民办教育科学研究与评估中心王慧英执笔；民办职业教育部分由华东师范大学国际与比较教育研究所黄河执笔。

极性。不可忽视的一个问题是，少数地方政府对普惠性幼儿园的政策支持不到位，使得普惠性幼儿园的运行出现困难。

（4）师资短缺也是影响民办幼儿园保教质量提升的因素。

近几年，学前教育虽然快速发展，但与基础教育、高等教育相比，学前教育发展过程中的师资短缺问题一直得不到解决。一方面是师资总量不足，另一方面是师资整体质量不高，专任教师比例偏低，本科以上学历和有职称的教师偏少。因为编制、待遇等问题，从整体上看，无论是专任教师比例还是师资学历、职称等方面，民办学前教育机构的师资水平都低于全国平均水平，而且民办教育机构教师的流动率一直比较高，这对民办学前教育机构保教质量的提升是一个难以逾越的障碍。

（5）民办学前教育的成本分担机制仍不够合理。

目前，我国学前教育阶段的成本分担结构属于多方承担型。在民办学前教育经费投入中，由于社会分担能力未得到充分发挥，大部分民办幼儿园的经费来源主要是学费收入，但是在学费收入占比超过80%的前提下，民办幼儿园基本无法抵御市场和政策风险。

民办学前教育发展的趋势如下。

（1）随着"普惠"性政策的推进，民办学前教育结构将有新调整。

目前，学前教育领域一个非常明显的发展趋势就是"普惠性"。从我国人口规模发展的预期来看，学前教育作为民生事业，普惠性发展趋势不可逆转，且普惠性已从幼儿园延伸至托育领域。虽然国家层面及很多地方政府没有强制要求托育机构普惠化，但是政府会给予普惠性民办教育机构更多的支持和鼓励，从而引导民办教育市场向普惠性方向发展。

（2）随着市场准入门槛的提高，民办幼儿园的设置和管理将更加规范。

早在2010年《国务院关于当前发展学前教育的若干意见》就制定了严格的幼儿园准入管理制度。之后，各地依据国家基本标准调整完善幼儿园设置标准，严格掌握审批条件，加强对教职工资质与配备标准、办园条件等方面的审核，规定幼儿园审批严格执行"先证后照"制度，实施加盟、连锁经营的营利性民办幼儿园原则上应取得省级示范园的资质。从这一政策可以看出，民办幼儿园的设立有了严格的准入标准和审批条件，办园程序也更加复杂：要先由市、县级教育部门依法进行前置审批，取得办园许可证后再到相关部门办理法人登记。也就是说，随着市场准入门槛的提高，民办幼儿园的设置和管理将更加规范。

（3）民办幼儿园的特色优质发展成为政府和市场的必然要求。

品牌是民办幼儿园长远发展的重要竞争力，在国家大力发展公办幼儿园、加快发展普惠性民办幼儿园的政策下，民办幼儿园要寻求更长远的发展，必须在提升品质的同时加速自我特色的凝练。事实上，在生活水平迅速提高的当今社会，人民群众对优质教育资源和多样化教育服务的需求也变得更强烈。特色化的课程、科学的理念、个性化的服务是民办教育机构保持并提高市场占有率的必要条件。

（4）学前教育分工会进一步细化，民办教育机构亟须发挥自身机制优势。

从学前行业的整体发展来看，学前教育机构处于产业"中游"，而"上游"是各类学前教育服务提供商。目前，国家出台的学前教育新政针对民办幼儿园的资本运作进行了规范，限制资本控制非营利性民办幼儿园，禁止营利性民办幼儿园举办者过度逐利。这意味着未来学前教育产业的投资会以财政和公共投资为主，民间资本参与学前教育投资的节奏和方向将被调整。同时，随着学前教育规模的不断扩大，更多资金也会从产业链的"中游"流入"上游"服务端，聚焦各类学前教育资源的开发，学前教育领域也会出现更多的专业化分工，从而使学前教育各个环节的专业化程度进一步提高。

（5）学前教育信息化管理需求增长。

"互联网+"的兴起以及5G、6G时代的到来极大地强化了市场各行业之间的联系，也加快了社会发展的步伐。相较于传统的学前教育，现代学前教育中的技术革新带来的不仅是技术的更新迭代，更是教学质量、教育理念的几何级提升，"互联网+"也必将让学前教育更透明、更公平。因此，加快信息化教育变革是未来幼教行业的必然发展趋势。

民办学前教育机构可以从以下几个方面进行深入思考和策略调整。

提升教学品质。注重提高教师的专业能力和教学水平，不断改进教学方法和课程设置，以提供更高质量的教育服务，满足学生和家长的需求。

建设品牌形象。注重自身品牌形象建设，提升品牌影响力和知名度，以吸引更多的优质学生和教师。

拓展服务内容。可以通过提供特色的课外活动、家庭教育指导等服务，提供更为全面的教育服务，满足学生和家长多元化的需求。

提高营销效率。可以采用线下宣传、线上推广等方式，提高营销效率，增加客户来源和销售额。

不断创新发展。不断探索新的教育模式和业务，提高企业创新能力，以适应市场竞争和发展变化。

积极探索托幼融合学前教育新形态。随着出生人口下降，学前教育将最早迎来生源减少的现实问题，民办幼儿园所尤其要未雨绸缪，趁早谋划，通过内部挖潜改造，扩大托育容量，延长服务链条，构建新的学前教育体系。

一是认清形势，顺应规律，将自身的发展置于国家幼儿教育发展的大环境下，主动推进学前教育的普惠性进程。二是在多元化发展的环境下努力办出自己的特色。三是加强与第三方专业教育服务机构合作，通过课程开发、在线教育支持、管理机制创新等专业合作提升保教质量。四是提升信息化管理水平，在园所安防管理、保教管理方面，通过软硬件结合的方式提供更为细致的"家园互动"服务；在教学上，通过虚拟现实技术帮助幼儿更好地感知世界，开发幼儿的创造力，提高幼儿的想象力。五是建立家长和社会参与的互动平台，及时了解社会诉求和幼儿的个性发展要求，调整办园方向。

个性化、特色化是民办园所发展的方向，实际上，许多民办园所已经开始探索。例如，郑州一八学校幼儿园学段秉承"让每一个孩子健康快乐成长"的使命，以"学以成人、蒙以养正"为校训，始终坚持"用心爱，做有温度的教育"，让孩子在成为"小小哲学家""阅读小达人""妈妈好帮手""暖心好伙伴"的同时成就美好童年。郑州郑东新区美睿五州幼儿园树立"美言美心、睿思睿行、快乐成长、幸福生活"的办园理念，以"发展孩子、服务家长、成就教师"为教育理念，构建意识形态高、课程质量高、教育水平高的目标，知责于心、担责于身、履责于行，推动园所健康发展。

民办学前教育机构能否在"互联网+幼教"的发展趋向上获得进一步的增值，是验证其发展潜力的重要一环。总体上来说，我国民办学前教育行业的发展在国家的整体部署和推动下趋于理性，在市场需求和政策导向的共同作用下，民办学前教育面临前所未有的挑战，但在这个充满潜力的朝阳行业中，民办学前教育机构可以探索的空间也更大。

2. 民办义务教育

（1）民办义务教育的主要走向。

多年来，民办义务教育一直伴随着国家教育政策的调整而相应发生变化，其发展也呈现新的动因和特点。

改革开放 40 多年来，民办教育在不断发展变化，相关政策制度也日趋成熟。2021 年 5 月 16 日，中共中央办公厅、国务院办公厅印发《关于规范民办义务教育发展的意见》，进一步将义务教育阶段民办学校的发展引向一个重大的转折点，对未来一个时期民办义务教育提出了"去课程教材国际化、去办学主体公参化、去学校运营产业化"等要求。

另外，义务教育阶段民办学校发展的态势也与我国国民经济和社会的发展密切相关。这一点可以从我国过去的四个"五年规划"（"十一五"到"十四五"）中得到体现。随着各个"五年规划"的不断深入实施，国家整体发展目标由追求速度与效率逐渐转向更加注重质量与公平，与民办义务教育发展相关的政策也随之发生调整，即从"十一五"期间的"鼓励、支持"，到"十二五"期间的"民办与公办地位平等"和"十三五"期间的"分类管理"，再到"十四五"期间的"进一步规范发展"，这一变化过程反映了民办义务教育的发展方向和发展重点。

（2）民办义务教育依然发挥有益的补充作用。

《中华人民共和国义务教育法》规定，政府是依法举办义务教育的责任主体和行为主体。从体量上看，公办学校仍是我国实施义务教育的绝对主体。根据《2022 年全国教育事业发展统计公报》，我国义务教育阶段的学生超过九成在公办学校就读，公办小学和公办初中在校生数量占全部在校生总数的 90% 以上。[①] 也就是说，义务教育阶段的公办学校在体量上稳居主导地位。

事实上，无论是从近年来政府对义务教育阶段公办学校的投入力度来看，还是从义务教育阶段公办学校对教师的吸引程度来看，我国公办义务教育发展迅速、办学质量不断提升，公办学校仍是我国义务教育阶段的绝对主体，民办学校作为有益补充的格局依然没有改变。

---

① 根据《2022 年全国教育事业发展统计公报》整理所得。

（3）民办义务教育呈现多样化发展态势。

鉴于我国幅员辽阔，各地经济社会发展水平和居民的消费水平、教育需求存在差异，民办义务教育发展也呈现多样化特征。概括而言，我国民办义务教育发展类型主要有以下三种。

第一种是经济强省办"大教育"，通过民办学校解决外来人口子女入学问题。这些地区经济发展水平高，吸引了众多外来人口，教育需求旺盛，政府公共教育供给的压力较大。同时，这些地区的民营经济发达，民营企业家捐资办学的风气浓厚。因此，这些地区的民办教育规模较大，民办学校帮助政府承担了外来务工人员子女入学的艰巨任务，促进了地区教育公平的实现。

第二种是人口大省办"大教育"，通过民办学校解决本地学龄人口入学问题。例如，河南省作为我国人口大省，本地学龄人口规模大，但政府的公共教育资源供给不足，与巨大的社会需求不匹配。河南省是"双超"（民办小学占比超 10%、民办初中占比超 15%）比例居高的省（区、市）。因此，在地方财政经费有限的情况下，像河南省这样经济欠发达的省（区、市）只能依赖民办教育来补足公共教育资源的短板。①

第三种是教育强省办"强教育"，通过民办学校推动教育多样化发展。例如，上海市、浙江省等沿海发达地区的教育资源众多，公办学校与民办学校之间的师资、生源竞争较为激烈。经过长期发展，那些办学不规范、质量不高的民办学校在这些地方已基本被淘汰，民办学校的发展促进了当地教育质量的整体提升。此外，受社会、经济开放的影响，长三角地区许多家庭希望子女能接受国际教育，再加上大量的外籍人士进入、留学人员回归等因素，这些地区的国际教育市场比较庞大，产生了许多办学品质较高、具有国际教育色彩、招收中国籍学生的民办双语学校，这些学校已成为本地居民心目中公认的优质民办教育资源。

（4）民办义务教育发展面临的问题与挑战。

第一，面临调结构、控规模的压力与挑战。

2021 年 4 月 7 日，修订后的《民办教育促进法实施条例》公布，其中

---

① 吴晶、郓庭瑾：《促进义务教育阶段民办学校与公办学校协同发展：现状分析与对策建议》，《人民教育》2020 年第 9 期。

部分条款对民办义务教育做出一系列规范性的要求。从地方层面来看，各级政府积极落实国家政策。2020年以来，湖南省、江苏省等地先后发文严控民办教育在当地义务教育中的占比，要求将全省民办义务教育学校在校生人数占全省义务教育学校在校生总数的比例降至5%以下。其中，江苏省明确表示争取用2~3年完成调减目标；2021年6月，四川省教育厅甚至发布《关于暂停审批设立民办义务教育学校的通知》，宣布暂停审批设立民办义务教育学校，不得批准已有民办义务教育学校设立新校区，不得同意已有民办义务教育学校扩大办学规模，并适当缩减2021年民办义务教育学校招生计划。在这一背景下，民办学校如何适应政策的变化，调整学校的发展定位和发展目标，正确应对办学规模缩小带来的发展压力，成为义务教育阶段民办学校必须面对的主要挑战。

第二，面临贯彻落实非营利性办学要求的新挑战。

新《民促法》对义务教育阶段民办学校非营利性办学提出了明确要求，规定"不得设立实施义务教育的营利性民办学校"以及"非营利性民办学校举办者不得取得办学收益"。为了保障这一规定的落实，2021年颁布实施的《民办教育促进法实施条例》第十三条、第二十六条和第四十五条分别对义务教育阶段特定形式的集团化办学、决策机构组成、关联交易等做出明确禁止或规范。

第三，面临在义务教育生态格局重塑中转型升级的挑战。

随着教育改革的推进，2020年义务教育阶段民办学校全面实施招生新政，即"公民同招，电脑派位，审批地管理"。在失去了提前招生等政策红利的情况下，如何重塑竞争力是民办中小学面临的生存挑战。

从教育的发展规律来看，新形势下，义务教育阶段民办学校在学情分析、课程资源开发与重新组合、教学组织形式、师生关系、学习内容选择、学习方式变革等方面面临全新的挑战，民办中小学不能再把学生优秀的成绩作为自身的优势，而是要挖掘不同学生的优势和潜能，为他们提供更加多样化的教育服务。

第四，面临留住优秀教师的压力与挑战。

随着义务教育阶段民办学校发展政策的系统性变革，义务教育阶段民办学校的师资稳定性有所变化，这主要表现在三个方面。其一，义务教育阶段民办学校整体规模的缩减引发了民办中小学教师对自己职业前景的担忧。在被要求转为公办学校的"公参民"学校中，有编制的教师选择回到原来的公办学校，有些符合考编条件的教师通过自己的努力考取编制后进入公办学校任教，这在一定程度上造成了民办学校教师资源的流失。其二，民办中小学在新形势下转型发展对教师的专业能力提出更高的要求，有些教师因在教育理念、教育教学模式、教育教学策略等方面不能适应学校的转型发展而被淘汰。其三，在社会保障方面，除了少数地区符合条件的民办中小学教师可以按事业单位标准办理社保待遇，绝大多数民办中小学教师是按照企业标准来办理社保待遇的，还有极少数教师没有办理任何社保待遇。这些因素会造成在同等情况下，民办中小学教师退休后的待遇与公办中小学教师相比存在不小的差距。这也是许多民办中小学教师选择流向公办学校的主要原因。

（5）推进民办义务教育改革与发展的建议。

第一，合理定位民办义务教育的功能与作用。

在我国财政基础不断增强的情况下，民办学校弥补国家财政对教育投入不足的功能在逐渐淡化，其为受教育者提供差异化服务的功能将进一步突出。从发达国家的义务教育发展和我国发达地区的义务教育情况看，义务教育的供给模式应该是"公办不择校，择校到民办"，即公办学校保障基本的公共教育，而民办学校满足个性化需求。从未来一段时间义务教育发展的趋势来看，义务教育虽然不是民办教育的重点发展领域，但义务教育阶段民办学校为社会提供了多样化的教育选择，其功能是满足人们对义务教育的差异化需求。

在教育资源的供给相对不足时，民办义务教育充分发挥了其补充功能，为保证适龄学生享有受教育权利做出了积极贡献。当下，民办教育定位应从发展初期的"补位"转向提供更多有特色、差异化的教育服务。"公民同招""公参民"学校整顿等举措推行的目的是全面建立义务教育阶段公办学校与民办学校一视同仁、互不享有特权的办学机制，从制度上推动民办学校在教育多样化与创新性上下功夫，从而促进义务教育阶段办学质量的提高，提升老百姓对义务教育的满意度。

第二，依法依规推进公办、民办义务教育协同发展。

第三，各级政府要履行免费义务教育托底保障的法定职责。

各级政府应加大对义务教育的保障力度，进一步推进义务教育均衡发展，缩小省域内教育差距，特别是应把民办义务教育学校纳入生均经费拨款体系，以保障民办义务教育学校的公益属性。

第四，各级政府应积极稳妥地推进民办义务教育规模调控工作。

在实现义务教育公平而有质量的发展的过程中，各级政府应理性对待民办学校的现实发展，实现公办学校与民办学校的协调发展，更好地推动我国义务教育从基本均衡走向优质均衡。

3. 民办普通高中教育

（1）特色化发展。

民办普通高中从诞生起就不得不选择特色化发展的道路，这有其客观的原因。民办普通高中因师资、生源较薄弱，无法与公办普通高中平等竞争，不能走同质化的发展道路，必须走与公办普通高中差异化发展的道路。许多民办普通高中从办学伊始就主动探索特色教育，有些学校尝试艺术特色，有些学校尝试体育特色，还有些学校尝试国际化教育，通过特色化办学提供与公办学校不一样的教育产品，满足不同人群的不同需求，从而拓展自己生存和发展的空间。

（2）集团化发展。

随着政策的支持和民办学校自身的努力，民办中小学逐步由弱到强、由小到大、由分散到集中，从单体学校办学逐渐发展为集团化办学，一批优秀而具有特色的民办中小学集团受到了社会公众的欢迎。集团化办学可以在教育理念、学校管理、教育科研、信息技术、教育评价、校产管理等方面实行统一管理，实现管理、资金、设备等优质教育资源的共享。

民办普通高中已经进入稳步、快速发展时期，办学规模稳步扩大，所占比例逐年提高。但是，随着资本的过度涌入，民办普通高中的发展也出现了一些乱象，如招生工作中的不规范行为和国外教材的不当使用等问题，需要引起高度重视。

（3）规范发展问题。

在国家规范民办教育行业发展的大环境下，民办普通高中同样面临激浊扬清、规范发展的问题。

一是招生问题。民办普通高中虽然不是"摇号"招生，但有些学校在招生过程中也出现了一些歧视性的招生政策。比如，一些民办普通高中曾被报道在招生时不仅要考学生，还要考家长，甚至对一些家庭经济条件较差的学生进行劝退。这表明个别民办普通高中在办学方向上仍然存在偏误。

二是收费问题。总体来说，民办普通高中收费还是比较规范的，但也有个别学校存在高收费、乱收费的现象，以及涨价过快、杂费过多、总额过高等问题。随着办学成本的不断增加，特别是近年来公办学校教师待遇的不断提高，民办普通高中为了吸引优质师资、改善办学设施，合理提高学费是可以理解的。但是，如果其过度追求利润，则会破坏民办普通高中教育的发展生态。

三是违规使用境外教材的问题。一些民办高中在引进国外课程的同时，原版引进国外全套教材，无视有些教材中存在的重大原则性问题，甚至有些学校没有开设教育行政部门要求的国内课程，忽视对学生进行中国传统文化和中国国情的教育。

（4）质量提升问题。

从全国范围来看，民办普通高中发展存在不均衡的现象，部分地区、部分学校的办学质量较高，但整体来说，在基础教育阶段，民办普通高中的教育教学质量不及公办普通高中。因此，民办普通高中的教育教学质量提升就显得尤为重要。

此外，民办教育在实现集团化办学的过程中会面临在学校规模扩张的同时如何保持优质教学质量的难题。教师是影响教学质量最关键的因素，但民办学校受体制机制的限制，很难招到或留住优秀的教师。

（5）多元化发展问题。

民办普通高中的多元化发展主要涉及三个方面。一是办学主体的多元化。民办普通高中的办学主体不同于民办义务教育学校，办学主体可以是个人，也可以是企业，甚至可以是国企或公办高中。二是办学机制的多元化。民办普通高中既可以办非营利性学校，也可以办营利性学校，它比义务教育阶段的民办学校在办学机制上更加灵活。三是办学特色的多元化。民办普通高中办学可以与公办普通高中进行错位竞争，形成自身多元化的办学特色。

（6）民办普通高中教育发展的建议与措施。

第一，坚持规范发展。

首先，民办普通高中应树立正确的办学方向，坚持民办教育的公益属性，即使是营利性民办普通高中，也要坚持办人民满意的教育，在招生方面要坚持公平、公正、公开的原则，不能采取歧视性的招生政策，应做到因材施教。

其次，各地要高度重视教育收费管理工作，建立健全领导体制和工作机制，坚持系统推进教育收费管理工作，完善定期信息发布机制，形成责任明确、协作联动、互相促进的收费管理工作格局，加强重点领域教育收费治理，把教育收费管理纳入教育督导范围；探索建立学校收费专项审计制度，重点加强对非营利性民办普通高中的审计，严禁非营利性民办普通高中通过各种方式从学费收入等办学收益中取得收益、私分办学结余（剩余财产）或通过关联交易转移办学收益等行为。

最后，民办普通高中的举办者和管理者要树立规范办学和长远发展意识。民办普通高中虽然不是义务教育阶段学校，但其未来的发展可能面临偏紧的政策环境，因此，民办普通高中要坚持走内涵式发展的道路，不要盲目追求规模扩张。

第二，强化特色创新。

民办普通高中的特色发展虽然取得了不少的成绩，但多是借鉴和模仿国外的经验，缺乏自己原创的特色和整体创新，特别是在德、智、体、美、劳五育并举，学生整体素质提升，以及国际教育创新方面，民办普通高中应进一步强化特色创新。

首先，要继续坚持不同于公办普通高中差异化、多元化发展的办学理念，充分利用民办教育的体制机制优势，敏锐把握社会公众对普通高中教育的新需求，激发广大师生的创造性，依托优质且具有责任感的教师队伍，从课程模式创新、人才培养模式创新、课堂教学创新、校园文化创新等方面着手，整体提升民办普通高中特色创新的层次。

其次，民办普通高中要积极转变思路，跟上民族复兴的步伐，积极融入国家发展的进程。比如，在国际教育方面，要从原来的以购买、引进国际课程为主，转变为打造自己的特色课程，逐步扩大我国普通高中教育的国际影响力，努力为国际教育贡献中国智慧。目前，国内一批优质的民办普通高中已经在国际化教育的道路上进行了有益的探索，对国际化教育有了自己的理解和实践。未来，其在特色创建实践中应该总结自己的经验，打造具有国际视野、中国特色的国际课程。

最后，民办普通高中要加强特色课程建设，立足中国历史和文化、国家现阶段现代化建设的特点、国内外高中课程改革的实践经验，通过长期的探索和积累，形成高质量、有特色的课程体系，通过课程育人形成办学特色，实现自身的教育目标。

第三，持续提升质量。

民办普通高中要实现持续高质量发展，主要应在以下三个方面潜心改革，不断进取。

首先，树立正确的人才培养目标。民办普通高中要坚持德、智、体、美、劳全面发展的人才培养目标，着力培养社会主义建设者和接班人。在明确这一目标的前提下，民办普通高中应培养学生良好的道德品质和爱好学习、善于学习的基本能力，为其未来接受高等教育打下坚实的基础。

其次，持续深化教学改革。民办普通高中应改变传统的课堂教学模式，树立素质教育理念，提高课堂教学效率，切实减轻学生的课业负担，培养学生的主体意识和学习能力，积极开展项目化学习和小组合作学习，促进学生积极主动地去探究知识，通过创新教育教学模式促进学校人才培养模式的持续迭代，培养学生适应终身发展和社会发展需要的正确价值观念、必备品格和关键能力，使民办普通高中成为培养高素质人才、受社会公众欢迎的好学校。

最后，不断提升教师队伍质量。民办普通高中教育质量的提升需要一支稳定、优秀的教师队伍，为此，学校应充分发挥民办教育的体制机制优势，在教师管理方面完善激励性、竞争性和可持续性的教师评价机制，实现优胜劣汰，促进整体质量提升，鼓励优秀教师与学校长期共同发展，对在学校质量提升中做出特殊贡献的优秀教师进行重点奖励。有意识地培养各方面的专业教师和管理人才，提升学科教学水平，创新学校管理。同时，民办普通高中应加强教师人才梯队建设，重视青年教师的培养，通过"以老带新"、项目培养等形式促进青年教师迅速成长。

4. 民办高等教育

我国当代民办高等教育从兴起至今，规模不断扩大，质量不断提升，服务经济和社会发展的能力越来越强，已经成为我国高等教育事业的重要组成部分，成为提高我国人力资源质量的重要推动力量。同时也应该看到，作为社会事业，民办高等教育与社会赋予的功能和期望还有一定差距。

（1）党建工作需要进一步深化。

民办学校的党建工作特别是民办高校的党建工作，是党中央一直十分重视的问题，也是新《民促法》强调的问题。近年来，民办高校重视党建与思政工作，积极落实立德树人根本任务，但是创新性和实效性不足。其党建与思政工作能力与民办高等教育发展的速度和规模不适应、不匹配。一是党建和思政工作经费不足。民办高校办学经费主要依靠学费收入，来源单一，开支多、压力大，用于党建和思政工作的经费也不足，制约了党建和思政平台建设、教育培训、活动开展、调研交流等。二是基层组织和队伍体系不完善。与公办高校相比，民办高校建立时间晚，党建与思政工作起步晚，经验积淀较少，基层党组织体系不健全，党建和思政工作队伍存在短板，力量较为薄弱，年龄结构、性别结构及职称结构等不够合理，专业化水平有待提升。三是缺乏对党建和思政工作的调研分析及方式创新。党建与思政工作中存在"三多三少"问题，即会议多、活动多、考评多，调查研究少、特色项目少、高质量成果少。四是缺乏党建和思政工作创新的长效机制。党建和思政工作创新缺乏顶层设计，对"党建+思政"一体化育人模式的思考和探索不够，没有深挖学校自身的优秀传统和特色做法，总结提升不够，没有集中力量重点打造几个特色品牌、特色项目和特色活动，缺乏项目化驱动，工作创新的目标性和连续性不强。

（2）发展水平有待提升。

与公办普通高等院校相比，我国民办高校发展的整体水平较低，基本处于高等教育"金字塔"的底部，除了中外合作办学的几所民办高校以及个别民办高校的个别专业建设对公办学校形成一定的冲击外，绝大多数民办高校的办学水平和质量与公办普通高等院校差距较大。我国民办高校整体办学水平低的现实是由多种原因导致的，既有办学时间短、办学积累不深厚的历史原因，也有不适应外在发展形势的现实因素。民办高等教育发展过程中的诸多体制性问题和发展性问题没有得到科学、合理的解决，也造成了民办高等教育整体办学水平不高的现实。

从我国民办高等教育发展的历程看，绝大多数民办高校主要依赖学费收入滚动发展。在办学伊始，很多民办高校为了快速发展，一味照搬公办普通高等院校做法，在办学模式、人才培养、学科专业设置、教师管理等各个方面沿用普通高等院校的模式，以学科为导向进行学科专业设置，开展教育教学活动。在民办高等学校建立的初期,按照公办普通高校办学模式发展,能够使民办高等学校迅速进入正常运行轨道,也是民办高校发展之初的一条捷径。这种发展模式符合当时高等教育需求侧改革的需要,以较快的速度实现了高等教育资源供给数量的增加。但是,当规模化发展达到一定阶段以后,民办高等教育的这种跟随、模仿的办学模式开始出现问题,其与公办普通高等院校硬件的差距在缩小,但是软实力的差距明显存在,与公办同构式发展的办学模式选择,只能让民办高校迅速实现规模扩张,并不能使其在内涵建设上形成特色。

此外,在办学定位上,我国绝大多数民办高校选择了应用型和技能型方向。目前,民办高校在应用型本科院校建设方面的探索还处于比较低的水平,校企合作深度不够,并没有为应用型本科院校建设形成足够的支撑。

(3)创新创业缺乏后劲。

民办高校在"双创"工作中取得了可喜的成绩,但是也面临缺乏长效机制、后劲不足等问题,主要表现在四个方面。一是应用型科研能力不足,对创新创业的支撑力不够。进入科技主导型的创新创业时代,科研能力对创新创业的重要作用越来越凸显,而民办高校在科研实力方面先天不足,科研团队建设起步晚,教师的应用型科研能力和水平相对较低,对学生创新创业项目的指导"力不从心"。二是学生参与科研项目较少,创新创业项目含金量较低。民办高校缺乏鼓励和吸纳学生参与教师科研项目的机制,教师承担的高层次纵向课题和横向课题数量也相对较少,很多项目最后往往变成主持人一个人的项目,起不到指导学生参与科学研究的作用。三是专创融合难以深入,学生创新创业能力不足。尚未探索出专业教育与创新创业教育有机融合的有效模式,"两张皮"现象依然存在,对各类专业课程的创新创业教育资源挖掘不够,还未建立起完善的创新创业教育专门课程群,导师队伍发挥作用机制不畅通。四是配套服务体系不完善,不能有效助力科创项目从实验室走向市场。缺乏对创新创业项目培育孵化服务链条的研究和设计,存在"缺链""短链""断链"等问题,例如缺乏完善的技术经纪人制度、信息服务制度等,缺乏对创新创业项目的投融资服务、知识产权交易、专家对接、辅导咨询、媒体宣传等。校级创新创业信息服务平台建设不足,不能及时有效地为学生提供国家政策、市场动向等信息,影响了创新创业教育和服务的质效。

（4）对民办高等教育改革的思考。

从国家发展大局的角度看，未来社会对高等教育的需求将比以往任何时候都更加迫切，对科学知识和卓越人才的渴求也将比以往任何时候都更加强烈。从我国高等教育改革与发展的任务看，全面提高高等教育质量，提升我国高等教育在世界高等教育体系中的竞争力与吸引力，实现高等教育多层次、多区域协调发展，满足经济社会发展对高层次人才的多样化需求等，将成为未来高等教育发展的重要任务。从民办高等教育自身发展来看，未来机遇与挑战并存，发展与改革并重，提高水平和完善治理共生。

第一，明确民办高等教育的总体发展目标。

"十四五"期间，我国民办高等教育要适应国家发展大局，顺应我国高等教育整体发展要求，在实现高质量发展的主题下通过改革创新增强发展动能。在发展和改革的大思路上，民办高等教育要服务国家区域协调发展大战略，紧密联系本区域经济社会发展的实际，调整专业结构和教学模式，提升服务能力和水平；在办学类型和人才培养规格上，民办高等教育要服从国家高等教育和职业教育发展大局，加快实现人才培养的历史性转型；在民办高校自身发展的重点上，按照国家高等教育布局，切实加快一些民办高校的转型，促进民办高等教育结构布局的合理调整。在基本保持现有发展规模的基础上，民办高等教育要努力克服教育教学中存在的各种问题，努力建立高质量发展体系，增强人才培养和服务社会的针对性与适应性，在争取政府积极支持的同时拓展办学资金筹措渠道和方式，提高教学设施设备的水平，显著改善办学条件。此外，民办高校在规范正常教学秩序和教学管理的基础上，要充分发挥机制灵活的优势，促进学校与产业企业的紧密联系，进一步实现优势办学和特色办学；在推进民办高校依法管理和分类管理的进程中，要进一步完善各种政策措施，提高依法监督和质量监测评估水平，促进自身治理能力和水平的提高。

第二，完善民办高等教育高质量发展体系。

按照国家"十四五"规划提出的"推进高等教育分类管理和高等学校综合改革，构建更加多元的高等教育体系"的要求，民办高等教育规划和构建完善高质量发展体系，应紧紧围绕教学质量、服务质量和治理质量三个方面。

一是提高教学质量。教学质量体现在学校与教学有关的各个方面和各个环节上，核心是立德树人。许多民办高校在这方面进行了积极有效的探索，但仍然有不少民办高校的教学质量不尽如人意。"十四五"期间，我国高等教育面临如何保障不同类型高校的多样化、特色化发展，确保人才培养质量，满足社会对不同层次、不同类型的高素质人才的多样化需求的重要课题。为此，民办高等教育应当充分发挥自己的体制机制优势，在提高教学质量方面做出新的贡献，要进一步增强民办高校的育人特色，特色可体现民办高校教学质量，是民办高等学校的生命线；要按照国家"十四五"规划提出的"建立学科专业动态调整机制和特色发展引导机制，增强高校学科设置针对性"的要求，根据本地区发展需要主动调整和优化专业设置，切实办出特色，增强学校专业的针对性；要进一步提高教师实施高质量课程的能力，将产业、企业和社会对人才的知识、技能、态度需求转化为有特色的课程和教学活动。

二是提高服务质量。服务质量主要体现在学校教育与经济社会发展的密切联系上。民办高校在我国高等教育进入普及化阶段后，担负的主要任务已经不仅是增加学额，让更多青少年能够接受高等教育，而且要为经济社会发展提供更好的服务支持。民办高校要关注各地经济社会发展的情况，特别是围绕地区发展战略的需要，主动担负起人才培养、技术支持、科技攻关等责任，利用机制灵活、"船小掉头快"的优势，为地区发展提供配套服务和特色服务。地处中小城市的民办高校，更要为城区和社区的发展提供知识型公共服务、智力支持和技术支撑，促进地区经济社会高质量发展。

三是提高治理质量。治理质量主要体现在学校内部治理结构和管理效能上。我国有相当数量的民办高校办学历史已有 20 年左右，创办者和管理者的身份已发生很大的变化。在新的形势下，我国民办高校要由经验化管理向理性化管理转变、由随意化管理向规范化管理转变；要坚持依法管理、科学管理，完善法人治理结构，更多地调动教师、学生和社会贤达参与管理的积极性，努力解决民办高校权力运行中高层管理团队职权不明晰、缺少利益相关者参与及内外监督机制缺失等法人治理结构等问题；要进一步提高管理效能，推动全体教职工参与管理，发挥他们管理的热情与专业能力，包括努力实现管理数字化转型，借助信息科技提高效率和创新，从而推动治理水平的提高。

第三，推进民办高等教育区域资源优化协调发展。

"十四五"时期，国家明确要引导东北地区高校和职业院校在服务东北振兴中提升办学实力和影响力，统筹协调在京高校参与和服务雄安新区建设，促进粤港澳大湾区高等教育结构布局调整优化，加快建设长江教育创新带，开展长三角教育现代化监测评估，推动黄河流域教育高质量发展，建立教育资源互通共享的区域性协作机制，为区域生态保护和经济社会高质量发展提供有力支撑。因此，我国民办高等教育应当紧密结合国家区域发展重大战略和国家高等教育发展重大布局，充分发挥民办高校在人才培养、技术贡献和创新服务等方面的重要作用。

第四，以产教融合为主线，加快推进教育和教学改革。

提升教育教学质量是民办高校生存发展的生命线，而产教融合是培养高素质应用型人才的必然选择。河南民办高校应把产教融合作为教育教学改革的一种理念、一种方法、一种路径，聚焦多主体价值诉求，注重教育"供/需"动态均衡，加强顶层设计，推进综合改革，让校企合作、产教融合走深走实，构筑产教协同育人共同体，让各种信息、数据和资源实现共建共享，在民办高校内部实现上下贯通、左右联通，在民办高校与外部关系方面实现内外联通、校企融通。在专业建设方面，民办高校应加快建立专业预警和退出机制、专业设置论证与评估机制，以服务经济社会高质量发展为导向，以市场为导向，主动适应经济结构调整和产业变革，适应新就业形态发展趋势，优化专业结构，淘汰不能适应社会需求变化的专业，新设一批适应新技术、新产业、新业态、新模式的专业；在教学方面，借鉴职业教育的先进做法，深化教师、教材、教法"三教"改革，将产教融合贯穿全过程，在学校与企业之间建立"旋转门"机制，深化"引企入教"和"送教入企"，拓宽企业参与途径，打造高水平"双师型"教师队伍，建设产教融合型教材，创新教学方法，不断深化"双主体育人"，促进产教供需双向对接；在实习实训方面，探索建立校企合作新模式，把企业搬进校园、把课堂设在工作现场、让学生走进实战，真正实现高质量的实习实训，让学生在实践中学知识、练技能，缩小专业与职业、学业与就业之间的差距。

第五，促进民办高校更好地培养职业应用技能型人才。

"十四五"期间，民办高校要面向社会需求，大力培养本科、专科层次的高素质应用型、技术型和技能型人才，从简单地模仿传统公办高校的办学和人才培养模式中解放出来，过去，一些高校过分看重理论学科和学位层次，受传统公办院校办学影响较深，与公办院校同质化发展的情况比较严重。"十四五"期间，民办高校应当回应经济社会转型发展的实际需要，开设更多紧缺的、符合市场需求的专业，形成紧密对接产业链、创新链的专业体系，把实习实训基地更多地建在企业内，实现校企共建共管产业学院、企业学院；创新人才培养模式，加强和优化实践教学环节，着力培养学生技能贡献力、实践适应力、岗位胜任力，整体提高办学的适应性。

第六，尽快完善、落实民办高校分类管理政策措施。

新《民促法》颁布以来，各地都积极按照新法制定本地区的具体配套政策，探索实施分类管理的具体办法。尤其是《民办教育促进法实施条例》正式施行以后，全国民办高等教育的改革和发展面临依法办学和依法管理的新形势。"十四五"期间，各地要按照《民办教育促进法实施条例》的要求，落实好分类管理的任务，促进民办高校规范健康发展。

首先，各地各级政府要完善分类管理配套政策供给。目前，全国31个省（区、市）（不含港澳台）按照《国务院关于鼓励社会力量兴办教育促进民办教育健康发展的若干意见》的精神，先后制定印发了地方实施细则，部分省（区、市）出台了配套政策。例如，借助长三角区域一体化发展契机，各省（区、市）加快建立跨区域联席会议制度，对长三角地区民办高等教育分类管理落地起到促进作用。未来，各地应从实际出发，加快制定和完善分类管理配套政策措施，如民办高校信用档案制度、信息公开制度、第三方评价制度、财务监管制度以及非营利性民办高校监管办法等；一些已经制定实施细则或政策的地区，要切实解决政策规定原则性过强、可操作性偏弱的问题，为民办高校实施分类管理创造更好的政策环境。由于不同的民办高校在办学定位、办学特色、办学层次等方面有较大的差别，各地在加强分类管理的同时，要加强分类指导、分类扶持，促进民办高校分类有序特色发展。

其次，民办高校要按照分类管理的要求创新发展思路。"十四五"期间，民办高校要按照国家已经颁发的法律法规和规章政策积极主动地落实分类管理的各项要求。其中，登记为非营利性的民办高校要进一步凸显教育的公益属性，始终坚持和不断加强党对民办教育的全面领导，落实立德树人根本任务，确保党的教育方针在民办学校得到贯彻落实，完善学校管理，提高管理效益，坚持优质特色办学，提供差异化、多元化、特色化的教育供给；登记为营利性的民办高校也要坚持社会主义办学方向，坚持民办高等教育的公益性，坚持办学质量优先，更多地发挥市场机制的作用，使学校教育与产业、企业发展联系更紧密，培养市场需要的各种人才。

第七，加强对民办高校发展的监督和评估。

在民办教育"分类管理"和高等教育实施"分类评价"的新形势下，加强对民办高校发展的监督和评估具有重要意义。中共中央、国务院印发的《深化新时代教育评价改革总体方案》提出"推进高校分类评价，引导不同类型高校科学定位，办出特色和水平"。我国民办高等教育是整个高等教育的重要组成部分，"十四五"期间，各级政府和管理部门要进一步完善监督评估体系，提高监督评价水平，促进民办高等教育的高质量发展。

从政府层面看，提高监督评估水平，要进一步完善民办高校的年检制度和年检指标。近年来，许多地区建立了年检制度，加强了对民办高校的年度检查，总体上促进了民办高校的规范办学和教学质量的提高。但有些年检只是走走程序，后续工作没有跟上，有些老问题每年年检都提出，但始终得不到有效解决。为了提高对民办高校监督评估的有效性，教育部出台了《民办高等学校年度检查指标体系（试行）》。未来，各级政府主管部门应根据教育规定，进一步完善年检指标和年检方式。一是对不达标的老问题坚决要求学校整改，并采取削减招生指标、停办整顿等果断措施，年检不能"走过场"。二是避免"一刀切"的做法，对不同性质和类型的民办高校要采取不同的评估办法，使评估更有针对性。三是评估指标和程序既要有利于发现问题，又要着眼于引导民办高校特色发展，从民办高校的实际出发，增强鼓励性和创新性。除了年检，政府主管部门还应采取其他多种方式实施分类评估、分类管理、分类发展，按高等学校的类型而不是按所有制形式进行分类评估，把民办高校和其他公办高校放在一起进行评估，以促进其互相借鉴、共同发展。

从学校层面看，完善民办高校监督评估制度应该成为促进学校改善办学条件和提高教学质量的重要举措。过去，有些民办高校往往把接受年检或者其他形式的检查当成负担，对各类检查采取应付过关的态度，有的民办高校因为缺乏有效的监督，内部治理和教学管理规章制度不健全，以家族式经营管理为主。"十四五"期间，我国民办高校要进一步深化对高等学校分类评价重要性的认识，把监督评估作为推进学校内涵式发展、高质量发展和创新发展的重要动力，积极主动地进行自我评价，邀请外部专家来校评估。一是要练好"内功"，进一步明确办学定位，健全各项教学制度，坚持走规范化办学、现代化管理和内涵式发展之路。二是要探索创新，既要向高水平公办高校学习基本经验，又要根据自己实际和优势，大胆探索，开创新局面，坚持走特色发展之路。三是要开阔视野，更广泛地了解产业发展和市场需求，积极吸纳产业界、企业界和社会精英参与学校办学和管理，并对学校进行形式多样的管理评估和质量评估。总之，民办高校要以更加灵活、高效、多样的办学模式和教育特色更好地满足人民群众的多元化需求，以独特的机制优势激发创新潜质，不断探索更有特色和吸引力的办学和教学模式，让民办高等教育更具生机与活力。

5. 民办职业教育

（1）2022 年民办中等职业教育学校数与在校生规模。

2022 年，全国共有民办中等职业学校 2073 所，比上年增加 95 所，占全国中等职业学校总数的比例为 28.79%；在校生 276.24 万人，比上年增加 8.61 万人，占全国中等职业教育在校生总数的比例为 20.63%，占比比上年略有提高。①

（2）民办中等职业教育教师规模。

从教职工人数来看，2020 年全国民办普通中专共有教职工 62019 人，其中专任教师 44933 人；民办成人中专共有教职工 7913 人，其中专任教师 5319 人；民办职业高中共有教职工 56128 人，其中专任教师 38248 人。

从专任教师数来看，民办中职院校专任教师数除在 2015~2016 年有小幅下降外，2016~2020 年呈逐年快速增长的趋势。从生师比来看，2015~2018 年全国民办中职院校生师比逐年大幅上升，2019~2020 年全国民办中职生师比趋于稳定，保持在 27.5∶1 左右。

"双师型"教师是民办中职学校教师队伍的主要特点，从"双师型"教师的人数及其占专任教师总数的比例来看，2015~2020 年，全国民办中职院校"双师型"教师人数逐年增加，而"双师型"教师占专任教师总数的比例波动较大。2015~2020 年全国民办中职学校中研究生学历教师人数逐年

---

① 教育部：《2022 年全国教育事业发展统计公报》，www.moe.gov.cn。

增加。

（3）民办中等职业教育的办学资源。

从生均校舍建筑面积来看，2015~2020 年全国民办中职学校的生均校舍建筑面积呈逐年缩减趋势，2020 年仅为 17.40 平方米。与生均校舍建筑面积的情况类似；2015~2020 年全国民办中职学校生均教学辅助及行政用房面积也呈逐年缩减趋势，2020 年仅为 8.44 平方米。全国民办中职院校生均教学仪器设备资产值在 2015~2018 年逐年下降后，2019~2020 年有所回升，2020 年为 3800.21 元。从全国民办中职生均图书册数和每百名学生拥有教学用计算机数来看，两者在 2015~2020 年均逐年快速下降。其中，全国民办中职生均图书册数从 2015 年的 24.33 册下降到 2020 年的 17.66 册，全国民办中职每百名学生拥有教学用计算机数从 2015 年的 20.50 台下降到 2020 年的 15.88 台。全国民办中职每百名学生拥有电子图书数在 2015~2019 年快速增加，从 2015 年和 2016 年的 0 册上升到 2019 年的 58.71 册，而 2020 年则又回落到 31.22 册。

（4）民办高等职业教育的发展特点。

第一，民办高职院校多分布在经济发达地区。

华东地区经济发展势头好，人才需求量大，是民办职业院校最为集中的区域，每个省（区、市）民办职业院校基本发展较好，如江苏和福建的民办高职院校均在 20 所以上，其他省（区、市）的民办高职院校数量也在 10 所左右。西北地区是公认的民办教育薄弱区域，宁夏回族自治区和青海省都没有民办职业院校，而其他省（区、市）的民办职业院校也基本集中在省会或自治区首府地区。西南地区 5 个省（区、市）中只有西藏自治区没有民办职业院校，其他省（区、市）的民办职业院校氛围却相当不错。四川有 29 所民办职业院校，民办职业院校几乎遍布四川各个地级市。

第二，民办高职院校财经类、文化传媒类专业开设比例较高。

根据全国民办高职高专统计数据，我国民办高职高专财经商贸大类学生数占各类民办高职高专学生总数的 22.18%，开设财经商贸大类专科专业的民办高职高专共计 241 所。财经商贸大类包括金融类、财务会计类、统计类、经济贸易类、工商管理类、市场营销类、电子商务类、物流类 9 个专业类、49 个专科目录。由于民办高职院校办学经费相对匮乏，其专业设置容易受到学校财政状况限制，因而更容易开设成本较低且相对热门的财经类、文化传媒类专业，这或许是民办高职院校中财经类、文化传媒等专业开设比例相对较高的原因之一。

第三，多数省（区、市）民办高职院校招生以省内生源为主。

2014年，国务院印发《关于加快发展现代职业教育的决定》，提出要"健全'文化素质+职业技能'，单独招生、综合评价招生和技能拔尖人才免试等考试招生办法"。这一系列的招生方法都主要面向本省（区、市）进行，使得各省（区、市）招生工作存在对省内生源的倾斜。同时，为了增强地方院校服务本地生源的能力，部分省（区、市）提出要加强地方院校在招生中对本地生源的倾斜。

第四，企业深度介入民办高职院校协同育人。

企业处于感知职业变化的最前沿，拥有最新的行业信息和技术，在技术技能人才培养和人力资源开发中最有发言权。为了促进职业教育改革，企业等社会力量需要在实训基地、学科专业、教学课程建设和技术研发等方面参与共建，与学校一起开展校企合作、产教融合。目前，民办高职院校的产教融合有两种形式：第一种是企业本身办学，例如三亚学院、吉利集团创办的北京吉利学院，三一集团创办的湖南三一工业技术学院等；第二种是校企合作协同育人。目前的产教融合形式多以第二种为主，并由此衍生出了不少具体模式。

第五，民办高等职业教育的办学层次更加丰富。

2014年，国务院首次提出"探索发展本科层次职业教育"。2019年6月，教育部正式批准首批15所高职院校升格为本科层次职业学院。从2019年开始，教育部试点新型本科层次职业院校，本科层次的职业技术大学成为民办高等职业教育的重要新生力量。2019~2020年全国共设立职业技术大学21所，其中民办职业技术大学20所，公办职业技术大学仅1所。

（5）民办职业教育发展面临的挑战与问题。

第一，民办职业教育发展缺乏持久动力。

从社会力量参与职业教育的办学情况和校企合作现状来看，社会力量直接办学的意愿较低，传统的校企合作方式也呈现"学校热、企业冷"的状况，行业企业以外的各类社会力量参与职业教育的积极性普遍不高。

在优秀公办高职院校不断升本，公办中职、高职院校总体数量逐年下降的情况下，民办中职、高职院校的占比仍不断下降，特别是民办中职院校数量大幅萎缩，说明社会资本投资中职教育领域的意愿明显减退。

第二，社会力量对中职教育的发展前景普遍存有疑虑。

受教育适龄人口持续下降、高等教育扩招、新技术发展等因素的共同作用，本来规模就在不断萎缩的中职教育面临更大的挑战。在中职教育总体规模有限的情况下，即便是办学经费充裕、享受政府各项扶持政策的公办中职院校也存在生源严重不足的问题，更遑论经费捉襟见肘的民办中职院校。

第三，民办职业院校办学质量参差不齐，社会认可度较低。

一些民办职业院校淡化了职业技能人才的培养特色，校企合作也浮于表面、流于形式。此外，我国经济发展不平衡的现状也反映在职业教育的质量上。在经济发达地区，职业教育发展迅速，而在经济不发达地区，职业教育则难以获得有效的产业支持和资金投入。同时，长期以来因为社会对高学历的偏好，"重普通教育、轻职业教育"的风气盛行，在就业市场上，职业院校毕业生普遍处于学历鄙视链的底端，待遇偏低，前景看似黯淡。因此，职业教育难以被学生本人和家长认可。

第四，吸引社会力量参与职业教育办学的动力机制长期缺失。

在社会力量参与职业教育的积极性本来就不高的情况下，激励社会力量参与办学的动力机制长期缺失，导致各类职业教育利益相关者在自身利益诉求得不到满足的情况下，又无法获得外部的利益补偿。比如，在校企合作的引导机制方面，现有法律制度对企业参与职业教育的责任和义务缺乏明确的界定和要求，未能有效调动企业的社会责任感和自觉性。此外，国家对企业的鼓励性政策措施制定也不到位，企业参与办学带来的额外成本未能以适当的方式获得补偿或回报，导致企业参与职业教育的主动性和积极性不高。

第五，职业教育管理体制还未完全理顺。

目前，我国各级各类职业教育存在多头管理的局面。以 2019 年上海市中等职业学校为例，其中，2 所隶属中央部委，19 所隶属市教委，29 所隶属各区教育局，36 所隶属行业企业等地方非教育部门。这样一种多头管理的局面不利于形成统一协调的职业教育治理体系。另外，目前职业院校寻求社会力量参与面临体制机制障碍。除山东省以外，大多数省（区、市）的公办职业院校中也未见成功开展混合所有制办学探索的案例，而且目前具有独立法人资格的中外合作举办的民办职业教育机构数量偏少。

第六，民办职业院校经费不足，教师待遇低。

由于体制机制的问题，民办职业院校的办学经费长期不足，民办职业院校不得不倾向于开设"短、平、快"的文科类专业，且专业重复率高。对于就业前景好、行业企业希望共建的许多理工类新兴专业，民办职业院校只能望而却步。在师资建设方面，民办职业院校教师收入普遍不高，导致岗位吸引力不强，教师队伍的稳定性和积极性不足，民办职业院校普遍存在"人难进、人难留、人难用"等问题。此外，不少民办职业院校反映，教师专业技术职称晋升渠道不畅，技能型教师存在种种准入门槛，特别是来自业界的实训课教师难以取得教师资格证，造成"双师型"教师普遍短缺，这些都严重制约了民办职业教育的健康发展。

第七，社会力量参与和监督职业教育治理的内外部制度供给不足。

就外部制度供给而言，社会力量参与和监督职业教育治理缺乏制度安排与保障。例如，在社会力量参与和监督职业教育治理中，多元主体协商治理是重要的实现方式，但由于缺乏相应的制度安排与保障，社会力量参与和监督职业教育治理的知情权、参与权和监督权还未得到有效落实。目前，社会力量参与和监督民办职业院校治理还停留在提供实训基地、提供咨询服务等初级阶段，并没有对民办职业院校的外部监督和决策起到重要作用。就内部制度供给而言，在社会力量参与和监督职业教育治理的过程中，学术组织及智库等社会力量的作用如何发挥、行政权力与学术权力的边界如何厘清、社会力量参与和监督职业教育治理的绩效如何评估等都需要有效的制度供给予以明确。

（6）民办职业教育未来发展的机遇与展望。

第一，国家政策导向利好民办职业教育。

2019年1月，国务院印发《国家职业教育改革实施方案》，该方案在开篇就明确了职业教育在整个教育体系中的重要性，即职业教育与普通教育"地位相当，同等重要"。2021年6月，《中华人民共和国职业教育法（修订草案）》第三条对"职业教育与普通教育具有同等重要地位"进行了重申。2021年修订的《民办教育促进法实施条例》进一步明确了我国政府积极鼓励社会力量举办民办职业教育的政策，提出了鼓励企业以独资、合资、合作等方式举办或参与举办实施职业教育的民办学校。此外，为进一步发挥企业在职业教育中的主体作用，鼓励和引导各类市场主体参与职业教育，中共中央办公厅、国务院办公厅印发《关于推动现代职业教育高质量发展的意见》，首次提出"鼓励上市公司、行业龙头企业举办职业教育""职业学校要主动吸纳行业龙头企业深度参与职业教育专业规划、课程设置、教材开发、教学设计、教学实施，合作共建新专业、开发新课程、开展订单培养。鼓励行业龙头企业主导建立全国性、行业性职教集团，推进实体化运作"等举措。

随着 2022 年 5 月 1 日修订的《中华人民共和国职业教育法》的正式实施，职业教育在我国教育事业中的地位进一步上升，民办职业教育未来发展的政策空间被进一步打开。

第二，社会需求是职业教育发展的基本动力。

对于职业人才的培养，既要根据当前经济发展的需要开设传统专业，也要跳出现有职业需求的圈子看发展。2019 年以来，国家有关部门先后发布了 5 批 74 个新职业，这些新职业将提供一系列新的岗位。由清华大学技术创新研究中心等单位联合发布的《中国高等职业院校竞争力白皮书（2023）》指出，职业教育的就业方向一般以第二产业和第三产业为主，第二产业、第三产业的持续发展对职业院校毕业生的吸纳能力较强。2021 年 10 月 20 日，河南省战略性新兴产业急需紧缺人才需求发布暨郑州中原科技城推介会发布《河南省战略性新兴产业急需紧缺人才需求目录》，该目录涉及中铁工程装备、郑州安图生物、中国一拖、河南羚锐制药等 75 家企事业单位，涵盖新材料、生物医药、生物农业、人工智能等十大战略性新兴产业重点领域。该目录指出，河南省战略性新兴产业急需以新一代人工智能、5G、网络安全、智能终端为代表的数字经济人才，以创新药、现代中药、医疗器械为代表的生物医药人才，以智能装备、节能环保、新能源为代表的高端制造人才。多次出现的企业"招工难"等情况，说明了职业学校毕业生的就业前景十分广阔。随着科学技术的不断发展，职业院校毕业生就业的满意度也会越来越高。

第三，"普职比"大体相当的政策目标推动职业教育健康发展。

依据国家层面所设定的"普职比"大体相当的政策目标，中职院校规模有望继续扩大。同时，随着职教高考升学路径的打通，中职生的升学率有望提升，高等职业教育招生规模将进一步扩大。

目前，我国职教改革已初见成效，各省中职生源供给呈上升趋势。例如，山东省于 2018 年颁布《山东省教育厅等 11 部门关于办好新时代职业教育的十条意见》，提出加快推进高校分类考试招生，使春季高考成为技术技能人才选拔的主渠道，本科招生计划安排逐步达到应用型本科高校本科招生计划的 30%，为职业院校学生提供更多升入应用型本科高校的机会。广东省于 2019 年颁布《职业教育"扩容、提质、强服务"三年行动计划（2019-2021 年）》，提出到 2021 年新增高等职业教育学位 12 万个以上，本科高校招收高职院校学生"升本"人数比 2018 年翻一番，中职院校毕业生升入高职院校的比例达到 30% 以上。

2015~2020 年，全国高考报名人数从 942 万人增长到 1071 万人，而普高毕业生人数则维持在 800 万人左右，高考报名人数的增量主要来自中职生源。山东省、广东省、上海市、天津市等地的高考人数统计中包含了春季高考、对口单招等中职院校学生人数。

第四，职教本科招生政策推动高等职业教育发展。

2021 年 10 月 12 日，中共中央办公厅、国务院办公厅印发《关于推动现代职业教育高质量发展的意见》，首次提出职教本科的招生目标，要求到 2025 年职教本科招生规模不低于高职招生规模的 10%。同时，该意见还指出，鼓励应用型本科大学积极开展职业教育，开设本科职业教育专业，到 2035 年职业教育整体水平进入世界前列，技术技能人才社会地位大幅提升，职业教育供给与经济社会发展需求高度匹配，在全面建设社会主义现代化国家中的作用显著增强。在国家政策的大力支持下，高等职业教育的发展空间将进一步打开，教育教学改革将进一步深化。

第五，技术革新推动非学历职业教育发展。

2017 年，OMO（Online-Merge-Offline，指线上线下融合的模式）概念首次在新零售领域被提出并成功实践。2020 年，在线教育行业持续升温，职业教育赛道的众多市场参与者加速布局 OMO。结合数字经济、"互联网+"等战略部署，2020 年 7 月，国家发展改革委、文化和旅游部等 13 个部委联合发布《关于支持新业态新模式健康发展 激活消费市场带动扩大就业的意见》，提出支持 15 种新业态、新模式发展，有效发挥数字化创新对实体经济的提质增效作用，推动产业数字化转型。长远看来，发展线上线下融合教育能够促进 5G、人工智能、云计算、VR/AR 等新兴技术在教育行业中的广泛应用，该模式也是推动优质教育资源共享、实现教育公平的重要举措。

在相关政策的鼓励下，资本加速入局教育行业，职业教育和 STEAM 教育成为近年来两大热门赛道，分别占 2021 年上半年教育行业投融资事件数量的 22.92%、18.78%。据统计，2016 年是近年来职业教育赛道融资事件的高峰年份，之后事件数量虽减少，但资金额度不断上升，屡创历史新高。

具体来看，职业技能培训是职业教育投资领域中最热门的方向，其融资事件数量占整体职业教育投资事件总数的比例高达 60%~80%。据统计，2020 年高估值教育"独角兽"企业有 10 家，其中职业教育相关企业占 3 家，分别为高顿教育、麦奇教育科技和慧科教育，这 3 家均为在线职业教育公司。由此可见，技术革新为非学历职业教育发展提供了新机遇。

未来，民办职业教育将在学历职业教育和非学历职业教育两大领域同步发展，整个民办职业教育将在政策、需求和技术的加持下步入新的发展阶段。民办学历职业院校有望得到更快发展；校企合作、产教融合将得到持续深化。

未来，在政策支持力度加大、教育消费需求增加、教育科技手段更新加快等因素的推动下，我国职业教育将迎来发展黄金期，学历职业教育与普通高等教育将实现横向融通，社会资本加快入局，赋予持续发展动能。同时，随着各类职业机构对师资、技术、管理等优质资源要素的竞争更加激烈，职业教育也将进入整合窗口期。因此，学历职业教育和非学历职业教育都需要及时创新业务模式，开拓下沉市场，提供更多元、优质的职业课程品类，更好地满足用户的多元化需求。

（五）独立学院的兴衰

自 1999 年第一所独立学院浙江大学城市学院诞生，独立学院很快发展起来。独立学院在发展过程中饱受争议，被扣上"野鸡大学"的帽子。独立学院最初依托名校办民校，是随着高等教育的大众化发展起来的，在满足高等教育需求方面做出了贡献。随着独立学院的扩张，招生人数也迅速膨胀。2005 年，独立学院的招生人数就已超过 100 万人，独立学院招生人数在本科招生总人数中的占比持续多年保持在 15% 以上，最高曾超过 20%。2010 年，我国独立学院学校数为 323 所，2011~2020 年分别是 309 所、303 所、292 所、283 所、275 所、266 所、265 所、265 所、257 所、241 所，学校数呈逐年减少的趋势。①

教育部办公厅于 2020 年 5 月 15 日印发《关于加快推进独立学院转设工作的实施方案》，指出独立学院在发展过程中存在的法人地位未落实、产权归属不清晰、办学条件不达标、师资结构不合理、内部治理不健全等问题，在一定程度上影响了教育公平和高等教育健康发展。根据该方案的要求，独立学院将按照"能转尽转、能转快转，统筹兼顾、协调推进，分类指导、因校施策"的思路开展转设工作。

该方案指出，办学协议完善，办学主体间权利义务划分清晰，办学条件达到本科高校设置标准的独立学院，可转设为独立设置的民办普通本科高校。

无社会举办方（指由公办高校单独举办，公办高校与学校基金会、校办企业、学校附属医院、校友会或学校工会等下属机构合作举办，以及公办高校与地方政府合作举办）或社会举办方拟退出举办、地方政府有条件承接举办的，鼓励转设为独立设置的公办普通本科高校。

已停止招生，或由于各种原因无法完成转设，或举办者主动提出且条件具备的，终止办学，撤销建制。

该方案要求"到 2020 年末，各独立学院全部制定转设工作方案"，同时推动一批独立学院实现转设。原则上，中央部门所属高校、部省合建高校举办的独立学院要率先完成转设，其他独立学院要尽早完成转设，转设路径为：转为民办、转为公办、终止办学。针对校中校，该方案特别强调，如转为民办普通本科高校须明确非营利性。其实早在 2008 年教育部就颁布了《独立学院设置与管理办法》（简称"26 号令"），对独立学院给予了转设、回归母体高校、迁址新建、终止或停办等 6 条规范发展路径。"26 号令"要求，符合条件的独立学院在 5 年内转设为独立建制的普通本科高校。到 2020 年，独立学院尚有 241 所，这意味着，"26 号令"颁布 12 年来，只有 81 所完成了转设工作。

---

① 根据历年《全国教育事业发展统计公报》整理所得。

第六章　民办教育发展的总结与展望

第一节　当代中国民办教育的主要成就

中国民办教育的发展过程，实际上是中国教育体制改革创新的过程，这样的探索获得了巨大的成就，也面临一些挑战。

一　为当代中国的教育改革提供了经验

（一）民办学校分类管理改革稳步推进

《国家中长期教育改革和发展规划纲要（2010-2020 年）》提出对民办学校探索实施分类管理。2015 年新修订的《中华人民共和国教育法》去掉了"不以营利为目的"的条文，扫除了营利性教育组织的法律障碍，奠定了营利性教育组织的合法性基础。2016 年 11 月，全国人大常委会审议通过了《关于修改〈中华人民共和国民办教育促进法〉的决定》，标志着我国民办教育分类管理的顶层设计基本完成。为保证新《民促法》的顺利实施，2016 年 12 月 29 日，国务院出台了《关于鼓励社会力量兴办教育促进民办教育健康发展的若干意见》，2016 年 12 月 30 日，教育部等5 部委联合下发了《关于印发〈民办学校分类登记实施细则〉的通知》，教育部、人力资源和社会保障部、国家工商总局联合下发了《关于印发〈营利性民办学校监督管理实施细则〉的通知》。这些法律法规和政策规定，使得我国民办学校分类管理改革的相关政策体系不断完善，顶层制度设计也日益完备。作为改革试点，浙江省温州市"1+9"文件对现有民办学校分类转设的具体程序、学校资产的认定边界、剩余资产的补偿奖励、土地房产的处置路径以及分类转设的税费优惠政策等进行了明晰和细化，为各地民办学校分类改革提供了可借鉴的蓝本。

（二）体制改革取得明显成效

独立学院转设步伐加快。到 2022 年底，全国独立学院数量为 164 所，比 2008 年减少了 158 所。[①] 独立学院转设已是大势所趋。

民办教育在政府购买社会力量办学服务方面实现了突破。

混合所有制办学的探索积累了一定经验。

二　实现了办学主体的多元化和办学形式的多样化

改变了政府包揽教育的传统体制，初步形成了政府办学为主、社会各界共同参与办学的格局。促进了教育成本核算方式和人事制度的变革，逐步形成了同级不同类型学校相互竞争的氛围。

民办学校的存在和发展使得公办学校不断进行改革，促进教育在遵循规律的基础上更加贴近经济和社会发展实际。

三　建立了完整的民办教育体系

党的十一届三中全会的召开，客观上为民办教育的发展提供了可能。"八二宪法"为当代中国民办教育的发展铺平了道路。国家主动尝试打破单一的公办教育的格局，在教育领域进行多元主体办学的尝试。

最早出现的是自学考试辅导班，其在严格意义上应该属于培训教育，还不能被列入普通教育范畴。国家进一步打开学历教育的大门，一些民间培训机构经过批准进入国家的普通教育领域。

学前教育。民办幼儿园出现在 20 世纪 80 年代初。[②] 到 2019 年，全国民办幼儿园在园幼儿达到 2649.44 万人。2022 年全国民办幼儿园在园幼儿数虽然回落到 2126.78 万人，但依然占到全国幼儿园在园幼儿总数的 45.96%。

中学教育。1986 年 9 月 11 日，国务院办公厅转发《关于实施义务教育法若干问题的意见》，指出"个人依法办学可以进行试办"，这实际上承认

---

① 　根据历年《全国教育事业发展统计公报》整理所得。

② 　董圣足等：《从有益补充到共同发展——民办教育改革发展之路》，华东师范大学出版社，2018，第 58~59 页。

了私人办学的合法性，正式将私人办学权纳入规范体系。受宏观政策影响，义务教育阶段的民办教育一直处在低位状态。直到1991年底，全国民办小学也只有655所，在校学生数仅为2.65万人，仅占整个小学教育阶段在校生总数的0.02%；而民办中学（含初中、高中）学校数544所，在校学生数8.96万人，在校学生数仅占整个中学教育阶段在校生总数的0.19%。①

高等教育。当代中国民办高等教育的起步伴随着国家自学考试制度的确立。广大社会青年踊跃参加自学考试，获得知识和国家承认的文凭，催生了各种自学考试辅导班。1994年2月，原国家教委同意原民办黄河科技学院等4所民办学校正式建校，这4所学校成为国家承认的、进入国民教育序列的、独立设置的全日制专科层次高等学校。2000年3月21日，教育部印发《关于在民办黄河科技学院基础上建立黄河科技学院的通知》，批准建立黄河科技学院，规定黄河科技学院实施本科学历教育。黄河科技学院成为新中国成立以来全国第一所而且是当时唯一的民办普通本科高校，完整构建了民办教育的体系，开启了新中国民办高校实施本科学历教育的先河。这是中国民办高等教育发展史上的又一座里程碑，推动了中国民办高等教育的蓬勃发展。

2011年10月，北京城市学院、西京学院、吉林华桥外国语学院、河北传媒学院、黑龙江东方学院5所民办高校通过教育部审批，正式获得研究生招生资格，标志着民办高校办学层次进一步提升，打破了过去研究生招生由公办高校、科研院所垄断的单一格局。2012年秋季，首批155名硕士研究生入学，2020年民办高校招收硕士研究生1260人，在学研究生2556人。

1949~2018年河南省初等、中等、高等教育在校生结构不断发生变化。1949年5月河南省人民政府建立时，全省高等教育在校生只有800余人，而小学教育在校生则超过了160万人，在校生结构呈"倒图钉形"；1999年，全省高校在校生达到18.55万人，中等教育在校生达到566.26万人，在校生结构呈"金字塔形"；2018年河南全省普通本专科教育在校生达到214.08万人，中等教育在校生798.56万人，小学教育在校生为994.06万人，在校生数量分布呈"正梯形"结构。随着义务教育阶段的不断延伸、教育层次的不断提升和教育体系的完善，河南省在校生结构将逐步趋向"正方形"。

---

① 根据历年《全国教育事业发展统计公报》整理所得。

四 党建工作不断加强

新《民促法》第九条规定："民办学校中的中国共产党基层组织，按照中国共产党章程的规定开展党的活动，加强党的建设。"《民办教育促进法实施条例》第四条强调："民办学校应当坚持中国共产党的领导，坚持社会主义办学方向，坚持教育公益性，对受教育者加强社会主义核心价值观教育，落实立德树人根本任务。"新《民促法》及其实施条例体现了民办学校党组织的重要作用和战略地位。

2000 年 6 月 6 日，中共中央组织部、中共教育部党组印发《关于加强社会力量举办学校党的建设工作的意见》，明确要求及时在社会力量举办学校建立党的组织。

2016 年 4 月 18 日，在中央全面深化改革领导小组第二十三次会议中通过的《中共中央组织部、中共教育部党组关于加强民办高校党的建设工作的若干意见》对民办高校党建工作做出了翔实具体的规定。

2016 年 12 月 26 日，中共中央办公厅印发的《关于加强民办学校党的建设工作的意见（试行）》要求各级各类民办学校全面加强党的建设工作，充分发挥党组织政治核心作用，实现党组织和党的工作全覆盖。

党中央在不同历史时期对民办教育党建工作有不同的要求，体现了党对民办教育发展的政治要求。许多省（区、市）设立了民办学校党建工作机构，贯彻中央精神，出台了加强民办学校党建的政策文件。

五 扩大了教育的有效供给

到 2022 年底，全国共有各级各类民办学校 17.81 万所，占全国各级各类学校总数的比例为 34.37%。各级各类民办学校在校生 5282.70 万人，占全国各级各类在校生总数的比例为 18.05%。民办义务教育阶段学校 1.05 万所，比上年减少 1626 所，占全国义务教育阶段学校总数的比例为 5.23%；在校生 1356.85 万人（含政府购买学位 736.37 万人），比上年减少 317.25 万人。民办普通高中 4300 所，比上年增加 292 所，占全国普通高中总数的比例为 28.62%；在校生 497.79 万人，比上年增加 47.45 万人，占全国普通高中在校生总数的比例为 18.34%。民办中等职业学校 2073 所，比上年增加 95 所，占全国中等职业学校总数的比例为 28.79%；在校生 276.24 万人，比上年增加 8.61 万人，占全国中等职业教育在校生总数的比例为 20.63%。民办高校 764 所，占全国高校总数的比例为 25.36%。其中，普通本科学校 390 所，本科层次职业学校 22 所，高职（专科）学校 350 所，成人高等学校 2 所。民办普通、职业本专科在校生 924.89 万人，比上年增加 79.15 万人，占全国普通、职业本专科在校生总数的比例为 25.27%。

民办教育的发展给普通百姓接受教育提供了更多机会。以广东省东莞市为例，2016~2017 学年，东莞市经批准开办的民办学校有 1117 所，占全市学校总数的 69.2%；民办学校在校生 100.2 万人，占全市在校生总数的 64.4%。其中义务教育阶段中小学 266 所，在校生 61.5 万人；幼儿园 818 所，在园幼儿 26 万人。这些民办学校满足了大量涌入的外来务工者子女的教育需求，解决了"入学难"和"入园难"问题，保障了当地经济发展所依赖的劳动力的稳定性。若没有这些民办学校，这些"流动儿童"可能将失去在现代化城市接受教育的机会，将被迫回到家乡，成为与父母相隔千里的"留守儿童"，忍受与父母的相思之苦。民办学校不仅为"流动儿童"提供了在大城市接受基础教育的机会，也为"留守儿童"提供了相对于乡镇的公办学校而言更好的教育服务（比如有较好的寄宿制条件），从而吸引了大量的"留守儿童"，也让外出务工的父母能够安心工作。①

在教育负担最重的河南省，民办教育实现了持续发展。从 2012~2013 学年到 2018~2019 学年，民办幼儿园由 10362 所增长到 17293 所，6 年增加了 6931 所；在园幼儿由 174.04 万人增长到 300.46 万人，增加了 126.42 万人。民办小学由 1344 所增长到 1865 所，增加了 521 所；在校生由 107.18 万人增长到 162.35 万人，增加了 55.17 万人。民办普通初中由 584 所增长到 819 所，增加了 235 所；在校生由 59.13 万人增长到 90.73 万人，增加了 31.60 万人。民办普通高中由 196 所增长到 299 所，增加了 103 所；在校生由 25.98 万人增长到 41.84 万人，增加了 15.86 万人。民办中等职业学校数有所减少，由 234 所减少到 170 所，但是在校生由 24.28 万人增长到 26.54 万人。民办普通高等学校由 34 所增长到 39 所，学校数增幅不大，但在校生由 28.98 万人增长到 51.05 万人，增加了 22.07 万人。2018~2019 学年，河

---

① 董圣足等：《从有益补充到共同发展——民办教育改革发展之路》，华东师范大学出版社，2018，第 47 页。

南省民办教育在校生数达到 674.90 万人，占到全省各级各类教育在校生总数（2467.67 万人）的 27.35%，比上一学年的 23.25% 提高了 4.10 个百分点。全省民办教育在校生数占比超过了 1/4。

据不完全统计，"十三五"期间，河南省各级各类民办学校遵循党和国家的教育方针，坚持社会主义办学方向，不断提高教育教学质量，共为社会培养了 910.13 万名毕业生。其中普通高等教育毕业生 66.75 万人，中等教育毕业生 216.66 万人，小学教育毕业生 133.70 万人，学前教育毕业生 491.22 万人，其他民办教育机构和特殊教育等毕业生 1.80 万人。民办教育为河南省乃至全国经济社会发展做出了贡献。

六　进行了现代学校制度的尝试

建设现代学校制度，在广东省的部分地区和学校，有过先行先试的案例。深圳市教育局于 2007 年 11 月 15 日印发《深圳市现代学校制度研究与建设方案》，确立了研究课题和试点学校与试验区，又于 2014 年 12 月 3 日下发《深圳市中小学校全面推进现代学校制度建设指导意见》，要求"到 2016 年，全市各中小学校法人治理结构要素基本完备，学校办学理念、办学特色清晰，学校依法治校、民主管理和自主发展制度体系趋于完善；形成政府统筹规范管理，学校按章自主办学，社会多元民主共治的深圳现代学校治理体系"；广州市番禺区市桥第二中学更名为广东第二师范学院番禺附属中学后，于 2010 年 2 月被广东省教育厅批复为广东省教育综合改革试点学校，该学校进行过基础教育现代学校制度的探索与尝试，其实践研究的成果《基础教育现代学校制度的实践与思考》出版发行；佛山市顺德区继大部制改革后，与中国教育学会共建综合教育改革试验区，从 2010 年 5 月起，在教育管理体制、现代学校制度建设等方面展开探索，初步形成了由政府指导性管理、学校自主管理、行业自律性管理，社区、企业、家长、校友多元参与、协同共治的开放型教育治理体系，构建了新型的现代学校制度。

河南省各级各类民办学校在办学实践中，越来越感觉到建立现代学校制度的重要性和必要性。出于发展的需要，这种制度多是自发建立的，当前仍处于初级阶段，既不完善，也不圆满。这种适应时代要求的、与当前改革发展相适应的规则体系，在理论尚不完善、引导不到位的情况下，正在探索中逐步建立。

河南省 37 所民办普通高校均已建立健全了董事会（理事会）和监事会制度。这样的制度在黄河科技学院、郑州科技学院、郑州工业应用技术学院、郑州升达经贸管理学院、郑州工商学院、新乡医学院三全学院等 17 所民办本科学院已经进入正常运转的轨道。校务委员会等机构进入决策层面，学校章程实现了全覆盖。专科学院如郑州澍青医学高等专科学校、郑州电力职业技术学院、周口科技职业学院、郑州理工职业学院、郑州黄河护理职业学院、郑州城市职业学院等 20 所民办院校也已经或正在完善现代学校制度。

七　丰富了办学形态，满足了多元教育需求

在办学实践中，民办教育以自身灵活的机制，推进教育事业发展，大胆探索新的、富有特色的教育形态，比如集团化办学、国际交流与合作办学等。民办教育在发展中不断尝试满足人民群众对教育的多种需求，既有注重实践的中等职业教育，又有办学条件优越、收费相对较高的有品牌影响力的学校；既有实施普通本专科教育的民办高校，又有如西湖大学这种借鉴世界知名大学办学理念和办学经验的高层次、高水平民办大学。

民办教育大发展增加了人民群众选择教育的机会。在办学层次上，民办学校涉及从学前教育到高等教育的各级各类教育，学历教育与非学历教育并存。在办学形式上灵活多样，既有全日制又有短期培训，形成了多渠道、多规模、多层次的办学格局，适应了社会各界对不同层次的教育和人才的需求。民办教育在办学质量和办学效益、深化课堂教学改革和实施特色办学等方面做出了大量探索，较好地满足了社会各方面对多样化教育的需求。民办学校的发展壮大使原本因为教育资源不足而难以实现教育公平的历史难题得到较好的解决。

八　促进了教育的进一步开放

民办学校求生存、求发展的进取精神及其相对于公办学校而言的后发处境，促使民办学校以更加开放的心态吸纳一切有利于自身发展的文化成果，注重引进国外先进的教育资源，注重与国外教育机构开展中外合作办学。部分民办学校在教育理念上着眼于培养具有国际视野的未来人才。在

外语教学领域，民办学校十分注重引进外国教师，使外语教学更加实用化。一些民办学校还引进了国外的管理模式，对学校管理体制改革进行了新的尝试。

九　延伸了教育链条，扩展了教育领域

随着当代科技的发展，人民群众要求实现"终身教育"的呼声越来越高。终身教育是涵盖人从出生到死亡的教育。国家对幼儿园开展强力"普惠"后，不少民办学前机构将教育链条延伸至幼儿。此外，民办教育还及时承担了培训教育的责任。

民办教育在老年教育中也发挥了重要作用，为迎接老龄化社会的到来积累了丰富的教育经验。《2022 年民政事业发展统计公报》显示，截至2022 年底，全国 60 周岁及以上老年人口已达 2.8 亿人，相比 2021 年增加约1300 万人。[①] 随着人口结构的转变，中国预计老龄化程度将持续加深，"银发经济"市场空间巨大。养老问题以及银龄教育问题受到社会关注。公办老年大学一座难求，满足不了数量庞大的老年群体的教育需求，所以很多民办教育机构抢占先机，在老年服务和教育领域开始了积极的探索和尝试，浙江树人大学等民办高校及时开设了针对老年服务和教育的专业，为老年人的终身教育做出了积极贡献。

在 40 多年发展过程中，民办教育也有一些阶段性的探索，比如独立学院的尝试、教育储备金制度、公办民助办学体制、民办公助办学体制、集团化办学等，这些尝试为民办教育的发展提供了多方面的经验和教训。正是通过这些尝试，民办教育明确了发展方向，选择了正确的发展道路。

第二节　民办教育发展的制约因素

民办教育的快速扩张时期已经过去，进入内涵提升阶段。民办教育发展面临的老问题，还是办学经费、师资队伍、社会认同等问题。

---

① 民政部：《2022 年民政事业发展统计公报》，www. mca. gov. cn/n156/n2679/c1662004999979995221/attr/306352. pdf。

一 办学经费仍然是制约发展的重要因素

民办学校往往通过滚动发展来解决办学经费问题。民办学校和公办学校最大的不同是民办学校没有国家稳定的经费支持。民办学校要想持续发展，就需要保证招生的数量，从而通过收取学费获得发展的资金。规模缩减之后，民办学校提升办学质量更面临经费短缺的问题。

二 师资队伍建设依然困难重重

经过40多年的发展，民办学校已经有了相对稳定的教师队伍，教师队伍的年龄结构、学历结构和职称结构都得到优化，但是仍然不能适应高质量发展的需要。民办学校教师身份与公办学校教师身份的差异，高质量发展对民办教育提出的更高的要求，使得民办学校师资队伍建设面临年龄结构需要进一步优化、学历和职称结构还需要适配、稳定性需要加强的问题。

三 社会认可度依然不高

40多年来因为国家的大力支持、多数民办学校的努力和大批民办教育家的坚守，民办学校在人们心目中的形象大有改观，许多原有的偏见不攻自破。社会认同度的提升不是高收费和高升学率带来的。长期以来社会对民办教育的看法虽然已经有所改变，但是民办教育仍需努力为自身正名。

四 新时代中国教育发展的重要矛盾

新时代我国社会主要矛盾是人民日益增长的美好生活需要和不平衡不充分的发展之间的矛盾。河南民办教育也存在不平衡不公平的矛盾。新时代中国教育的主要矛盾之一是经济社会发展对人才的多元化、特色化需求与教育体制僵化、培养目标单一之间的矛盾，这样的矛盾为民办教育带来了新的挑战。

五 思想僵化带来的挑战

在40多年的办学实践中，民办教育积累了丰富的经验，这些经验使得不少民办学校形成了规模，但一些民办学校也存在思想僵化的问题：一是极少数民办学校站位不高，内部管理体系老化，管理方法陈旧；有些学校的招生、培养和毕业生就业工作不实不足；少数学校目光短浅，没有长期发展的思想准备；少数学校偏重经济效益，忽视了教育的公益性本质；个别机构方向不明，内部管理不科学。这些因素导致部分民办教育机构社会效益下滑，恶化了发展环境。二是少数学校（机构）之间存在生源的恶性竞争。部分民办学校（机构）过度追求规模的扩张，迎合招生过程中一些不健康做法，随意对考生承诺，降低录取标准，使得学校教育教学进入恶性循环。有的学校患上"生源饥渴症"，把扩大生源作为自身发展的第一要务，人才培养的核心工作得不到重视和落实。三是个别学校（机构）之间"以邻为壑"，互不团结，"各吹各的号，各唱各的调"，谁也不服谁，缺乏互助抱团意识，离心离德，形不成合力，影响了民办教育的共同发展。

六　学校管理和教学手段落后带来的挑战

少数学校一直沿用家族式管理的套路，管理体制老化，管理思路僵化。师资队伍的建设跟不上发展的步伐，教育教学理念落后，教育方法陈旧。

七　代际传递带来的挑战

改革开放 40 多年以来，当代民办学校第一代创始人已经到了退出一线的年龄。实际上，各级各类民办学校的二代"掌门人"已经走上领导岗位，相当一部分已经进入"实习期"和"工作期"。年轻的一代固然有着比前辈更前沿的知识和年龄优势，但是在办学指导思想、发展思路、管理措施等方面还需要向老一辈学习。

八　同质化现象比较突出

民办教育的同质化表现在学校在机构设置上相近或雷同、人才培养方案等方面的相近或雷同。

2019 年，笔者对河南省 8 所民办本科院校进行了调查，发现土木工程、国际经济与贸易、英语、计算机科学与技术、通信工程、物联网工程、电子信息工程、环境设计、旅游管理、机械设计及其自动化、工程造价、会计、日语、人力资源管理等专业重复开设率较高。

总体来看，民办本专科院校的专业设置呼应了经济社会发展对人才的需求，但同质化现象比较严重。

第三节 未来民办教育的基本走向和发展优势

进入高质量发展阶段，民办教育的主客观环境都发生了变化。

一 规范将成为主基调

事业发展到一定程度会有不少新情况、新问题出现，民办教育必须适应新情况，解决新问题。民办教育规模的快速扩张，提高了其在整个国家教育事业中的比重；内涵建设的相对滞后、对教育的社会功能的忽略，使得民办教育蒙受诟病；新技术、新观念的出现也要求民办教育及时适应新的发展形势。这些因素都意味着民办教育必须实现转型。

民办教育逐步成为"教育改革发展的重要力量"。在这个过程中，内涵建设、人才培养质量的提升将是民办教育应该解决的主要问题。为解决这些问题，应进一步加强对民办教育的规范管理。

2016 年 11 月 7 日，第十二届全国人民代表大会常务委员会通过了《全国人民代表大会常务委员会关于修改〈中华人民共和国民办教育促进法〉的决定》。2016 年 12 月 29 日，国务院发布《关于鼓励社会力量兴办教育促进民办教育健康发展的若干意见》；同一天，中共中央办公厅下发了《关于加强民办学校党的建设工作的意见（试行）》。2016 年 12 月 30 日，教育部等 5 部门联合印发了《民办学校分类登记实施细则》；同一天，教育部、人力资源和社会保障部、国家工商总局联合印发了《营利性民办学校监督管理实施细则》。这些文件要求在支持民办教育发展的同时加强规范管理。近年来，规范管理的力度进一步加大，使少数民办学校感到了压力。其实，按照党和国家的要求办好高质量的民办教育，既是经济社会发展的需求，又是国家教育改革发展的需求，也是社会、家庭和学生的需求。满足了这些需求，民办学校才会实现真正的发展。

《教育部 2021 年工作要点》提出，要理顺民办中小学党建工作管理体制机制，规范民办教育发展。《教育部 2022 年工作要点》进一步提出要深入推进"双减"。继续把"双减"工作摆在突出位置、重中之重，巩固成果、健全机制、扫除盲点、提升水平、维护稳定、强化督导。实现常态化监管，防止出现新的野蛮生长。

实施《"十四五"学前教育发展提升行动计划》要求进一步提升学前教育普及普惠水平，推动各地以县为单位完善普惠性资源布局规划，加强城镇新增人口、流动人口集中地区和乡村幼儿园建设。加大公办园教师核编补充力度，全面提升保教质量。实施《"十四五"县域普通高中发展提升行动计划》，严格落实公办、民办普通高中同步招生和属地招生政策。

支持和规范民办教育健康发展。持续深化民办教育分类管理改革，发挥民办教育工作部际联席会议制度作用，完善民办学校分类扶持、分类管理的政策举措，指导各地加快出台配套政策。积极稳慎推进规范民办义务教育发展专项工作，加快优化义务教育结构，确保义务教育学位主要由公办学校和政府购买服务方式提供。研制民办学校举办者变更管理办法，维护教育公益属性，研制加强对民办学校全方位督导的指导文件，引导民办教育有序健康高质量发展。

二　发展优势

（一）政府支持

因为不规范管理产生的对于民办教育发展的悲观认识在一定程度上会影响少数民办教育人的情绪，这不可取。一方面，在民办教育发展的过程中，确实有极少数民办教育学校（机构）办学不够规范，这样的现象如不纠正，势必影响整个民办教育甚至整个教育事业的健康发展。另一方面，真正将教育当作事业来做的民办教育人必然希望民办教育健康发展。

国家支持民办教育发展的战略方针没有变。《中共中央关于制定国民经济和社会发展第十四个五年规划和二〇三五年远景目标的建议》明确提出要支持和规范民办教育发展，规范校外培训机构。实施的新《民促法》在总则部分明确提出国家对民办教育实行积极鼓励、大力支持、正确引导、依法管理的方针。各地明确提出要支持和规范民办教育发展。

（二）基础坚实

民办教育有两个明显的优势，一是规模足够大。2019 年全国民办学校在校生已经达到 5574.63 万人，这样的体量为今后一个时期的发展奠定了坚实的基础。二是民办教育在发展中形成了许多成功的经验和失败的教训。

民办教育在坚持教育的公益性原则、致力于发展中国特色民办教育的理念方面进行了行之有效的实践，积累了丰富的经验。新时代的新环境、新要求更加契合民办教育的初心，足以推动民办教育实现更高质量的发展。经验可以帮助我们把握未来，教训可以警示我们避免失误。有了这样的基础，加上政府的支持和民办教育自身的努力，当代中国民办教育也一定会有更加美好的未来。

第四节　发展建议

一　树立高质量发展观

《中共中央关于制定国民经济和社会发展第十四个五年规划和二〇三五年远景目标的建议》提出，建成文化强国、教育强国、人才强国、体育强国、健康中国，国民素质和社会文明程度达到新高度，国家文化软实力显著增强。国民素质、社会文明程度的提高和国家文化软实力的增强，主要依靠教育。

历史的车轮滚滚向前，社会的发展日新月异，我们需要把握经济社会发展的前沿，及时为经济社会发展培养需要的人才。一些有远见的民办学校先人一步，及时瞄准跟进发展需要，引进新技术，开设新专业。黄河科技学院最早将本科教育与职业技能培养结合起来，探索地方本科高校科学发展的路子，卓有成效。该校 2016 年初即推动全校进行数字化转型，数字化转型走在了前列。郑州科技学院革新思政教育手段，将现代科学技术应用于教育的具体实践之中。郑州西亚斯学院在 2021 年新增备案本科专业 7 个，分别为"康复治疗学""工程管理""表演""摄影""数据科学与大数据技术""大数据管理与应用""健康服务与管理"。这样的调整是高校专业设置和建设的重要组成部分，事关国家战略、高校发展、人才培养和市场需求，具有重要的风向标意义。

民办教育如何实现长远而健康的发展？河南省民办教育协会有针对性地对民办教育的创办人、掌舵人和参与者、研究者、关心者进行了不同形式的访谈，也多次对各方人士进行了问卷调查。

2021 年 1 月，河南省民办教育协会通过网络平台对全省民办教育参与者、研究者、管理者、关心者和媒体人员等就民办教育的高质量发展进行了问卷调查。共收回有效问卷 1059 份。

参与问卷调查的 1059 人中，民办学校教师 530 人，占 50.05%；民办学校的管理人员 430 人，占 40.60%；研究人员 20 人，占 1.89%；学生和其他人员 79 人，占 7.46%。民办学校的教师和管理人员的占比达到 90.65%，问卷结果在一定程度上能反映民办教育参与者的实际看法。统计结果如下。

（1）对于"在高质量发展背景下，民办学校应该怎么做"这个多项选择题，选择"加强师资队伍建设"的有 858 人，占到 81.02%。这说明加强师资队伍建设是实现民办教育高质量发展的最重要的条件。选择"全面提升人才培养质量"的有 849 人，占到 80.17%，说明民办学校的教师和管理人员对人才培养质量非常重视。"加快完善现代学校制度""推进改革，减少中间环节"等项的选择人数也在 600 人以上，占比接近或超过 60%。

（2）对于"民办教育高质量发展的保障"这个多项选择题，有 84.14% 的被调查者选择了"政府支持"；77.43% 的被调查者选择了"社会认可"；70.25% 的被调查者选择了"办学方向"；73.84% 的被调查者选择了"资金投入"。由此看来，对于被调查者来说，政府支持是第一位的。

（3）对于近年来政府对民办教育逐步严格的规范管理，84.89% 的被调查者认为政府对民办教育进行严格的规范管理是"必须"的；13.79% 的被调查者认为政府"应该"对民办教育进行严格的规范管理；仅有 1.32% 的被调查者选择"无所谓"或"没必要"等。说明民办学校的教师和管理人员积极支持并认同政府对民办教育的规范管理。

（4）对于新《民促法》首次提出的"分类管理"问题，47.12% 的被调查者认为其"符合民办教育发展实际"；36.26% 的被调查者认为其"能够促进教育发展"。值得注意的是有 13.50% 的被调查者选择"可以尝试"分类管理，还有 3.12% 的被调查者选择"行不通"和"其他"。这说明在民办学校的教师和管理人员中仍有 16% 左右的人对这个问题持观望态度。

（5）关于学校规模，仍有 47.21% 的被调查者认为应该"扩大规模"；有 39.66% 的被调查者认为应该"保持规模"；选择"缩小规模"和"随意"的占到 13.13%。这说明民办学校的教师和管理人员中认为应该保持或扩大规模的仍占绝大多数。可喜的是，已经有超过 10% 的被调查者认识到了规模缩小的意义。

（6）对于"提升人才培养质量，要重点关注"这个多项选择题，有 83.85% 的被调查者选择"课堂教学"；76.96% 的被调查者选择"校园文化"；71.86% 的被调查者选择"家校共育"；56.56% 的被调查者选择"社团活动"。这说明大家的关注重点仍在课堂教学，可喜的是已经有越来越多的人认识到了校园文化和家校共育的重要性。

（7）对于评价改革，有 45.42% 的被调查者认为应重点关注对"学生学业的评价"；31.44% 的被调查者关注"对教师工作的评价"；"对管理人员工作的评价"和"其他"占到了 23.14%。从以往的情况看，人们说到教育评价时，主要是说对学生学业的评价，通过对学生的评价延伸对教师的评价。本次问卷调查中有将近 1/4 的被调查者关注对管理人员的评价，这从侧面说明了民办学校管理层改革的重要性。

（8）关于师资队伍建设，42.78% 的被调查者认为最重要的是"师德师风"；29.75% 的被调查者认为最重要的是"优厚待遇"；14.54% 的被调查者认为是"人文关怀"；12.08% 的被调查者认为是"制度管理"；选择"其他"的占 0.85%。分析看来，"师德师风"仍是大家关心的重要问题。

（9）关于推动学校发展的因素，36.73% 的被调查者认为是"内生动力"；29.84% 的被调查者认为是"资金支持"；29.18% 的被调查者认为是"管理水平"。仅有 2.93% 的被调查者认为是"外因推动"；另有 1.32% 的被调查者选择"其他"。由此可见，多数被调查者认为民办学校的发展主要源于内生动力，资金支持与管理水平同样重要，至于外因则并不重要。当然，这种认识是建立在党的建设全面覆盖、政府政策大力支持的情况下。

从问卷填写情况看，多数被调查者认为，在高质量发展的背景下，民办学校要加强师资力量建设，推进改革，加快完善现代学校制度，全面提升人才培养质量。要在政府的支持下，坚持社会主义办学方向，严格自律，扩大规模，加强课堂教学改革，开展校园文化建设，实现家校共育，对学生学习、教师教学和管理人员工作进行评价，通过师德师风建设、人文关怀，建立科学管理的师资队伍，依靠内生动力和体制机制优势办出特色，提升人才培养质量，承担自身的社会责任，从而在"十四五"期间实现高质量发展。2022 年 5 月，我们继续进行同类问卷调查，结果和前一年的调查结果基本相同。

二 培养战略远见和战略定力，树立长期发展的理念

在高质量发展的背景下，传统的重规模、重速度、重收益的外延式发展道路已经行不通了。民办教育管理者要成为真正的教育家，要站在经济社会发展的高度调整自己的办学思路。要完善以学校章程为核心的制度体系建设，依法依规办学，依章依制管理。健全财务管理制度，确保资金安全；健全教师管理制度，强化师德师风建设；健全学生管理制度，保障学生合法权益；严格招生制度，遏止违规招生行为；严格收费制度，禁止乱收费；完善内部控制制度、审计监督制度，加强风险防控。真正解决好"怎么培养人"的问题，推动民办教育实现健康发展、良性发展。

民办学校健康发展，关键是紧紧围绕"为谁培养人""培养什么人"这两个根本问题，始终坚持党和国家的教育方针，牢牢把握教育的社会主义方向。在这一点上，河南民办教育有着优良的传统，并持续将其发扬光大。2021年是中国共产党建党100周年，2021年初河南省民办教育协会发布党建和思想政治教育专项课题，到4月初，全省民办学校申报立项368项，课题组成员达到903人。

为扎实做好党建工作，河南省民办教育协会计划推出建立一批党建示范基地（已初步确定30个党建示范基地进入考核）、研创一篇高水平的党建报告（在"河南民办教育蓝皮书"刊载）、出版一期党建专刊（《河南民办教育》2021年第3期）、立项一批研究报告、展映一批红色电影、开展不同形式的党史教育活动、讲述党建故事等一系列活动，使党建工作贴近师生、贴近生活，真正发挥作用。

有远见的学校，要下决心果断地把规模稳定下来，扎实进行内涵建设，一步一个脚印地提高人才培养质量。已经初具规模的学校，不仅要看到当下，还要着眼未来。尚不具备规模的学校，要认真进行战略思考，不要跟在别人后面走一味扩大规模的老路。事实上，现在再像30年前那样办学已经走不通了。时移世易，绝不能刻舟求剑，要根据时代发展的大局制定自己的发展方略，当然，这比单纯的扩大规模困难得多，但这是唯一的出路。要生存，要发展，必须办出特色。

三　用毅力、智慧克服技术层面的困难

（一）政府

政府对民办教育的支持，重在政策。在条件许可的情况下，政府应尽早帮助民办学校解决经费、师资队伍建设等困难。

（二）民办教育自身

民办教育想要实现转型，要紧紧抓住以下几个重要方面。

一是树立长远发展的理念，借鉴国际国内民办教育发展的成功经验，与民办教育具体实践相结合，摒弃小农经济的思想，往远处看，朝强处干。二是科学使用经费，将有限的资金投入提高人才培养质量。三是注重师资队伍建设，现在引进高学历的教师并不是一件难事，但要注意教师学历、能力培养目标的匹配度，不要一味追求高学历、高职称。师资队伍建设，不仅要重视教师待遇，教师自身建设也应该重点提上日程。习近平总书记曾这样描述自己心中的好老师："当老师，就要心无旁骛，甘守三尺讲台""教师不能只做传授书本知识的教书匠，而要成为塑造学生品格、品行、品味的'大先生'"。[1] 这样的要求应该成为广大教师努力的方向。四是改革管理体制。一些已经形成规模的学校，其内设机构也一应俱全。这些机构的设置很有必要，推动了学校各项事业发展。问题是有些机构将服务岗位当成了关卡，使得学校政令不通，信息塞滞，严重影响发展。这就必须当机立断进行改革。五是尽快转型，不要再一味地扩大规模，而应该看到，规模快速扩张的时期已经过去，谁先转型，谁就取得了先机。六是专注人才培养质量提升，这里的质量是指人的全面发展。七是注意形成特色，有特色才有生命力。八是注意将现代科学技术引进教育教学和学校管理之中，尽快借助人工智能和大数据的力量，提升人才培养效益。九是尽早开展校本研究，为学校的发展和民办教育的发展提供智力支持。

应对生源短缺的问题，可以考虑在国家政策的引领下拉长教育链条，拓宽教育边界。民办学前教育可以先期布局，遵循《中华人民共和国义务教育法》和新《民促法》的规定，放弃营利性诉求；民办高中可以考虑向

---

[1] 《努力引导教师成为教育家》，求是网，www.qstheory.cn/qsyjx/2021_03/c_1127214981.htm。

职业教育方面拓展；民办职业教育可以打破"围墙"，将生源扩充到所有人群；民办高等教育可以尝试更多地承担终身教育的社会使命，将人才培养的事业扩展到所有接受过中等教育的人群。当然，实现这些扩展的前提是做好现有的教育，在当前基础上实现高质量发展。

新中国成立以来党和国家在不同时期支持民办教育发展的重要文件

1950 年 7 月 5 日，政务院文化教育委员会第三次全体委员会议通过、7 月 25 日政务院批准的《政务院关于救济失业教师与处理学生失学问题的指示》明确指出：华东、华中南、西南、西北各大行政区军政委员会及所属各省市人民政府、华北各省市人民政府除尽可能维持公立学校外，应本公私兼顾原则，积极维持各地城市中现有的私立学校，并领导其进行必要的和可能的改革，减低学费，多收学生，师生互助，多想办法，自力更生，克服困难。私立学校中，办理成绩较好但经多方设法而仍无法维持者，政府应予以适当的经费补助，少数办理成绩太坏而确实无法维持和改造者，可劝导其和其他学校合并。对其学生及教职员，均应予以适当的安置。

1950 年 7 月 28 日，政务院批准公布《私立高等学校管理暂行办法》，它是新中国成立后第一部关于私立学校的管理办法，在基本原则、办学准则、困难补助、办学权限、申请立案、校长任免、审核备案、校产使用、禁止事宜、停办变更等方面进行了明确规定。

1950 年 12 月 29 日，政务院第 65 次政务会议通过《关于处理接受美国津贴的文化教育救济机关及宗教团体的方针的决定》，计划使现有接受美国津贴的教会学校实行完全自办。

同一天，政务院通过《接受外国津贴及外资经营之文化教育救济机关及宗教团体登记条例》，明确规定：凡接受外国津贴及外资经营的高等学校、中等学校、初等学校、幼稚园、盲哑学校及其他教育事业，均应依照本条例向当地省（市）人民政府进行专门登记。

1951 年 1 月 11 日教育部发出《关于处理接受美国津贴的教会学校及其

他教育机关的指示》，确定了处理受外资津贴学校的原则、办法和接受工作中的具体政策、措施。

同一天，政务院批准《接受外国津贴及外资经营之文化教育救济机关及宗教团体登记实施办法》，要求依据政务院《接受外国津贴及外资经营之文化教育救济机关及宗教团体登记条例》第二条所列举的接受外国津贴及外资经营之文化教育救济机关及宗教团体一律应遵照登记条例及本办法之规定办理专门登记。

1951年8月10日，周恩来总理在政务院第97次政务会议讨论《关于改革学制的决定》时的讲话明确表示"民办小学，要加以提倡"。

1952年7月12日教育部发布《中等技术学校暂行实施办法》，规定：私立中等技术学校在学校董事会的同意和条件具备的情况下，原则由省（区、市）人民政府审核，经大行政区人民政府（或军政委员会）批准，得改为公立的学校。同时进一步明确：私立中等技术学校之办理有成绩而经费确有困难者，各级人民政府及其所属业务部门应予以适当的补助。此项补助费应按财政制度一并编入预算。

1952年8月30日，教育部发布《关于加强领导私立技术补习教育的指示》。

1955年6月2日，国务院发布《关于加强农民业余文化教育的指示》，指出：适应当前农村新情况和新任务的需要，积极地开展农民业余文化教育，扫除文盲，克服我国农村文化落后状态，已成为当前一项重要的政治任务。

1956年10月27日，教育部发布《关于私立、民办学校员工工资改革问题的通知》，明确：中、小学民办教师的副食品和生活日用品的供应与当地公办教师一样，和当地脱产干部享受同等待遇。

1962年5月25日，中共中央批转《教育部党组关于进一步调整教育事业和精简学校教职工的报告》，指出农村公办学校部分的可以改为民办公助。这是在中央文件里第一次出现"民办公助"的提法。

1963年1月21日，教育部《关于农村小学和"私塾"几个问题的意见》指出：我们对"私塾"的方针是，不要轻易取消，也不能放任不管。应该根据国家的教育方针、政策法令和群众实际需要，加以领导和管理，提供适当的教师和教材。

1975年4月1日，国务院批转《教育部关于边疆和少数民族地区普及小学五年教育问题的请示报告》，指出：要坚持"两条腿走路"的方针。

"除了国家办学以外，必须大力提倡群众集体办学。"要克服重公办学校、轻民办学校的错误观点，大力扶持民办学校。这些地区要首先体现中发〔1971〕44 号文件规定的"民办公助的学校和民办教师，国家补助应是主要的"。要派一些公办教师到民办学校去工作。民办学校新建校舍或购置帐篷的投资，国家可给予适当补助。公办和民办学校都要认真贯彻执行自力更生、勤俭办学的方针，积极开展勤工俭学，努力做到少花钱、多办事，把工作做好。

1978 年 1 月 7 日，《国务院批转〈教育部关于加强中小学教师队伍管理工作的意见〉的通知》指出：要加强对民办教师的管理。选用民办教师，要根据教育事业发展的实际需要，由县教育行政部门统筹规划。

1979 年 11 月 6 日，中共中央批转《中共湖南省桃江县委关于发展农村教育事业的情况报告》，重提坚持"两条腿走路"的方针，发挥国家办学和群众集体办学的两个积极性。

1980 年 9 月 5 日，国务院批转《教育部关于大力发展高等学校函授教育和夜大学工作的意见》，指出发展高等教育应贯彻"两条腿走路"的方针，采取多种形式办学。

1980 年 12 月 3 日，中共中央、国务院发布《关于普及小学教育若干问题的决定》，再次明确了"两条腿走路"的方针，指出：在我们这样一个人口众多、经济不发达的大国，普及小学教育，不可能完全由国家包下来，必须坚持"两条腿走路"的方针，以国家办学为主体，充分调动社队集体、厂矿企业等各方面办学的积极性。

1981 年 2 月 20 日，中共中央、国务院发布《关于加强职工教育工作的决定》，指出：职工教育除主要由企业事业单位举办，还要发动业务部门、教育部门、群众团体等社会各方面力量积极办学。

1982 年 12 月 4 日，五届全国人民代表大会第五次会议通过的《中华人民共和国宪法》在总纲部分明确规定：国家鼓励集体经济组织、国家企业事业组织和其他社会力量依照法律规定举办各种教育事业。

1983 年 4 月 28 日，国务院批转教育部、国家计委《关于加速发展高等教育的报告》，提出，要积极提倡大城市、经济发展较快的中等城市和大企业举办高等专科学校和短期职业大学，为本地区、本单位培养人才。提出办学方式可以单独办，也可以与院校合办。同时提出了："还要鼓励民主党派、群众团体和爱国人士举办这类学校。"

1983年5月6日，中共中央、国务院《关于加强和改革农村学校教育若干问题的通知》进一步提出了"私人办学"的概念，并指出办好农村学校教育，要坚持"两条腿走路"的方针。中央和地方要逐年增加教育经费，厂矿、企业单位、农村合作组织都要集资办学，还应鼓励农民在自愿基础上集资办学和私人办学。

1984年12月，《国务院关于筹措农村学校办学经费的通知》中进一步明确：鼓励社会各方面和个人自愿投资在农村办学。

1985年5月27日，《中共中央关于教育体制改革的决定》指出：鼓励各民主党派、人民团体、社会组织、离休退休干部和知识分子、集体经济单位和个人，遵照党和政府的方针政策，采取多种形式和办法，积极地、自愿地为发展教育贡献力量。

1986年4月12日，六届全国人民代表大会第四次会议通过的《中华人民共和国义务教育法》第九条规定：国家鼓励企业、事业单位和其他社会力量，在当地人民政府统一管理下，按照国家规定的要求，举办本法规定的各类学校。

1986年9月11日，《国务院同意并批转实施〈义务教育法〉若干问题的意见》指出：鼓励集体经济组织、国家企事业单位，其他社会力量举办学校；对于个人依法举办的学校，目前各地可以进行试办。

1986年10月18日，国家教委发布的《普通中等专业学校设置暂行办法》在第四章"审批程序"部分，标注"含社会力量办学"，说明国家同意社会力量举办普通中等专业教育。

1986年9月11日，国务院办公厅转发《关于实施〈义务教育法〉若干问题的意见》提出："小学、初级中等学校除国家举办外，鼓励集体经济组织、国家企事业单位、其他社会力量举办学校；对于个人依法举办学校，目前各地可进行试办。"

1987年7月8日，国家教委印发《关于社会力量办学的若干暂行规定》指出：社会力量办学是我国教育事业的组成部分。这是国家第一次以法规的形式将社会力量办学纳入国民教育体系。

1987年12月28日，国家教委、财政部联合发布《社会力量办学财务管理暂行规定》，就社会力量举办的各级各类学校的财务机构、财务制度、经费来源、经费支出、日常财务管理、停办清财等方面做了具体规定。

1988 年 10 月 24 日，国家教委发布《社会力量办学教学管理暂行规定》，要求所有社会力量举办的学校应根据有关规定，按办学规模、层次、教学形式等，设立教务或教学管理机构，建立健全教学管理制度、逐步开展教研活动。并责成教育行政部门逐步制定对学校教学工作和教学质量的检查和评估办法；对教学管理工作做得好的学校，应给予表彰和奖励；对于教学管理混乱、教学质量低劣或办学与招生广告不符等造成恶劣影响的学校应酌情予以罚款、整顿直至停办。

1992 年 1 月 16 日，国家教委印发的《全国教育事业十年规划和"八五"计划要点》提出了一个时期内教育改革的基本思路：要逐步建立以政府办学为主体的社会各界共同办学体制。这种办学体制大体设想为：学前教育以社会各界办学为主；中小学教育以地方政府办学为主；职业技术教育和成人教育，除部分骨干学校由政府办学外，在当地政府统筹、支持下，城市主要由行业、企业、事业单位办学和各方面联合办学，农村由多方集资办学；高等教育以中央和省（区、市）两级政府办学为主。

1993 年 1 月 12 日，国务院批转的国家教委《关于加快改革和积极发展普通高等教育的意见》指出，改革原有的由国家包办高等教育的单一体制和模式，探索适应社会主义市场经济体制、调动社会办学积极性、多种形式和途径发展高等教育的新路子。

1993 年 2 月 13 日，中共中央、国务院印发的《中国教育改革和发展纲要》明确指出：改革办学体制。改变政府包揽办学的格局，逐步建立以政府办学为主体、社会各界共同办学的体制。在现阶段，基础教育应以地方政府办学为主；高等教育要逐步形成以中央、省（自治区、直辖市）两级政府办学为主，社会各界参与办学的新格局；职业技术教育和成人教育主要依靠行业、企业、事业单位办学和社会各方面联合办学。

1993 年 8 月 17 日，国家教委发布《民办高等学校设置暂行规定》，对民办高校的设置标准、申请筹办、评议审批、管理、变更与调整等做了具体规定。

1993 年 11 月 14 日，中共中央发布的《关于建立社会主义市场经济体制若干问题的决定》指出：要改变政府包揽办学的状况，形成政府办学为主与社会各界参与办学相结合的新体制。强化义务教育，大力发展职业教育和成人教育，优化教育结构。义务教育主要由政府投资办学，同时鼓励多渠道、多形式社会集资办学和民间办学；职业教育、成人教育以及各种社会教育要更多地面向市场需求，发挥社会各方面的作用。

1994 年 7 月 3 日，国务院发布《关于〈中国教育改革和发展纲要〉的实施意见》，提出体制设想：加快办学体制改革，进一步改变政府包揽办学的状况，形成政府办学为主与社会各界参与办学相结合的新体制。

1995 年 3 月 18 日，第八届全国人民代表大会第三次会议通过的《中华人民共和国教育法》指出：国家鼓励企业事业组织、社会团体、其他社会组织及公民个人依法举办学校及其他教育机构。

1996 年 3 月 27 日，国家教委发布《关于加强社会力量办学管理工作的通知》，指出：社会力量办学在发展过程中，也存在着不少问题。

1996 年 4 月 22 日，国家教委发布《关于社会力量办学管理经费问题的意见》：社会力量办学是我国社会主义教育事业的组成部分，各级教育行政部门应将其纳入本地区教育事业发展规划和本部门管理工作的范围，设置必要的管理机构，配备、充实管理人员，力争通过行政事业费的途径解决管理经费问题。

1996 年 5 月 15 日，八届全国人大常委会第十九次会议通过的《中华人民共和国职业教育法》：国家鼓励事业组织、社会团体、其他社会组织及公民个人按照国家有关规定举办职业学校、职业培训机构。

1997 年 7 月 31 日，国务院发布《社会力量办学条例》，就制定原则、适用对象、社会地位、国家方针、发展重点、保障权益、办学要求、法律地位、管理机构、设置条件、审批权限、办学许可、学校名称、内部体制、校长遴选、教师聘任、招生办法、专业设置、依法办学、学籍管理、监督评估、财产财务、工资福利、停办手续、政府扶持、用地优惠、学生权利、法律责任等方面做了具体的规定。

1997 年 10 月 14 日，国家教委发布《关于实施〈社会力量办学条例〉若干问题的意见》，从关于该条例的学习宣传、关于该条例的适用范围、关于教育机构的审批备案、关于教育机构的名称、关于教育机构的教学和内部管理、关于教育机构财产财务管理、关于对教育机构的保障与扶持、关于对社会力量办学的统筹规划和监督管理等 8 个方面做了具体规定。既强调了对社会力量举办的学校（机构）要给予保障与扶持，也强调了监督管理。

1998 年 12 月 7 日，国家税务总局"关于社会力量办学征收个人所得税问题的批复"明确：对于个人经政府有关部门批准，取得执照，从事办学取得的所得，应按"个体工商户的生产、经营所得"应税项目计征个人所得税。据此，对于个人办学者取得的办学所得用于个人消费的部分，应依法计征个人所得税。

1999 年 1 月 13 日，国务院批转教育部制定的《面向 21 世纪教育振兴行动计划》，指出：认真贯彻国务院对社会力量办学实行"积极鼓励、大力支持、正确引导、依法管理"的方针，今后 3~5 年，基本形成以政府办学为主体、社会各界共同参与、公办学校和民办学校共同发展的办学体制。

1999 年 6 月 13 日，中共中央、国务院颁布《关于深化教育改革全面推进素质教育的决定》要求"形成以政府办学为主体、公办学校和民办学校共同发展的格局"。要求各级人民政府加强对民办教育的管理、引导和监督，国家要加快民办教育的立法，促进民办教育的健康发展。各级各类民办学校都要依法办学，不断提高办学水平。

2000 年 6 月 6 日，中共中央组织部、中共教育部党组印发《关于加强社会力量举办学校党的建设工作的意见》，明确要求，凡经教育、劳动等有关行政主管部门批准，依照国家有关行政法规登记的社会力量举办学校，已具备建立党组织条件的，必须及时建立党的基层组织；暂不具备建立党组织条件的，要积极创造条件建立党的基层组织。明确规定社会力量办学党组织的第一项主要职责：宣传和贯彻执行党的路线、方针、政策，执行上级党组织和本组织的决议、决定，监督学校行政管理机构和行政负责人认真执行党的教育方针，遵守国家的法律法规，坚持社会主义办学方向。

2000 年 11 月 28 日，共青团中央、中共教育部党组联合发布《关于加强社会力量举办的高等学校团的建设工作的意见》。

2002 年 6 月 17 日，全国总工会、教育部联合发布《关于在社会力量举办的学校建立工会组织的意见》。

2002 年 12 月 28 日，九届全国人大常委会第三十一次会议通过《中华人民共和国民办教育促进法》，从总则、设立、学校的组织与活动、教师与受教育者、学校资产与财务管理、管理与监督、扶持与奖励、变更与终止、法律责任、附则等 10 章 68 条对民办教育的发展进行了全面规定。这是新中国第一部明确对民办教育实行"积极鼓励、大力支持、正确引导、依法管理"方针的法律，民办教育从此进入全面法治化发展阶段。

2004 年 4 月 1 日《中华人民共和国民办教育促进法实施条例》开始施行，共 8 章 54 条。主要从"民办学校的举办者""民办学校的设立""民办学校的组织与活动""民办学校的资产与财务管理""扶持与奖励""法律责任"等方面做出了政策规定。

2006 年 4 月 18 日，在中央全面深化改革领导小组第二十三次会议上通过《中共中央组织部、中共教育部党组关于加强民办高校党的建设工作的若干意见》，对民办高校党建工作做出了翔实具体的规定。

2006 年 12 月 21 日，国务院办公厅颁布《关于加强民办高校规范管理引导民办高等教育健康发展的通知》。

2007 年 2 月 3 日教育部发布《民办高等学校办学管理若干规定》，要求：民办高校及其举办者应当遵守法律、法规、规章和国家有关规定，贯彻国家的教育方针，坚持社会主义办学方向和教育公益性原则，保证教育质量。

2007 年 5 月 18 日，国务院批转《教育部国家教育事业发展"十一五"规划纲要》明确提出引导民办教育健康发展。要求各级政府切实加强对民办学校的规范管理，落实民办高校督导制度，实行民办学校年检制度，确保民办学校法人财产权。加强对民办学校招生工作的督察和财务状况的监管，督促民办高等学校稳定规模、规范管理、提高质量。尽快形成政府依法管理、民办学校依法办学、行业自律和社会监督相结合的管理格局。

2012 年 6 月 18 日，教育部印发《关于鼓励和引导民间资金进入教育领域促进民办教育健康发展的实施意见》。该意见分为充分发挥民间资金推动教育事业发展的作用、拓宽民间资金参与教育事业发展的渠道、制定完善促进民办教育发展的政策、引导民办教育健康发展、健全民办教育管理与服务体系 5 个部分。

2015 年 4 月 1 日，中央深化改革领导小组第十一次会议研究了鼓励社会力量兴办教育、促进民办教育健康发展等问题。

2016 年 4 月 18 日，中共中央总书记、国家主席、中央军委主席、中央全面深化改革领导小组组长习近平主持召开中央全面深化改革领导小组第二十三次会议并发表重要讲话。会议审议通过了《关于加强民办学校党的建设工作的意见（试行）》《民办学校分类登记实施细则》《营利性民办学校监督管理实施细则》等。会议强调，支持和规范民办教育发展，要坚持和加强党对民办学校的领导，设立民办学校要做到党的建设同步谋划、党的组织同步设置、党的工作同步开展，确保民办学校始终坚持社会主义办学方向。要建立营利性和非营利性民办学校分类登记、分类管理制度，提高教育质量。

2016年11月7日，全国人大常委会通过了《民办教育促进法（修正案）》。12月29日，中共中央办公厅印发《关于加强民办学校党的建设工作的意见（试行）》，国务院印发《关于鼓励社会力量兴办教育促进民办教育健康发展的若干意见》。12月30日，教育部、人力资源和社会保障部、民政部、中央编办、国家工商总局联合印发《民办学校分类登记实施细则》，教育部、人力资源和社会保障部及国家工商总局联合印发了《营利性民办学校监督管理实施细则》。"1+4"（1部《修正案》和4个配套文件）构成了新时期我国民办教育的基本政策体系。该政策体系的主要内容是进一步规范民办学校发展，对民办学校进行营利性和非营利性分类管理。义务教育阶段的民办学校不能选择成为营利性民办学校；其他类别和层次的学校，则既可以选择成为非营利性民办学校，也可以选择成为营利性民办学校。两种性质的民办学校将享受不同的财政、税收和土地等配套政策优惠。

2016年12月29日，为贯彻落实国务院印发的《关于鼓励社会力量兴办教育促进民办教育健康发展的若干意见》，教育部、中央编办、国家发展改革委、公安部、民政部、财政部、人力资源和社会保障部、国土资源部、住房和城乡建设部、人民银行、国家税务总局、国家工商总局、银监会、证监会等部门联合制定了《中央有关部门贯彻实施〈国务院关于鼓励社会力量兴办教育促进民办教育健康发展的若干意见〉任务分工方案》，具体将加强党对民办学校的领导、创新体制机制、完善扶持制度、加快现代学校制度建设、提高教育质量、提高管理服务水平等工作分工部署到中央有关部门。明确责任分工，落实相关工作。

2020年5月15日，教育部办公厅印发《关于加快推进独立学院转设工作的实施方案》，指出独立学院在发展过程中存在的法人地位未落实、产权归属不清晰、办学条件不达标、师资结构不合理、内部治理不健全等问题，在一定程度上影响了教育公平和高等教育健康发展。根据该方案的要求，独立学院将按照"能转尽转、能转快转，统筹兼顾、协调推进，分类指导、因校施策”的思路进行转设工作。

2021 年 4 月 7 日，修订后的《中华人民共和国民办教育促进法实施条例》发布，明确规定：民办学校应当坚持中国共产党的领导，坚持社会主义办学方向，坚持教育公益性，对受教育者加强社会主义核心价值观教育，落实立德树人根本任务。

2021 年 5 月 16 日，中共中央办公厅、国务院办公厅联合印发《关于规范民办义务教育发展的意见》。

2021 年 5 月 21 日，中共中央总书记习近平主持召开的中央全面深化改革委员会第十九次会议，审议通过了《关于进一步减轻义务教育阶段学生作业负担和校外培训负担的意见》。

2021 年 6 月 3 日，中央教育工作领导小组秘书组、教育部联合召开规范民办义务教育专项工作推进会。会议研究部署各项重点工作，明确专项工作的五项任务：一是把方向。要以章程建设为抓手，推动民办学校党建工作有关要求写入章程；以“双向进入”为抓手，发挥党组织政治核心作用；以课程建设为抓手，用强有力的思政教育践行立德树人的根本任务。二是定规划。抓好“十四五”开局之年的时间窗口，科学制定义务教育发展规划，加强区域统筹，以规划促规制。三是调结构。着力增加优质公办教育资源供给，办优办强公办义务教育。四是促公平。重点强化民办义务教育学校的招生、质量、财务、收费等方面的管理，纠正矫治不规范办学行为，营造优质公平的育人生态。五是提质量。持续激发办学活力，为学校减负松绑，着力转变教育评价方式，从根本上克服以考试分数和升学率为指挥棒的错误导向。

2021 年 6 月 24 日，教育部办公厅关于印发《民办高等学校年度检查指标体系（试行）》的通知。

2021 年 7 月 8 日，教育部、中央编办、国家发展改革委、民政部、财政部、人力资源和社会保障部、自然资源部、住房和城乡建设部联合发布《关于规范公办学校举办或者参与举办民办义务教育学校的通知》，进一步规范义务教育阶段民办教育办学。

2021 年国家层面密集发布文件，层层推进，全面落实“双减”政策。

2021 年 7 月 19 日，中共中央办公厅、国务院办公厅印发《关于进一步减轻义务教育阶段学生作业负担和校外培训负担的意见》的通知，从指导思想、工作原则、工作目标等方面明确了"双减"的总体要求和主要任务。

2021 年 7 月 29 日，教育部办公厅发布《关于进一步明确义务教育阶段校外培训学科类和非学科类范围的通知》，对义务教育阶段校外培训学科类和非学科类范围进行了明确的划分。

2021 年 9 月 1 日，《中小学生校外培训材料管理办法（试行）》发布。

2021 年 9 月 8 日，教育部印发《关于坚决查处变相违规开展学科类校外培训问题的通知》，界定了七类违规开展学科类培训的情形。

要求各地充分发挥"双减"工作专门协调机制作用，强化部门协同、条块联动，压实责任。要将学科类培训隐形变异问题查处工作纳入省、市、县和乡镇（街道）网格化综合治理体系，充分发挥社区综合治理功能，开展区域巡查执法。要畅通投诉举报渠道，拓展问题线索来源，强化社会监督。对隐形变异违规培训行为，要加大执法力度，发现一起、查处一起、通报一起。要创新监管方式，推进"互联网+监管"，会同相关部门，探索将违规培训的机构和个人信息，纳入全国信用信息共享平台，实施联合惩戒，坚决防止隐形变异违规培训行为蔓延。

2021 年 9 月，教育部等部门发布《校外培训机构从业人员管理办法（试行）》，对校外培训的从业人员进行规范。

2021 年 10 月，教育部、国家发展改革委、中国人民银行、税务总局、市场监管总局、中国银保监会联合印发《关于加强校外培训机构预收费监管工作的通知》，意味着校外培训的全流程被纳入规范之中。

2021 年 11 月，教育部发布《义务教育阶段校外培训项目分类鉴别指南》，主要从培训目的、培训内容、培训方式、结果评价等维度进行综合考量，如符合所列特征，即判定为学科类培训项目。

2021 年 11 月 15 日，《教育部办公厅关于印发〈民办中小学年度检查指标体系（试行）〉的通知》发布。

图书在版编目（CIP）数据

当代中国民办教育发展研究／胡大白，王建庄著
. -- 北京：社会科学文献出版社，2024.5
（中国民办教育研究丛书）
ISBN 978-7-5228-3513-6

Ⅰ.①当…　Ⅱ.①胡…②王…　Ⅲ.①民办学校-教
育研究-中国　Ⅳ.①G522.74

中国国家版本馆 CIP 数据核字（2024）第 080145 号

中国民办教育研究丛书
当代中国民办教育发展研究

著　　者／胡大白　王建庄

出 版 人／冀祥德
组稿编辑／任文武
责任编辑／郭　峰
文稿编辑／郭文慧
责任印制／王京美

出　　版／社会科学文献出版社·生态文明分社（010）59367143
　　　　　地址：北京市北三环中路甲 29 号院华龙大厦　邮编：100029
　　　　　网址：www.ssap.com.cn
发　　行／社会科学文献出版社（010）59367028
印　　装／三河市东方印刷有限公司

规　　格／开　本：787mm×1092mm　1/16
　　　　　印　张：16.25　字　数：264 千字
版　　次／2024 年 5 月第 1 版　2024 年 5 月第 1 次印刷
书　　号／ISBN 978-7-5228-3513-6
定　　价／88.00 元

读者服务电话：4008918866